中國古典文學研究會主編

古典文學

第十四集

臺灣學生書局印行

序

王國良

散文是中國文學裏歷史最古老、數量最大宗的文類之一。它可以抒情言志，可以寫景記事，也可以說理議論；其篇幅可長可短；文字或單純質樸，或繁複華美。總之，它可以有多種功能、多種面貌，當然也包含了多種情趣。想要了解我國悠久豐厚的傳統文化，尤其不能不了解我國歷代散文。

中國古典文學研究會從民國六十八年成立以來，幾乎年年都要舉辦一次大型的學術研討會。其議題可能是綜合性質，也可能是分類式或專題式的，不一而足。十數年來，討論過的主題林林總總，花樣繁多，唯獨「古典散文」類，尚付闕如。因此，第十五屆學術研討會遂決定以古典散文相關問題為主，其他文類為輔，邀請各大專院校教師暨研究生提交研究成果，共聚一堂，相互討論切磋，交換心得，豈不快哉！

本次學術研究會承蒙台中逢甲大學中國文學系全體師生充分配合，提供甚多的人力物力支援，使得整個論文研討的過程十分順利；臺灣師範大學國文系王更生教授，主持「古典散文研究回顧與展望」座談會，有聲有色，令人動容。大會上參與研討的論文，本集選定了十四篇，大抵經過作者認真地修訂，並由古典文學研究會秘書組及台灣學生書局編輯部同仁仔細編排校對，特別在此一併表示深深的敬意與謝意。

作者簡介（依論文先後順序）

張雙英　美國亞歷桑納州立大學文學博士，現任政治大學中文系教授，專攻文學理論及批評。

熊　琬　政治大學文學博士，現任政治大學中文系副教授，專攻佛學、宋明理學、古典散文。

陳素素　東吳大學文學士，現任東吳大學中文系副教授，專攻文法與修辭、韓柳文。

顏瑞芳　台灣師範大學文學博士，現任台灣師範大學國文系副教授，專攻唐宋古文、史傳文學。

陳啟佑　中國文化大學文學博士，現任彰化師範大學國文系教授。專攻古典詩歌、唐宋散文。

呂武志　台灣師範大學文學博士，現任台灣師範大學國文系副教授，專攻唐代散文、文心雕龍。

王基倫　台灣大學文學博士，現任國立台北師範學院語教系教授，專攻唐宋古文。

崔成宗　東吳大學文學博士，現任逢甲大學中文系副教授，專攻古典詩學、唐代詩歌。

劉瀚平　政治大學文學博士，現任彰化師範大學國文系副教授，專攻周易、中國方術。

簡光明　台灣師範大學文學博士候選人，現任輔英護專共同科講師。專攻莊子、思想史。

陳志信　中正大學文學博士候選人。專攻思想史。

林正三　東吳大學文學博士候選人。現任德明商專共同科講師。專攻近代思想史、文學批評。

段莉芬　東海大學文學博士候選人，現任彰化工商專校講師，專攻古典小說。

王瓊玲　東吳大學文學博士，現任世界新聞傳播學院共同科副教授，專攻古典小說。

古典文學　第十四集

目　次

「寓言」也能說服人
——《莊子·秋水篇》的結構設計析論

張雙英

一、前言

《莊子》一書吸引人的原因很多，諸如文字精準、用詞貼切、文氣縱橫恣肆、思想曠達玄妙、以及想像如天馬行空等。不過，它最令人好奇的，應在於為何會採取故事性與寄託性融攝為一體的「寓言式」論述架構了。

「寓言」這種文類的性質，大抵是先藉著動人的故事來吸引人，然後再經由「以此喻彼」的設計，期使於無形之中，一方面婉轉而技巧地透露作者的主要見解，另一方面也讓讀者樂意去自行體悟某些心得。❶然而，《莊子》既然是先秦諸書之一，其基本性質應當屬於那種講究極力去闡述作者意見，以「說服」讀者的著作；因此，按理說，《莊子》書中各篇文章的表達架構應當是雄辯滔滔、以理服人的論述方式才對。

一般說來，不論中外古今，凡是有人與人往返交流之時，就不免會有「說服」(persuade)的情況產生。其中，尤以屬於文學範疇的「修辭學」與外交上的「論辯術」最具系統，而呈現出許多各成體系的理論。所謂「說服」，其主要內涵大抵是說話者為了達到自己的特定目的，便先去設法了解他想說服的對象，包括其性別、年齡、個性、地位、經驗、學識、以及嗜好等，以及他將進行說服的特定時、空背景，然後，經過審慎的評估與精心的設計，乃選擇自己認為最有效的方式，如直接的面對面談話或間接的書面傳達、私下的接觸或公開的論辯等，將自己的意思傳給對象，使其了解、相信、甚至同意的過程。換言之，說服過程的基本架構可以用表列顯示如後：說者（作者）↓內容↓言辭（文辭、作品）聽者（讀者）。❷

然而，當我們檢視《莊子》一書，卻發現其主要架構竟然是「寓言」式的「對話」而令人深覺突兀。筆者以為，想了解此現象的原因，便須探討下面兩個問題：「寓言」式的架構可以做為一種說服人的有效論述方式嗎？又若其答案如果為是，那麼其具體方法又是什麼呢？

二、〈秋水〉篇的論述架構與方式

《莊子》一書含內篇、外篇和雜篇，一般論者以為，書中不但文字真偽夾雜，連篇目的順序也頗有爭議。❸本文因受篇幅所限，故而將只討論其中的〈秋水〉篇；❹又因〈秋水〉篇中含有多則各自獨立的「寓言」，所以本文將只以第一則「河伯」與「北海若」的寓言為範圍，來討論上面提出的兩個問題。

由於本文的重點在〈秋水〉篇的結構以下即將藉由三個層面的分析，來尋求其答案。

(一)頗具故事性的「寓言」架構

一般論辯和說理的文章，通常都是論述者以滔滔雄肆的文詞，依嚴謹而縝密的推理過程，針對聽者和讀者的心理，脈絡分明的提出自己的論點，希望讀者和聽者能了解、相信他的說明，甚至進而接受、支持他的見解。❺但是，〈秋水〉篇的結構顯然與此迥不相同；因為，它的架構是「寓言」式的，也就是有一個故事在客觀的自我呈現。

事實上，〈秋水〉篇第一則的結構，除了前面有一段關於「河伯」（即河神）的敘述文字外，全文是由「河伯」和「北海若」（即北海之神）兩者間的七段「對話」所組成的。我們可以舉其前頭的敘述文字，以及「河伯」和「北海若」間的第一、二段「對話」為例，一則來窺知其內容與方式，二則，可藉之稍加析論。然因篇幅有限，故僅將其大意摘要如下：

〈前敘〉：當秋天來臨時，眾川流之水都匯集到「河伯」身上，使其自以為乃「天下最美」者。

〈對話一〉：「河伯」順水東流到北海，發現了北海之大後，乃向「北海若」說：我原自以為乃「天下之最美者」；可是，現在因看到了你無邊無際的範圍，才明白自己實在是非常渺小。

「北海若」聽了之後，卻回答說：其實，我也不敢自認為有多大。因為，我只不過是東、西、南、北等四個海之一而已；同時，如果再與範圍更大的「中國」、或者「天地」來相比的話，那將更為渺小了。因此，如果以只不過是「萬物」之一的「人」類之思想為基，而想去評量、斷定事物而得到正確答案的話，又怎麼可能呢？

〈對話二〉：「河伯」聽了「北海若」的話後，便又問：那麼，我們可不可以說「天地」很大而「毫末」最小呢？

「北海若」回答說：也不行！因為如果從「大知」的觀點來看，數量是無法限制的、時間是沒有止境的、任何現在所擁有之物也都不可能是永遠的、任何起點和終點也都不可能是固定不變的。總之，以「人」類知識的有限，去和所未了解的廣大範圍相比較，那實在太渺小了。因此，我們又將依據什麼來判斷「天地」便是大、而「毫髮末梢」便是小呢？

當我們在閱讀上述的一段敍言和「河伯」與「北海若」的兩段對話時，浮現在我們眼前的，其實是一連串的動態畫面：「河伯」在秋天時，因匯集了許多川流的水而表現出一種顧盼自雄的神態。接著，他順水東流到北海，而在發現北海的廣大時，便神情卑屈地向「北海若」請益；而相對的，亦引出「北海若」一長串的教訓和盛氣凌人的神態。在這裡最值得注意的是，有二項極大的效果已於自然而然之間隱然形成了：其一，因我們讀者並未看到有任何論述者在對我們說理、或跟我們爭論，所以絲毫不會覺得有任何心理壓力和不愉快的感覺；其二，我們讀者也已於不知不覺間興味十足的、毫無反駁意識的、而且是在一種比較冷靜和客觀的心態中，明白了論述者的全盤觀點了。仔細推敲起來，其原因乃是我們讀者被這種「寓言」式的結構設計，巧妙地推出事件之外，而以站在旁觀立場的身份，津津有味地欣賞畫面中當事者的表演之故。或許，我們可將此種設計稱為「欲擒故縱」之法吧！

㈡精心設計的對話方式——問答

一般說來，在面對面的對話中，不用說那種毫無主題交會的「閒聊」，必然會產生事先難以預料的過程和結果。事實上，即使是雙方的「論辯」——雖然有共同的論辯題目，也都各有周詳的準備、並希望自己能獲得勝利；不過，可以推斷的是，縱令論辯的進行仍有時時扣緊主題的規範，但卻也因無法避免經常出現的突發狀況，而不易達到預期的目標。而這種面對面的口頭論辯，我們雖然將其改為文字，但若所採取的仍是現場直錄的方式，則其結果也必然是相同的——常會逸出論辯的主題而難有結論。

〈秋水〉篇的「寓言」式架構雖也由「對話」組成，但它的性質顯然與前述的「閒聊」不同，因為，文中的對話雙方——即「河伯」與「北海若」並非在毫無目的下對談；同時，它也與「論辯」有別，因為，雙方並非站在相等的地位，勢均力敵地針鋒相對。在〈秋水〉篇中，「河伯」與「北海若」在對話時所呈現出來的關係，其實為一小一大、一問一答的態勢。質言之，「河伯」所扮演的角色，實有如一個幾近無知的學生，而「北海若」則像是一位博學多聞的教師。因此，我們所看到的景象，便每每是「河伯」以卑微的口吻向「北海若」的請教；而相對的，「北海若」所表現出來的，則往往是權威的架勢，不僅身段擺得頗高，同時，他對「河伯」的回答，也常帶有訓誡的口氣。這種安排與設計，在文章結構上所呈現的最大特色，無疑的是一段段「北海若」的高談闊論了。為了證明上述的觀察為真，我們一妨舉其中的第三、四兩段「對話」為例來加以說明。茲將其大意摘要如下：

〈對話三〉：「河伯」在聽了在〈對話二〉裡「北海若」說的，「人」並無足夠的能力去判斷所謂的「大」與「小」後，接著又問：那麼，一般所謂最精微的叫做「無形」，而最大叫做「無法圍住」之說法，到底是否正確呢？「北海若」回答：那也不見得！因為，語文所能描述的，只不過是事物中的粗略部分；凡是真正「精微」的，則惟有以「心」去體悟。至於所謂的「無法圍住」，則更屬超越「有形」的範圍之外了，根本無法用「精」、「粗」等名詞來涵。因此，真正的「大」、「小」，根本就沒有一定的標準可言。

〈對話四〉：「河伯」接著又問：那麼，到底要依據什麼才能衡量出事物的外在大小和內在貴賤呢？

「北海若」回答：從「道」的觀點來衡量，則萬物並無所謂的貴和賤。自「物」的立場來看，則除了它自己外其他的物都是賤的。再依「世俗」的看法來說，則沒有任何人可決定自己是貴或賤。至於在「差別」上，則凡是只看事物的大的一面，那它必定大；而若只看它的小的一面，那它也就必定會是小的；也因此之故，「天地」也可算是小，而「毫髮的末梢」也可算是大了。若我們再以「實用性」來看，則任何事物都必定有其功能；不過，也必定會有不足之處。相同的，如果是從所站的「立場」來觀察，則任何事物也都會有正確的一面，也會有錯誤的一面。……總之，萬物的大小和貴賤並非我們所能夠率爾加以斷定的。

上面兩段「對話」，顯然發問的都是「河伯」，而回答的都是「北海若」。同時，如上所列，「北海若」的回答內容，顯然都是針對「河伯」的問題而提出的。譬如在〈對話三〉裏，「北海若」之所以會提出關於「有形」、「精微」、「無形」、「不可圍」等論述，即為回答「河伯」所問的「無形是否即叫做精微？」和「不可圍者是否為最大？」等問題。相同的，「北海若」在〈對話四〉裏之所以會從「道」、「物」、「世俗」、「差別」、「實用性」和「立場」等諸多角度來論述「事物」的種種特質，也是為了回答「河伯」所問的「如何判斷事物的大小和貴賤？」而提出的。這種一問一答、前後緊緊相扣的方式，一方面可以在自然而然中，技巧的避免了因面對面聊天或談話時可能發生的歧出主題、隨興言談的情況，同時也高明的排除了「辯論」時雙方各執立場，不答對方的問題而只顧闡述自己觀點的現象。換言之，對一個想要有效地提出自己見解的作者而言，我們實在有理由去推測，如果他能事先將自己的意見陳述完整、然後再設計出一個能使他的陳述自然呈現出來的問題，那麼，毫無疑問的，他絕對可以利用一組經過嚴密設計的「問」與「答」之方式，在自然而然中，依計畫把自己的論述完全表達出來的。

㈢層層遞進的問答結構

如前所述，「聊天」因缺少主題而不可能有結果；「辯論」也常會因沒有交集而形成各說各話的情況；至於「問答」的方式則不同，因為所答者必須針對問者的問題來答覆，所以乃使它擁有了可以扣緊主題、使不致離題的優點。這也就是說，每一組的「問」與「答」之間，其前後關係乃是因果性的，彼此互為依存，非常緊密。不過，由於每一組「問」與「答」的實際容量和性質都有其限制，頂多只能討論一、兩個問題，而無法表達一套完整而周延的複雜見解。故而〈秋水〉篇的作者。為了想將其整套見解完整表達出來，便只有藉著「一敍和七問答」的組合來達到其所需了。底下，就讓我們來看看〈秋水〉篇中的七組問答式「對話」，其前後關係到底如何？

據前所論，「北海若」的回答都是因「河伯」的問題而提出的，所以我們便先從「河伯」在七個「對話」中的「一頌揚六發問」之關係入手，來探究〈秋水〉篇為何採取這種結合一串「問答」為其基本架構的原因。

「河伯」的「一敍六問」大意如下：

一、頌揚「北海若」的範圍之廣大。

二、問「北海若」：可否以「天地」為大，而「毫末」為小？

三、問「北海若」：是否「無形」乃「至精」之稱？而「不可圍」（即無法圍住）乃「至大」之名？

四、問「北海若」：如何才能判斷物之大小與貴賤？

五、問「北海若」：「可為」與「不可為」之準則何在？

六、問「北海若」：「道」是否值得遵循和珍惜？

七、問「北海若」：「天」和「人」的差別何在？

在上列七組問話式的「對話」中，除了第一個「頌揚」是用來引出「北海若」的反應，也就是整篇「對話」的開端外，其餘六個「對話」都屬標準的發問句式。雖然，我們在上列「河伯」的「一頌揚、六發問」中仍看不出其間有必然的次序關係，但如果將「北海若」針對它們而提出的「一反應、六答覆」列出，再將它們合觀的話，就不難尋究出其間的邏輯關係了。「北海若」的「一反應、六答覆」之大意順序如下：

一、「我」只不過是萬物之一而已；任何「萬物之一」，包括人類，都不可、也無能力自以為大。

二、「我們」所知道的其實非常有限；而以有限的理解來定出的標準，豈能據以為憑，來論斷「天地」與「毫末」的大或小？

三、凡是「有形」可見、或可言說者，必然是屬於有限的；而「無形」者則超出此範圍之外，它們並無法用言語去描述與限制。

四、衡量「物」的角度無數，也都將有各自的結果，因此，並沒有任何確切的標準可拿來定「物」的大小與貴賤。

五、「可為」與「不可為」的觀念，也是以「人為的價值」來做標準的，並不可做為惟一的依據。事實上，萬物皆有生滅，只有「道」才是沒有終始的；因此，凡事只要「順其自然」即可。

六、「道」乃知所變遷、了解安危，安於禍福、順乎自然之謂。換言之，也就是一種「天在人心之中，而人依天言行」的道理。

七、「自然而然便是天」、違反「天性」即「人為」，因此必須袪除後者，才能「返樸歸真」。

依據上面「河伯」與「北海若」的七組「對話」，我們可明確的了解到〈秋水〉篇的主題，乃在闡明「自然即道」與「天人合一」觀念。不過，若從「結構」的角度來看：這七組「對話」是否已經可算是有條有理的將此觀念完全表達出來了呢？我們認為是的。因為，這七組「對話」其實是層層相因與先後呼應的。我們可條解如下：

「第一對話」乃是從有智能者的「身分」來立論，而提出我們「有智能者」只不過是萬物之一而已。

「第二對話」則在緊接著前頭已說明的「身分渺小」後，進而指出我們的「所知」也十分有限，可說遠少於我們所未能知悉者。

「第三對話」則又進而以「形體」和「語文」為例，說明我們所知的範圍實僅止於有形體與可言說者；至於「無形」、「至精」與「不可圍」等，則都只能以「心」去體悟。

「第四對話」再進而指出人們對「物」的態度所常犯的錯誤，即不但常常以人為的標準為依據，且往往是從自己的角度出發，同時又每每只看「物」的一面，便草率的加以評斷，因此便都是錯的。

「第五對話」則將論點轉移到人們對「事」的衡量上，並說明一般人所謂的「可為」與「不可為」，其實也是兩種人們依自己的狹隘認知所定出來的僵化標準；因此，當然是錯誤的。我們所要依循的，應該是「順乎自然」的「道」。

「第六對話」又進而指出所謂「順乎自然」的「道」，在「人」而言，即是做到知安危、順禍福，也就是人們應該使自己「內心長存有天，且須依天以言行」。

「第七對話」乃接其後說明，如果我們能夠不以「人為」去違反「天性」，那麼便可達到「返樸歸真」的境界。

由上可知，這七組「對話」的順序乃是經過精心設計的。首先是在前三組「對話」中，作者先從提醒人們的「身分」只不過是萬物之一來入手；接著再強調我們身為萬物之一者，「所知」實十分有限；然後再舉實例說明「有限」與「無限」的關係；前者遠比後者為小。因此，這三段層層遞進、一氣呵成的「對話」組，作者的用意顯然是要為本文奠定哲理上的基礎——人在宇宙間的真正地位。

其次，在前三組「對話」中說明了本文的哲理基礎後，作者再利用第四和第五兩組「對話」，分別選擇了「物」與「事」為討論對象，進一步指出人們所共有的錯誤觀念：即都是以既偏狹、且主觀的「人為價值標準」做為衡量一切的依據。這兩組實證式的「對話」，顯然替作者為何要寫〈秋水〉篇提供了一個堅實的理由——想糾正人們常有的錯誤觀念。而

〈秋水〉篇的寫作目的，便也在此彰顯出來了。

最後，作者再以第六和第七兩段「對話」具體指出：渺小的人們若真想要返樸歸真，惟一可行的路便是放棄「人為」，一切都遵循「順其自然」的「道」；而尤其值得一提的是，作者在此並更進一步提供了人們可嚮往的一種理想境界、以及如何去達成它的具體方法——於是本文因而有了完滿的結果。

三、結語

綜上所論，如果我們再進一步從「説服」的角度來分析，則前頭所論述的三個層面：故事性的寓言架構、精心設計的問答式對話、以及層層遞進的問答結構，其實也就是使〈秋水〉篇能夠有「説服力」的動力。其理由非常明顯：首先，作者選擇了「具有故事性的寓言」為架構，乃成功地營造出三種效力：

⑴技巧地避免了讀者討厭聽訓和不耐嘮叨的心理。

⑵以故事性為吸引力，激發讀者想閱讀〈秋水〉篇的興味。

⑶營造出讓讀者在毫無心防之中，即可自然接受該故事中所暗含的哲理之情境。

其次，作者再以「精心設計的問答式對話」，使〈秋水〉篇中的每一組「對話」，都能以「問」和「答」的方式扣緊主題，既排除了一般對話中時常免不了的離題現象，同時也讓讀者能夠從生動而易解的文字中，明確的了解每一段「對話」的主旨。

最後，作者更利用「層層遞進的多組問答式架構」，藉著綿密的邏輯推理方法，將篇中的各段「對話」依序串聯起來，使〈秋水〉篇所涵攝的內容大為擴增；而作者也就在這種精心的設計之下，完整而詳盡的闡明其所有的見解了。

上面的推論和闡述，應可具體說明《莊子·秋水》篇第一則寓言式論述，的確可稱為一篇具有說服力的作品；而其根本原因，便是在於它採用了「寓言式」的架構了。

※本文已依研討會中特約討論者黃登山教授與其他指教加以修正。

註釋：

❶《莊子》書中的「雜篇」有〈寓言〉篇，一般以為乃後人述《莊子》書的體例之作。不過，篇中並未對「寓言」一詞的含意詳加解說。顏崑陽曾將「寓言」的條件歸納為五種。請見顏崑陽《莊子的寓言世界》，頁一二一。臺北：尚友出版社，民國七十一年。至於有關「寓言」的定義和文體上的特色，請參考陳蒲清《寓言文學理論·歷史與應用》的第一編之第一、二章，頁一—四五。臺北：駱駝出版灶，民國八十一年。

❷有關「說服」的觀念和其基本架構，請參拙作〈從「說服」的觀點論諷諭性漢賦之特色——以司馬相如之賦為例〉，收於拙著《中國文學批評的理論與實踐》中，頁一六一—一七二。臺北：國文天地雜誌社，民國七十九年。

❸今常見之《莊子》書多含內篇七、外篇十五、雜篇十一，計三十三篇。而舉凡書中篇目的名稱，內篇、外篇、雜篇的分類，以及其順序等，歷來的爭議甚多。請參葉國慶《莊子研究論集》，頁一〇—二五。臺北：木鐸出版社，民國七十一年。

❹〈秋水〉篇為《莊子》書外篇的第七篇。

❺有關雄辯術與修辭學的關係之實際例子，當以柏拉圖的《對話錄》中之〈斐德若篇〉最早，最完整與最著名。而朱光潛的詳注更可參閱。見《柏臘圖文藝對話集》，朱光潛譯，頁一四一—二三六。臺北：蒲公英出版社，民國七十二年。英文版請見《Plato: The Man and His Work》A.E.Taylor　PP301—319，〈Pheadrus〉，New York:Meridian Books，1956

古文運思筆法之結構研究

熊琬撰

一、前言

琬生性魯鈍，志學不早，自幼隨侍先父翰叔公讀誦古文，廁聞緒論，恆苦不能記憶，即偶記亦不能遽解，縱粗解文字，亦不審文章工拙研媸之所在。間嘗聞有所謂「十四層」之說者：正面、反面、旁面、高一層、低一層、進一層、退一層、深一層、淺一層、前一層、後一層、縱說、橫說、翻案。蓋寫作為文之筆法也，視八股為具體而有層次：（八股文只是些起、承、轉、合之道而已）足以開拓思路，佐筆端馳騁，治文思枯竭之病。然而，當時只是一些概略模糊之觀念，並未加以深思；其後，於讀書與教學之際，恆苦無具體之方法可依，故尤措意於有關論文之作，如：呂東萊評選《古文關鍵》、朱字綠點定《東萊博議》、林雲銘《古文析義》、謝疊山批選《正續文章規範》、王文孺評註《古文辭類纂》、吳楚材評註《古文觀止》、李扶九《古文筆法百篇》、吳闓生《桐城吳氏古文法》、姚永樸《文學研究法》、林紓《畏盧論文》、毛宗崗評《三國演義》等書，其於文章精意固多所闡發，足能示人門徑，豁人眼目，自有禆覽觀。然就筆法技巧而言，則未嘗有如「十四層」之具有關連性與完整性。縱或有之，亦但具兩三層，多不過四五層而已。由此大生興趣，是後，於每篇文章中，悉心尋繹推演「十四層」之筆法，涵泳而細味之，揣摩而融會之，如是鑽研沈潛有年；因發現此等「筆法説」不僅只是前人所泛指的一些粗淺概念而已；更是些「運思結構」(the structure of the way of thinking)，頗有助於臨文的運思、創作、分析與欣賞、批評之用。偶試用於教學與研究，甚或講演、辯論，均有法則可循。因此更作進一步之鑽研，經整理歸納；推闡「十四層」之架構觀念且加以發明之，而得「三十餘層」如下：正面、反面、旁面、本具、自照、本位、對面、對照、對比、前一層、後一層、高一層、低一層、一層高一層、一層低一層，深一層、淺一層、一層深一層、一層淺一層、進一層、退一層、一層進一層、一層退一層、漸進、漸退、縱説、橫説、引證、設譬、翻案、引典等等。《文心雕龍．章句》❶：「夫人之立言，因字而生句，積句而成章，積章而成篇。」凡為文章，固在立言，言之所以在意，所謂「立意」是也。夫「言之有物」，固亦當「言之有序」❷。所謂「物」者，文之內容也，即是「立意」；所謂「序」者，文之方法也。若此「層次」説，蓋包括內容與方法二者在內。可以架構文章之一些基本形式，亦可作為建立文章理路的方法；無論篇、章、句、字，均屬一種「思維模式」。其運用於為文之立意、篇法、章法、句法與字法中；自形式技巧，以至於內容結構，靡不可一一貫而通之，使之層次井然，脈絡分明。依此以衡文之工拙妍媸，進而古文之堂奧所在，亦有較清晰而完整之理路可循。今由此

「十四層」之筆法，再推演發展為「三十多層」筆法，而一般所常用者，大抵具是矣。而今於「筆法」上加運思二字者，乃因「筆法」二字，偏重於「文學」層次；至於「運思筆法」者，蓋兼文學與與思想二者而言。以其「形式」上屬於「文學」，而其「內涵」，則為一種「思考模式」。中國佛典有所謂「科判」之說，蓋對經文加以分析之方法也。乃就教理之思想體系加以判別，科其大綱而分其細目，而經文之脈絡理路得以綱舉而目張，覽者一目而了然，最為方便。故所謂「科判」者，乃結合「文學」與「思想」而成。今者竊效其意而應用於古文中，由此以架構文章，自立意、謀篇、佈局、以至措詞，均可貫通一氣成為整體之思路體系。復次，此若干種「運思結構」，乃係綜合歸納若干作文的「思考形式（模式）」而成；屬於所謂「歸納法」。復次，依據此「運思結構」，再建構於古文之命意、謀篇、佈局與措詞中；則屬於所謂「演繹法」。茲先由措詞之字法、句法中有關的「運思結構」說起，並以簡表的形式說明之：

二、措詞與修辭（句法與字法）

㈠、有關「字」之運思結構：以「善」字為題：

正面	善
反面	惡
旁面	非善非惡
本具	善心本具
自照	自發向善
本位	我使人向善
對面	人使我向善
對照	相資為善

對比	善惡比較
進一層	不僅獨善更且兼善
退一層	縱不能為善亦不當作惡
淺一層	形式之善
深一層	實質之善
前一層	未作善之前
後一層	既作善之後

高一層	至善
低一層	微善
漸進	日日為善善心日增
漸退	善心日減
縱說	古人之善與今人之善（時間）
橫說	國人之善與外人之善（空間）
翻案	善不當為

以上僅一「善」字，就可變化成「廿二種形式」的思維方式。

(二)、有關「句」之運思結構：

1. 以人「人當孝」為題：

正面	反面	旁面	本具	自照	本位	對面
人當孝	人不當孝	非孝非不孝	孝心本具	自發向孝	我使人向孝	人使我向孝

對照	對比	進一層	退一層	淺一層	深一層
彼此激勵向孝	孝與不孝相比較	老吾老以及人之老	縱未能老人之老亦當自老其老	晨昏定省之孝（形式之孝）	養志之孝（實質之孝）

前一層	後一層	高一層	低一層	漸進	漸退
未知孝之前	既知孝之後	聖人亦孝	禽獸亦知孝	孝心日增	孝心日減

縱說	橫說	翻案
古人之孝與今人之孝	外人之孝與國人之孝	人不當孝

對面	
順說	子孝其父
逆說	父孝其子

以上「人當孝」三字，亦可變換成「廿四種形式」的思維方法。

2. 以「我愛你」爲題：

結構	正面	反面	旁面	本具	自照
本位	我愛你	我恨你	我不愛你　亦不恨你	愛心本具	我愛自己
對面	你愛我	你恨我	你不愛我　亦不恨我	愛心本具	你愛自己

結構	對照	對比	進一層	退一層	高一層	低一層
本位	我們彼此	愛與恨	愛烏及屋	縱未能愛人	心靈之愛	肉體之愛
	互相敬愛	互相比較		亦不至恨人		

結構	前一層	後一層	漸進	漸退	縱說	橫說
本位	未知愛之前	既知愛之後	愛心日增	愛心日減	古人之愛與今人之愛	國人之愛與外人之愛

以「我愛你」為，可變換成「廿二種形式」的思維方式。

3. 以「秦併六國」爲題

結構	本位	對面
正面	秦併六國	六國併秦
反面	秦未能併六國	六國未能併秦
旁面	六國間互相兼併	六國間互相兼併
對照	秦與六國互相兼併	秦與六國互相兼併
自照	秦國自取滅亡	秦國自取滅亡

結構	本位	對面
對比	秦與六國	強弱對比
前一層	秦併六國之前	六國併秦之前
後一層	秦併六國之後	六國併秦之後
漸進	秦蠶食六國	六國蠶食秦
漸退	秦勢漸衰	六國勢漸衰

結構	本位	對面
進一層	秦不但併六國更併諸小國	六國不但併秦更併諸小國
退一層	秦僅能自保	六國僅能自保
高一層	秦以王道併六國	六國以王道併秦
低一層	秦以霸道併六國	六國以霸道併秦

以上以「秦併六國」為題，則有「廿八種形式」的思維方式。

㈢、有關「句法」之運思結構：

1. 正面　2. 反面

正面乃就事理之肯定面立言，反面乃從事理之否定面立言。

子能順杞柳之性而以爲杯棬乎？將戕賊杞柳之性而以爲杯棬也？如將戕賊而以爲杯棬，則亦將戕賊人以爲仁義與？❸——《孟子》

此段：以「順杞柳之性」為「正面」；以「戕賊其性」為「反面」。而重點則在借反面著筆，以反襯之。

吾寧悃悃款款朴以忠乎？將送往勞來斯無窮乎？寧誅鋤草茅以力耕乎？將遊大人以成名乎？寧正言不諱以危身乎？將從俗富貴以媮生乎？寧超然高舉以保真乎？將哫訾慄斯，喔咿嚅唲以事婦人乎？寧廉潔正直以自清乎？將突梯滑稽，如脂如韋以絜楹乎？寧昂昂若千里之駒乎？將氾氾若水中之鳧，與波上下，偷以全吾軀乎？寧與騏驥亢軛乎？將隨駑馬之跡乎？寧與黃鵠比翼乎？將與雞鶩爭食乎？❹——《屈原》

此段：舉凡「寧……」即是「正面」，凡「將……」，則是「反面」。「悃悃款款朴以忠」，謂忠誠盡心以為國；「送往勞來斯無窮」，謂奔走鑽營不斷。「誅除草茅以力耕」，謂歸隱田畝；「遊大人以成名」，謂交結高官顯貴以成名。「正言不諱以危身」，謂諫諍以觸禍；「從俗富貴以偷生」，謂苟且富貴以求倖免。「超然高舉以保真」，謂超然世外以保朴真；「哫訾慄斯，……以事婦人」，謂曲顏諂事嬖妾。「廉潔正直以自清」，謂明哲保身；「突梯滑稽，……以絜楹」，謂圓滑應事。「昂昂若千里之駒」，謂自不屈其材；「氾氾若水中之鳧，與波上下」，謂隨波逐流。「與騏驥亢軛」，謂以古聖賢自期；「隨駑馬之跡」，謂與小人同流。「與黃鵠比翼」，謂與高士比肩；「與雞鶩爭食」，謂與小人爭俸祿。

3. 旁　面

不從正面直寫，借旁襯以託顯正面，是為「旁面」。

敍鉅鹿之戰。曰：「楚兵冠諸侯，諸侯軍救鉅鹿下者十餘壁，莫敢縱兵。及楚擊秦，諸將皆從壁上觀；楚戰士無不以一當十，楚兵呼聲動天，諸侯軍無不人人惴恐，於是

已破秦軍。」❺──《史記》

鉅鹿之戰，事關諸侯與秦之成敗，是關鍵性之一戰。其敘「諸侯軍鉅鹿下者十餘壁，莫敢縱兵。」「諸將皆作壁上觀」。均是「旁面」著筆法。而所見楚戰士之勇猛善戰之情：「楚戰士無不以一當十，楚兵呼聲動天，諸侯軍無不人人惴恐，於是已破秦軍。」其於諸侯之描述曰：「莫敢縱兵」，曰：「諸侯軍無不人人惴恐」。均從「旁面」作「反襯」之描述，自見得楚軍之聲勢足以驚天而動地。

《史記》敍韓信受辱於淮陰少年，俯出跨下。並添上一筆曰：「一市皆笑信以為怯❻。」此借「旁面」寫法，以見當時之窘態，非常人所能忍；見得韓信今日之忍辱始克有異日之負重也。

王曰：「吾何以識其不才而舍之？」曰：「左右皆曰賢，未可也；諸大夫皆曰賢，未可也；國人皆曰賢，然後察之；見賢焉，然後用之。左右皆曰不可，勿聽；諸大夫皆曰不可，勿聽；國人皆曰不可，然後察之；見不可焉，然後去之。左右皆曰可殺，勿聽；諸大夫皆曰可殺，勿聽；國人皆曰可殺，然後察之；見可殺焉，然後殺之。」❼──《孟子》

此段：舉左右、諸大夫、國人，皆從「旁面」著筆，選賢要能廣採眾議，所謂尊重公論，以斷絕私見；如是乃不失客觀之參考。而「見賢焉，然後用之。」「見不可焉，然後去之。」「見可殺焉，然後殺之。」三句，都有「然後察之」一句，足見除客觀之觀察外，尚須主觀之判斷，再作最後之決擇；是「本位」寫法。就中：「見賢焉」，「見可殺」——是「正面」；「見不可焉」——是「反面」。此一正一反之對比，以見客觀之採擇，兼顧於正反兩方意見。茲將其結構方式表示如下：

旁面	
正面	左右皆曰賢，諸大夫皆曰賢，國人曰賢
反面	左右皆曰不可，諸大夫皆曰不可，國人皆曰不可。左右皆曰可殺，大夫皆曰可殺，國人皆曰可殺

4. 本具

本所具有無待於外曰本具。

《中庸》云：「天命之謂性。」性乃天賦，固是本有者也。

孟子曰：「人之所不學而能者，其良能也。所不慮而知者，其良知也。」《孟子·盡心》所謂「不學而能」，「不慮而知」，都指先天本具而言的，非外來者亦後天之經驗所得。

《六祖壇經》：「何期自性？本自具足[8]。」所謂「自性」乃本自具有之性也，固非後天的作爲所能施其計的。

5. 本位　6. 對面

本位者，從我方及對方為「本位」寫法。從對方及我方是「對面」寫法。

「釣者負魚，魚何負於釣？獵者負獸，獸何負於獵？莊公負叔段，叔段何負於莊公。」[9]

本位	釣者負魚	獵者負獸	莊公負叔段
對面	魚何負於釣	獸何負於獵	叔段何負於莊公

《荀子》「非我而當者，吾師也；是我而當者，吾友也；諂諛我者，吾賊也。」❿

就中：非我、是我與諂諛我者，皆從「對面」立言。

又恐汝不察吾衷，謂吾忍舍汝而死，謂吾不知汝之不欲吾死也，故遂忍悲爲汝言之。⓫——林覺民

文中：「謂吾忍舍汝而死，謂吾不知汝之不欲吾死也。」均從對方設想，是「對面」寫法。足見作者體貼入微處。

7. 對 照

對照是從彼我雙方兩相對照而夾寫之。

以吾心之思足下，知足下懸懸於吾也。……非足下之爲見，而日與之處，足下知吾心樂否也？吾言之而聽者誰歟？吾唱之而和者誰歟？言無聽也，唱無和也，獨行而無徒也！是非無所與同也？足下知吾樂否也？⓬——韓愈

此段句句從彼此兩方面著筆，是「對照寫法」；足以見出彼此情感之深厚了。

乃瞻衡宇，載欣載奔；僮僕歡迎，稚子候門⑬。—陶淵明

此敍自己久離故園，一旦回來，望見家門，其樂如何？次從僮僕、稚子之候門歡迎，兩相對照，足見歡樂之情。

8. 自　照

自照是自己反照到自己身上者曰之。

子曰：「見賢思齊，見不賢而內自省也。」—《論語·里仁》

見他人賢，反之於身，則思與之看齊；是「自照」寫法。見人不賢，則知自我反省，亦是「自照」寫法。而「見賢」與「見不賢」，則又成一正一反之「對比法」。

> 見善，修然，必以自存也；見不善，愀然，必以自省也。善在身，介然，必以自好也；不善在身，菑然，必以自惡也。[14]——《荀子》

文中：自存、自省、自好、自惡，悉屬「自照」寫法。而「見善」與「見不善」；「善在身」與「不善在身」：均是從正反兩面作「對比法」。

> 滅六國者，六國也，非秦也；族秦者，秦也，非天下也。[15]——杜牧

此段敘六國自滅其國，與秦自族秦，均是「自照寫法」。

> 莊公徒喜人之受欺者多，而不自知吾自欺其心者亦多。[16]

莊公「自欺其心」，是「自照寫法」。茲將相關運思法羅列於後，借供參考：

本位	對面	自照
莊公欺人	人欺莊公	莊公自欺

9.前一層　10.後一層

凡某件事未發生之前，曰「前一層」；既發生之後曰「後一層」。

夫禮禁未然之前，法施已然之後。⑰——《史記》

前一句為「前一層」，後一句為「後一層」。二者對比托顯出禮、法之不同。

未見之情，人所未知；未動之情，己所不知。⑱

其中：「未見」、「未動」，乃謂未見之前，未動之前。是「前一層寫法」。

苟能止於未萌，⋯吾猶恨其不能消患於未形，而徒救患於已形。（同上）。

其中：「未萌」、「未形」是「前一層」，「已形」，則是「後一層」了。

莫爲之前，雖美不彰；莫爲之後，雖盛不傳。⓳—韓愈

前二句是「前一層」後二句是「後一層」；以明二者之相需之殷如此。

生乎吾前，其聞道也，固先乎吾，吾從而師之；生乎吾後，其聞道也，亦先乎吾，吾從而師之。⓴—韓愈

就中：「生乎吾前」，是「前一層」；「生乎吾後」是「後一層」。如此措詞自較：用「年長者」與「年幼者」，為脫俗。此二句之用意，在顯示從師不論年齡長幼，道存師存。

夫功之成，非成於成之日，蓋必有所由起；禍之作，不作於作之日，亦必有所由兆。㉑—蘇洵

此論謂功成與禍作，都有前兆；管仲當洞燭機先，可「因威公（桓公）之問，舉天下之賢者以自代。」—是「前一層」立言。

事有必至，理有固然。惟天下之靜者，乃能見微而知著。月暈而風，礎潤而雨。㉒—

蘇洵

此論謂凡事有其必然之故，可以預先得知—要在「見微而知著」並舉月暈、礎潤二者，從物理現象作例；後又舉山巨源見王衍曰：「誤天下蒼生者，必此人也。」與郭汾陽見盧杞曰：「此人得志，吾子孫無遺類矣！」二史實作例。以證明事有必至，當可以逆推逆推而前知之。是借引證作「前一層」寫法。

凡戰之道：未戰養其財，將戰養其力，既戰養其氣。㉓—蘇洵

「未戰」，是「前一層」；「將戰」，是「本層」；「既戰」，是「後一層」。

11. 高一層　12. 低一層

舉凡境界才學等較高者，屬「高一層」；而較低者，屬「低一層」。

子貢曰：「貧而無諂，富而無驕，何如？」子曰：「可也。」未若貧而樂，富而好禮者也。」子貢曰：「詩云：『如切如磋，如琢如磨』，其斯之謂與？子曰：「賜

也，始可與言詩已矣！告諸往而知來者。」──《論語．學而》

「貧而無諂，富而無驕」。屬消極之修養，境界較低，是「低一層」。「貧而樂，富而好禮」。屬積極之修養，境界較高，是「高一層」。子貢引詩語，夫子嘉其能舉一反三。

> 臣聞物有殊能者：故力稱烏獲，捷言慶忌，勇期賁育。臣之愚竊以爲人誠有之，獸亦宜然。今陛下好陵阻險，射猛獸，卒然遇逸材之獸，駭不存之地，犯屬車之清塵，與不及還轅，人不暇施巧，雖有烏獲、逢蒙之技不能用。㉔

此段：司馬相如進諫武帝，不宜行險以出獵。借人有殊能者，以為「人誠有之，獸亦宜然。」故一旦行獵時，卒然遇「逸材之獸」則雖有烏獲、逢蒙之技亦不暇施巧矣。此時縱使具「殊能之人」，亦無所施其力。是「高一層」對「高一層」。以見行獵其事之危險不可為。

> 仕宦而至將相，富貴而歸故鄉，此人情之所榮，而今昔之所同也。…惟大丞相魏國則不然，…所謂將相而富貴，皆公所素有，然則高牙大纛，不足爲公榮，桓圭袞裳不足爲公貴，惟德被生民，而功施社稷，勒之金石，播之聲詩，以耀後世，而垂無窮。㉕
>
> ──歐陽修

此段：「仕宦而至將相，富貴而歸故鄉，此人情之所榮。」是「高一層」；然對魏國公而言：「皆公所素有」，因此等固不足為公榮、為公貴。「惟德被生民，…而垂無窮。」是「更高一層」立言。「高一層」與「更高一層」之「對比」以見韓魏公之志業之器識非凡，固非流俗所能企及。

轍之來也，於山見終南，嵩華之高；於水見黃河之大且深；於人見歐陽公；而猶以爲未見太尉也。故願得觀賢人之光耀，聞一言以自壯，然後可以盡天下之大觀而無憾者矣。㉖——蘇轍

此段：作者自謂欲天下之大觀，從山而水而人，而猶以為未見韓太尉為一大憾事。「故願得賢人之光耀，聞一言以自壯，然後可以盡天下之大觀而無憾矣」此均屬「高一層」立言。此處高推韓太尉處，亦所以為自已占地步處。

賢於己者，問焉以破其疑，所謂就有道而正也；不如己者，問焉以破其一得，所謂以能問於不能，以多問於寡也；等於己者，問焉以資切磋，所謂交相問難，審問而明辨之也。㉗——劉開

此段：「賢於己者」，是「高一層」；「不如己者」，是「低一層」；「等於己者」，是「本層說」。分三層說，條理井然；則問之不可或缺，當可知了。

13. 一層高一層　14. 一層低一層

知之者不如好之者，好之者不如樂之者。—《論語·雍也》

知之，好之，樂之三者，一層高一層。

天時不如地利，地利不如人和。㉘—《孟子》

「天時」，「地利」，「人和」三者，亦是「一層高一層」寫。

不聞，不若聞之，聞之不若見之，見之不若知之，知之不若行之。㉙—《荀子》

從「不聞」，「聞之」，「見之」，「知之」，「行之」—「一層高一層」寫，其聞、見、知、行—層次之高低自然分明。

失道而後德，失德而後仁，失仁而後義，失義而後禮。㉚——《老子》

文中：道、德、仁、義，四者「一層低一層」。

太上有立德，其次有立功，其次有立言。㉛——《左傳》

文中：立德、立功、立言，三者亦「一層低一層」。

15. 淺一層　16. 深一層

淺一層者，就事之形式與外表而言之；深一層者，乃就事之實質或內涵而言之。

予獨愛蓮之出污泥而不染，濯清漣而不妖，中通外直，不蔓不枝，香遠益清，亭亭淨植，可遠觀而不可褻玩焉。㉜—周敦頤

文中「出污泥而不染」，喻君子潔身自愛不被塵世所污染；「濯清漣而不妖」，喻君子之風

格，不求媚於世；「中通外直」，喻心中豁通，正直而不倚；「不蔓不枝」，喻君子立言得體，要言不煩；「香遠益清」，喻君子之德，如蓮之幽香襲人。「亭亭淨植」，喻君子之風度，矯然不群；「可遠觀而不可褻玩」，喻君子望之儼然，即之也溫。其中「出污泥而不染」，「濯清蓮而不妖」，等均係「淺一層」說法；至其所寓之內涵則屬「深一層」寫法。

> 觀人之術，在隱不在顯，在晦不在明。顯與明，人之所同畏也；隱與晦，人之所忽也。…肝受病則目不能視，腎受病則耳不能聽。…肝也、腎也、…在內，而人之所不見也；目也、耳也、…在外，而人之所見者也。受病於人之所不見，則其病必發於人之所見矣。是故隱顯晦明，本無二理。隱之所藏，待顯而露；晦之所蓄，待明而發。㉝

「顯與明」，乃人之所見；是從「淺一層」立言。「隱與晦」，乃人之所不見；是從「深一層」之立言。由淺可以探及其深，是故推知淺與深實無二理。

> 所貴乎立論者，蓋欲發未明之理，非徒議已見之跡也。…鄭既敗王師，乃斂兵而止。衆人之說，不過謂鄭伯苟欲自救，此《左氏》之所已言也。君子論之：則以爲鄭伯未勝則使祝聃射王，其事甚悖；既勝則使祭足勞王，其辭甚恭。其前之悖，蓋出於真

情，欲以取一時之勝；其後之恭，蓋出於矯情，欲以避天下之責。㉞

此段言立論者：「蓋欲發未明之理，非徒議已見之跡也。」所謂「已見之跡」者，即文中所指「此左氏所已言也」；乃「淺一層」說法。所謂「發未明之理」者，即文中指「君子論之」；乃「深一層」說法。

「易喜者必易厭：有書於此，一讀而使人喜者，屢讀必厭；有樂於此，一奏而使人喜者，屢奏必厭。……至書無悅人之淺效，而有化人之深功；至樂無娛人之近音，而有感人之餘韻。……處父所以易使人喜，易使人厭者，抑有由也。蓋處父之剛，盡發於外，而中無所留；外雖暢茂，而中無所根。其始見也，其美易見，其德易親，所以使人喜也；其既見也，索之易窮，採之易盡，所以使人易厭也。發之爲春華，曾不能斂之爲秋實，玩虛華而忘實味，……此甯嬴所以乍喜乍厭，而不辭往來之煩也。㉟

文中借譬於書與樂，以謂：使人易喜者，亦必易使人厭。是故「至書無化人之淺效」，乃是「淺一層」寫；「而有化人之深功」者，是「深一層」寫。借此以喻陽處父所以易使人喜，故易使人厭的原故了。是「淺一層」立言。

17. 進一層（一層進一層）　18. 退一層

凡論理或敍事有進一步之申論或推理時，曰進一層；其退一步而立言，則曰退一層

孟子曰：「以若所爲求若所欲，猶緣木而求魚也。」王曰：「若是其甚與？」曰：「殆有甚焉！緣木求魚，雖不得魚，無後災；以若所爲，求若所欲，盡心力而爲之，後必有災。[36]」—《孟子》

此段：孟子以齊宣王所為，「求其所欲」—指霸道，只不過是「緣木求魚」罷了。「緣木求魚，雖不得魚，無後災。」是「本層」寫法。至「以若所為，求若所欲，盡心力而為之，後必有災。」則是「進一層」寫法。

〈燭之武退秦師〉之言曰：「越國以鄙遠，君知其難也。」此語謂「亡鄭無益」。「焉用亡鄭以陪鄰？鄰之厚，君之薄也。」此語謂：「亡鄭且有害」，是「進一層」說。「夫晉何厭之有？既東封鄭，又欲肆其西封，若不闕秦將焉取之。」[37]—《左傳》

此言謂晉不僅欲得鄭，將更欲得秦；是「更進一層」說。

其下平壙，有泉側出，而記遊者衆，所謂前洞。由山以上五六里，有穴窈然，入之甚衆，問其深，則好遊者不能窮也，謂之後洞。余與四人愈深，其進愈難，而其見愈奇。㊳——王安石

此段以入洞愈深，人愈少，進愈難，見愈奇。是「一層深一層」寫法。

子曰：「色難。有事，弟子服其勞；有酒食，先生饌，曾是以爲孝乎㊴？」

此謂孝之最低限度當如是，豈足為孝呢？自是「低一層」寫法。

子謂顏淵曰：「用之則行，舍之則藏。㊵」

「用之則行」，乃係「進一層」；「舍之則藏」，則係「退一層」。

子曰：「天下有道則見，無道則隱。㊶」

「天下有道則見」，是「進一層」；「無道則隱」是「退一層」。

> 可以共學，未可與適道；可以適道，未可以之立；可以立，未可與權。[42]

此從「共學」而「適道」而「立」而「權」可謂「一層進一層」。

> 故推恩，足以保妻子；不推恩，無以保妻子。[43]

「故推恩，足以保妻子」；是「進一層說」。「不推恩，無以保妻子。」是「退一層說」

> 古之人，得志，澤加於民；不得志，修身見於世。窮則獨善其身，達則兼善天下。[44]

「得志，澤加於民」是「進一層」；「不得志，修身見於世」。是「退一層」。「窮則獨善其身」，是「退一層」；「達則兼善天下」，是「進一層」。

19. 對比

兩者相對而加以比較之。不論正、反面，高、低層，進、退層，深、淺層，前、後層等，兩相比較亦均屬「對比法」。

魚，我所欲也；熊掌，亦我所欲也。二者不可得兼，舍魚而取熊掌者也。生亦我所欲也，義亦我所欲也，二者不可得兼，舍生而取義者也。㊺——《孟子》

以魚與熊掌比喻生與義之難以得兼中，寧捨生而取義。

20. 縱説

就古今或前後時間而立説者曰「縱説」。

1. 當今生民之患，……在知安而不知危，……此其患不見於今，而將見於他日。今不爲之計，其後將有所不可救者。

2. 昔者先王知兵之不可去也，是故天下雖平，不敢忘戰；……及至後世，用迂儒之議，以去兵爲王者之盛節。㊻——蘇軾

1. 此其患不見於「今」，而將見於「他日」。「今」至「他日」，就時間言，是縱說。以「今」不為之計，「其後」將有不可救者。「今」至「其後」，就時間言，是「縱說」。以明居安而不知思危之患，其後將不可救。

2. 「昔者」，至「後世」，亦是「縱說」。以古衡今，以明兵之不可去。

後之視今，猶今之視昔。㊼——王羲之

後與今；今與昔；兩相對比，是「縱說」以明後人感慨今人，猶今人之視昔人了。

秦人不暇自哀，而後人哀之；後人哀之而不鑑之，亦使後人而復哀後人。㊽——杜牧

此段謂：後人不知鑑秦人之亡，徒令後人復哀之罷了。言下頗足令人警惕。

21. 橫說

凡就空間或地域之不同而說者言。

《荀子》：「聖人也者，人之所積也。」引證：「積耨耕而爲農夫，積斫削而爲工匠，積販貨而爲商賈。」繼曰：「居楚而楚，居越而越，居夏而夏。是非天性也，積靡（靡者，觀摩也）使然也。」[49]

此論由後天之積累習俗而化其性。居楚、居越、居夏，因地域之不同，而各成其性。是「橫說法」。

孫文〈上李鴻章書〉，在論及人其盡才處，引及「泰西諸邦，崛起近世，深得三代遺風」。並引及「泰西之士，雖一才一藝之微，而國家必寵以科名」。又在論及地盡其利處，亦引及「泰西國家，深明致富之大原，在於無遺地利」。又云：「泰西創器之家，日竭靈思，孜孜不已。」以為我中國之參考，凡是援他邦作證，是「橫說」法。

22. 所謂「引證」

是引用史實，或事實之例子，以證明所說之理。

孟子曰：舜發於畎畝之中，傅說舉於版築之間，膠鬲舉於魚鹽之中，管夷吾舉於士，孫叔敖舉於海，百里奚舉於市。故天之將降大任於是人也，必先苦其心志，勞其筋骨，餓其體膚，空乏其身，行拂亂其所為，所以動心忍性，曾益其所不能。[50]—《孟子》

此段：歷舉舜、傅說、膠鬲、管夷吾，孫叔敖、百里奚作例，以證明天將降大任於是人也，必先苦其心志，勞其筋骨歷經磨鍊以成之。

昔穆公求士，西取由余於戎，東得百里奚於宛，迎蹇叔於宋，來邳豹、公孫支於晉。此五子者，不產於秦，穆公用之，并國二十，遂霸西戎。……此四君者，皆以客之功；由此觀之，客何負於秦哉！[51]—李斯

此文歷舉秦穆公、孝公、惠王、昭王，所重用之人，皆非秦人，故「此四君者，皆以客之功。」以證明逐客之非。

且西伯，伯也，拘於羑里；李斯，相也，具於五刑；淮陰，王也，受械於陳；……此人皆身至王侯將相，……安在其不辱也？[52]—司馬遷

此文歷引西伯、李斯、淮陰等實例，以證明貴為王侯將相，亦不免於受辱，何況身份低下如我者乎！

劉禹錫〈陋室銘〉：「南陽諸葛廬，西蜀子雲亭」。

引證諸葛亮之草廬，揚雄之草廬作例，暗示有德者之所居，為下文「何陋之有」地？

23. 設譬（譬喻）

凡直說不易為人所理解時，則巧譬善喻以說明之。

玉不琢，不成器；人不學，不知道[53]。——《禮記》

此以玉因琢磨而成器，喻人因學而知道。

雖有嘉肴，弗食，不知其旨也；雖有至道，弗學，不知其善也。（同上）

借食嘉肴之甘旨，以喻學至道之為善也。

登高而招，臂非加長也，而見者遠；順風而呼，聲非加疾，而聞者彰；假輿馬者，非利足也，而致千里；假舟楫者，非能水也，而絕江河。君子生非異也，善假於物也。[54]—《荀子》

此段設四例，以喻君子：「生非異也，善假於物也。」所假之物，當指後天之學：包括師法禮義在內。

夫必恃自直之箭，百世無矢；恃自圜之木，千世無輪矣。自直之箭，自圜之木，百世無有一；然而世皆乘車射禽者，隱栝之道用也。[55]—《韓非》

此借世無自直之箭，自圜之木，而必須用「隱栝之道」—即是法治思想。

伯樂一過冀北之野，而馬群遂空。…伯樂知馬，遇其良，輒取之，群無留良焉。[56]—韓愈此借伯樂善相馬，以喻烏公之識溫處士，蓋士之伯樂也。

24. 引　典

引用典故，以增加文章之說服力與權威性。

劉禹錫《陋室銘》，引孔子云：「何陋之有？」是「引典」法。林西仲云：「末引〝何陋之有〞隱藏〝君子居之〞四字在內，若全引便著跡，尤見其巧處。57」

王鏊〈親政篇〉引《易・泰》：「上下交而其志同。」與〈否〉：「上下不交，而天下無邦。」以說明「上之情達於下，下之情達於上，上下一體，所以爲泰；上之情壅閼而不得下達，下之情壅閼而不得上聞，上下間隔，雖有國而無國矣，所以爲否也。」

三、謀篇

謀篇者，乃就整篇文章而論的，與措詞就字句而論者不同。

1. 正面　2. 反面

韓愈〈送董邵南序〉，因董生憤己之懷才而不得志，將赴河北藩鎮求有所遇。曰：「吾知其必有合也」，從「正面」言；謂其當有合。而後文則曰：「明天子之在上，可以出而仕矣！」乃從「反面」立論，意謂彼處固非明君子，豈可出仕呢？暗勸董生不當前往求仕。

屈原《楚辭·漁父》，屈原曰：「舉世皆濁我獨清，衆人皆醉我獨醒。」漁父之言，勸其與世推移，隨波逐流，代表隱逸者之言。屈原所言：「安能以皓皓之白，而蒙世之塵埃乎！」謂己當潔身自愛，固不願同流合污也。乃從「反面」立論，以托顯己意。

3. 旁面

《左傳·鄭伯克段於鄢》借祭仲、公子呂等旁觀者作反襯，藉見莊公之殘忍陰賊，可以瞞過鄭之諸臣、大夫，多從「旁面」著筆。

《史記．信陵君列傳》：「太史公就用旁敲側擊的方法，用力寫侯生，寫毛公、薛公，都是在這些小人物身上著筆，本人反為很少。因為如此，信陵君的為人格外顯得偉大，格外顯得奇特」58。是知本傳乃從旁面人物著筆，而信陵君之禮賢下士之精神面目，自然能特托顯而出了。

韓愈〈後十九日復上宰相書〉：舉蹈水火之求免於人，將有介於其側者，苟不至乎欲其死者，則將往而救之而不辭也。以喻己今日之處境，乃蹈於窮餓之水火中。而「閤下其亦聞而見之矣。」故希望宰相之推舉。是從「旁面」著筆。

《孟子》：「今王鼓樂於此，百姓聞王鐘鼓之聲，管樂之音，舉欣欣然有喜色而相告曰：〞吾王庶幾無病與？何以能鼓樂也？〞今王田獵於此，百姓聞王車馬之音，見羽旄之美，舉欣欣然有喜色而相告曰：〞吾王庶幾無病與？何以能田獵也？〞此無他，與民同樂也。今王與百姓同樂則王矣！59」

此段：「百姓聞王鐘鼓之聲，管樂之音，……」「百姓聞王車馬之音，……舉欣欣然……」俱從百姓旁觀者所見—「旁面」—而欣然色喜，則是與民同樂，豈有不王者乎？

4. 對面

《東萊博議．晉懷公殺狐突》：「人皆知以己觀己之難，而不知以人觀己之易。」懷公是晉國之君，彼重耳特一亡公子耳！兩者本不能相比，「懷公盍亦以人觀己？」從重耳者：「憂如是，辱如是，勞如是，而狐趙輩乃就之而不辭」。從懷公者：「樂如是，榮如是，安如是，而狐突輩乃棄之而不顧。」此「以人觀己」乃是從「對面」寫法了。

5. 對照

蘇轍〈六國論〉，其中一段重點：「夫秦之所與諸侯爭天下者，不在齊、楚、燕、趙也，而在韓、魏之郊；諸侯之所與秦爭天下者，不在齊、楚、燕、趙也，而在韓、魏之野。」全文從秦與六國兩相對照而寫，以見當時雙方爭天下者，「在韓、魏之郊」乃「對照」寫法。

韓愈〈進學解〉一文，本於東方朔〈答客難〉、揚雄〈解嘲〉，借主、客之問答，作「對照」寫。彼客言，乃借他人之口以抒發自己抑鬱不平之氣；其艾、自責處，亦其牢騷發洩處，最見風神。

6. 前一層　7. 後一層

柳宗元：「自余爲僇人，居是州，恆惴慄。……幽泉怪石，無遠不到。……以爲凡是州之山，有異態者，皆我有也。」以上著力描述前此之遊無遠不到，以及遊覽勝境之無不至。而未始知西山之怪特。今年九月二十八日，因坐法華西亭，望西山，始指異之。[60]」

文中：「未始知西山之怪特，望西山，始指異之。」從「未始」至「始」，是「前一層」寫。「遂命僕過湘江，緣染溪，……然後知是山之特出，不與培塿為類。」此段敍始遊西山之樂與特出。是「前一層」。末句：「然後知吾嚮之未始遊，遊於是乎始」。此中：由「未始」至「始」，是從「前一層」至「後一層」。以顯現出西山之遊之特出。

歐陽修：「吾於汝父，知其一二，以有待於汝也。……然知汝父之必將有後也。……嗚呼其心厚於仁者耶？此吾知汝父之必將有後也。」「嗚呼！爲善無不報，而遲速有時，此理之常也。[61]」

就中：「以有待於汝也，必將有後也。」是「前一層」。至後文歷敘自己封官拜爵以至歷朝寵賜於先祖累累，見出「為善無不報，而遲速有時，此理之常也。」亦一一得所應證。

8. 高一層　9. 低一層

王安石：「嗟呼！孟嘗君特雞鳴狗盜之雄耳。豈足以言得士，不然擅齊之強，得一士焉，可以南面而制秦，尚取雞鳴狗盜之力哉？雞鳴狗盜之出其門，此士之所以不至也。」[62]

文中：論孟嘗君「特雞鳴狗盜之雄耳！」是「低一層」寫；「得一士焉，可以南面而制秦」是「高一層」寫。「雞鳴狗盜之出其門，此士之所以不至也。」是低一層寫法。乃借「低一層」以反襯「高一層」之筆法。

蘇東坡：「古之所謂豪傑之士者，必有過人之節，人情有所不能忍者，匹夫見辱，拔劍而起，挺身而鬥，此不足爲勇也。」「子房以蓋世之材，不爲伊尹、太公之謀，而特出於荊軻、聶政之計，以僥倖於不死，此固圯上老人所爲深惜者也。[63]

此篇以「豪傑之士」與「匹夫」：「高一層」與「低一層」兩者「對比」。又以「伊尹、太公之謀」與「荊軻、聶政之計」：「高一層」與「低一層」作「對比」。亦借「低一層」以反襯「高一層」。

10. 一層高一層

宋玉：「其始曰：下里巴人，國中屬而和者數千人；其爲陽阿薤露，國中屬而和者數百人；其爲陽春白雪，國中屬而和者不過數十人；引商刻羽，雜以流徵，國中屬而和者，不過數人而已；是其曲彌高，其和彌寡。64」

本文：其和者從數千人，而數百人，而數十人，而數人；其曲彌高而和彌寡。是「一層高一層寫法」。

歐陽修：「然而禽鳥知山林之樂，而不知人之樂，人知從太守遊而樂，而不知太守之樂其樂也。65」

本文：由禽鳥知山林之樂，而至人之樂，然後至太守之樂其樂；亦是「一層高一層」

寫。

11. 深一層　12. 淺一層

「觀人之術，在隱不在顯，在晦不在明。顯與明，人之所畏也；隱與晦，人之所忽也。…肝受病則目不能視，腎受病則耳不能聽，…受病於人之所不見，則其病必發於人之所見矣。是故隱顯晦明，本無二理。隱之所藏，待顯而露，晦之所蓄，待明而彰。[66]」

「顯與明」，是「人之所見者也」，乃「淺一層」；「隱與明」，是「人之所不見者也」，乃「深一層」。「受病於人之所不見，則其病必發於人之所見。」是從「淺一層」亦可達於「深一層」矣。

「天下同畏有形之寇，而不知畏無形之寇。兵革者，有形之寇也。…欲之寇人，甚於兵革；禮之衛人甚於城廓。[67]」

此文以「兵革」為「無形之寇」，是「淺一層」；以「欲」為「無形之寇」，是「深一層」。又以「禮」來制「欲」也。

13. 譬　諭

《國策·齊策》鄒忌諷齊王納諫，鄒忌借喻於自己與徐公比美之事，以諷諫齊王納諫，以免為臣下所蒙蔽。此是「借喻法」。

柳宗元【捕蛇者說】借捕蛇者寧死亦不願離開捕蛇之工作者，因生於重稅悍吏下，更無法生存；所謂「苛政猛於虎」是也。

劉基【賣柑者言】：作者託賣柑者之言，借柑之「金玉其外，敗絮其中。」作喻。以諷刺當道者固不乏欺世盜名之輩。

14. 翻　案

唐順之【信陵君救趙論】：以人皆知有信陵君，而不知有王為信陵罪；蓋推翻《史記·信陵君列傳》稱許信陵君之前案；是「翻案」寫法。

王世貞【藺相如完璧歸趙論】：《史記·廉頗藺相如列傳》太史公贊許其智勇兼備。而王世貞以為「藺相如之獲全於璧也，天也。」推翻前案，而自出機抒，是「翻案」說。

《東萊博議．鄭敗燕》：謂「兵非君子莫能用也」。而「君子之於兵，無所不用其誠。」翻前人「兵不厭詐」之說而立論。

以上歷舉措詞與謀篇之例，說明如此。茲舉《韓詩外傳》一文，從立意、謀篇（篇法）、佈局（章法）與措詞（句法、字法）一一加以分析之；以見一般。

四、舉韓詩外傳為例：

（甲） 齊景公問子貢曰：「先生何師？」對曰：「魯仲尼。」曰：「仲尼賢乎？」對曰：「聖人也，豈直賢哉！」（乙） 1.景公嘻然而笑曰：「其聖如何？」子貢曰：「不知也。」景公悖然作色曰：「始言聖人，今言不知，何也？」2.子貢曰：「臣終曰戴天，不知天之高也；終日履地，不知地之厚也。臣之事仲尼，譬渴，掺瓢杓，就江海而飲之，滿腹而止，又安知江海之深乎？」（丙） 景公曰：「先生之譽，得毋太甚乎？」子貢曰：「臣賜何敢甚言，尚慮不及耳。臣譽仲尼，譬兩手捧土而附泰山，其無益亦明矣。臣不譽仲尼，譬兩手把泰山，其無損亦明矣。」[68]

㈠命　意：孔子之聖為不可知。

㈡謀　篇（篇　法）：

全篇為問答體，試以因明為例：問方，即「敵方」；答方，即「立方」（己方）。

從一問一答中，以顯出己意。本文：子貢論仲尼，豈止是「賢人」，直是「聖人」；是「高一層」立言。

(三)佈　局（章　法）：

全文共分三段，其各段落及結構如下：

段落結構		大旨	起訖
甲	高一層	聖人也，豈直賢哉！	齊景公問……豈直賢哉
乙 1.	反面	子貢答言：石知其聖。	齊公嘻然而笑……何也？
乙 2.	設譬	喻聖於天，瓢飲於江。	臣終日戴天……江海之深乎！
丙	進一層	尚慮所言不及	先生之譽……其無損亦明矣！

甲、此段子貢論仲尼乃是「聖人」，豈止是「賢」呢？是「高一層」立言。

乙、1.子貢答景公問，竟答言不知。是從「反面」說。

2.子貢喻「聖」於天地之高與厚，取譬甚巧，是「設譬法」。

丙、子貢答景公是否太甚之問？以謂「尚慮不及」是「進一層」寫。

(四)修辭與措詞

乙、1.景公對子貢之語，嘻然而笑曰：「其聖如何？」而「嘻然而笑」數字，頗有不信與譏笑之意味。子貢答言，竟言不知，出語驚人；看似矛盾，實則巧於措辭。借此引起人聳然正視，以為下文議論發揮之地。

2.子貢曰以下以設譬法為主，又可分為兩節：

①「臣終日戴天，不知天之高也；終日履地，不知地之厚也。」

可謂巧譬善喻了，足以解前文「不知」之惑。

②「臣之事仲，譬渴，摻瓢杓，就江海而飲，滿腹而止，又知江海之深乎？」

其中以仲尼之學養有如「江海之深」，乃「高一層」寫。以己向學若渴，如瓢杓之水，滿腹而止，是「低一層」寫。

丙、此段子貢答景公譽之太甚之問，謂曰：「臣賜何敢甚言？尚慮不及耳」。是「進一層」措詞。以下從臣譽仲尼，臣不譽仲尼，分「正」、「反」兩面，作「設譬」措詞。

正　面	反　面
臣譽仲尼，譽用手而附泰山，其無益亦明矣。	臣不譽仲尼，譽兩把泰山，其無損亦明矣。

五、結論：

夫文固無所謂法也，然固亦有所謂法也。蓋言為心聲，情動於中，而形於言，乃出於自然而然，不可以已焉者也，烏有所謂法乎？顧《易》曰：[69]「言有物」，又曰：「言有序」。「物」，是指內容而言；「序」，則是指「法」而言。《禮》曰：[70]「情欲信，而辭欲巧。」「情」，是指內容；而「巧」，則亦是指「法」而言。是故在文以達意之原則下，自有所謂法寓乎其中；出於不期然而然者也。孟子曰：[71]「羿之教人射，必志於彀。學者亦必志於彀。大匠誨人必以規矩，學者亦必以規矩。」夫射然，學者然，今學為文又何獨不然？寧能捨規矩而論文乎？孟子又曰：[72]「離婁之明，公輸子之巧，不以規矩，不能成方圓；師曠之聰，不以六律，不能正五音。」夫以離婁之明，公輸子之巧，師曠之聰，尚不能離規矩、六律，而成方圓、正五音。況乎學為文章，又豈能舍文章之規矩（法），而成其方圓哉？汪堯峰（琬）云：[73]「大家之有法，猶奕師之有譜，曲工之有節，匠氏之有繩墨，不可不講求而自得者也。後之作者，唯其知字而不知句，知句而不知篇。於是有開而無闔，有呼而無應，有前後而無操縱頓挫，不散則亂。譬如驅烏合之市人，而思制勝於天下，其不之立敗者幾希。古人之於文也：蓋凡開闔呼應操縱頓挫之法，無不備焉。」從是可知文章之法，猶譜、節、繩墨也，不論字、句、章、篇，開闔呼應、操縱頓挫，一一無非是法。唐荊川云：[74]「漢以前文，未嘗無法，而未嘗有法，法寓於無法之中。故其為法也，密不可窺。唐與近代之文，而能毫不失乎法，以有法為法，故其為法也，嚴而不可犯。密則疑於無所謂法，嚴則疑於有法而可窺。然而文之必有法，出乎自然而不可易者，則不異也。且夫不能有法，而何以議於無法。」[75]不論漢唐以至近代之文，法之嚴密縱有別，或有法或無法。總之，「不能有法，而何以議於無法。」姚措抱（鼐）云：[76]「文章之事，能運其法者，才也。而極其才者，法也。古人文有一定之法，有無定之法。有定者，所以為嚴整也；無定者，所以為縱橫變化也。二者相濟而不相妨，故善用法者，非以窘吾才，乃所以達吾才也。」此論文才固當濟之於法，始足以極其才也。所謂「有一定之法」者，其法「嚴整」而可窺有從入之途；所謂「無定之法者」，不為法所囿而能「縱橫變化也」。是故善用法者，正所以濟助吾才，馳騁縱橫自如而無不盡其妙也。姚永樸云：[77]「雖然，不善用法，或反為所拘，拘則迫，迫則葸，葸則氣餒，氣餒則筆駮蹇而不活。」總之，無法時，法不可無；有法時，法不可拘，神而明之，恆視乎其人也。今夫所謂「運思結構」者，自立意、謀篇、佈局、措詞，無一非所謂「法」之事也。吾輩研討而揣摩之，其於創作以至論文不無助益，然亦未可為其所囿，以自我束縛。宜當入乎其中，而又能出乎其外也。金剛經云：[78]「說法者，如伐喻者；法尚應捨，何況非法。」固謂法如伐喻，尚且應捨而去之，何況本無所謂法乎！金剛經又云：[79]「所謂一切法，即非一切法，是名一切法。」吾於筆法亦云然。「所謂一切法者」，入乎其中也；「即非一切法」者，出乎其外也；而「是名一切法」者，用其法而不為法所用也。看似有法而實無有法，不為法所拘故也；看似無法，而無非是法，出乎規矩而無非規矩也。

夫易曰：[80]「一陰一陽之謂道。」又曰：[81]「是故易有太極，是生兩儀，兩儀生四象，四象生八卦。」易有簡易、變易、不易三種。「簡易」者，從太極、兩儀、四象、八卦、以至六十四卦，總不出爻卦之變化而已。從此推而廣之，其錯綜複雜，萬變而不窮，是為「變易」。雖則千變萬化，亦有簡易不易之道可循，所謂卦爻之變是也，是為「不易」。今夫此「三十多種運思結構」者，亦猶是也。彼文章固萬變不居，是即「變易」；雖則萬變，亦不出此若干種「思維模式」，是為「簡易」；而此亦不過是歸納人類思考模式之若干「通則」，固無中外文學所謂分門別派之差異，以之運用於文章中，如是而已。這些「通則」，即是「不易」。就廣而言，這些「運思結構」可從「十四層」至「三十多層」，以至無窮。就約而言，亦可將此「三十多層」簡括為「十四層」，乃至最基本之一層─即「對比」一種而已。因不論正、反；旁面、對面、對照、前後層、進退層、深淺層、高低層、乃至縱說、橫說等等，均不外一「對比」之觀念而已。綜之，彼《易》所謂「一陰一陽之謂道」亦不外一「對比」而已矣！老子曰：[82]「有無相生」又曰：[83]「天下萬物生於有，有生於無」夫文固無所謂「法」也。今為解析、思考方便而有所謂「法」了。又曰：[84]「道生一，一生二，二生三，三生萬物。」彼「運思結構說」由一層可推演為三十多層以至無窮，則又何獨不然？若進而推其法至於詩、詞、曲、史傳等，自亦可比擬模仿而得知了。總之，其法於文學之分析、欣賞、研究、批評；引而伸之，推而廣之至於教學、辯論與演講，不外是將思想概念運用於此「運思結構」中，至於神而明之，則存乎其人矣。

註釋：

❶《易·家人·大象》
❷《易·艮·六五》
❸《孟子·告子》
❹《屈原·卜居》
❺《史記·項羽本紀》
❻《史記·淮陰候列傳》
❼《孟子·梁惠王》
❽《六祖壇經·行由品》
❾《呂東萊·東萊博議鄭莊公共叔段》
❿《荀子·修身》
⓫林覺民〈與妻訣別書〉
⓬韓愈〈與孟東野書〉
⓭陶淵明〈歸去來辭〉
⓮《荀子·修身》
⓯杜牧〈阿房宮賦〉
⓰《呂東萊·東萊博議·鄭莊公公叔段》
⓱《史記·司馬遷自序》
⓲《東萊博議·衛州吁》

⑲韓愈〈與于襄陽書〉
⑳韓愈〈師說〉
㉑蘇洵〈管仲論〉
㉒蘇洵〈辨姦論〉
㉓蘇洵〈心術〉
㉔司馬相如〈上書諫獵〉
㉕歐陽修〈相州畫錦堂記〉
㉖蘇轍〈上樞密韓太尉書〉
㉗劉開〈問說〉
㉘《孟子．公孫丑》
㉙《荀子．儒效》
㉚《老子．第卅八章》
㉛《左傳．襄公廿四年．叔孫豹論三不朽》
㉜周敦頤〈愛蓮說〉
㉝《東萊博議．陳五父如鄭涖盟如望》
㉞《東萊博議．鄭伯朝桓王》
㉟《東萊博議．甯嬴從陽處父》
㊱《孟子．梁惠王》
㊲《左傳．燭之武退秦師》
㊳王安石《遊褒禪山記》

39 《論語為政》
40 《論語·述而》
41 《論語·泰伯》
42 《論語·子罕篇》
43 《孟子·梁惠王》
44 《孟子·盡心》
45 《孟子·告子》
46 蘇軾〈教戰守策〉
47 王羲之《蘭亭集序》
48 杜牧〈阿房宮賦〉
49 《荀子·儒效》
50 《孟子·告子下》
51 李斯〈諫逐客書〉
52 司馬遷〈報任少卿書〉
53 《禮記·學記》
54 《荀子·勸學》
55 《韓非·顯學》
56 韓愈〈送溫處士赴河陽軍序〉
57 李扶九《古文筆法百篇卷三26》。東海出版。

❺❽ 梁啟超著《中國歷史研究法補篇 第三章 做傳的方法 243頁》。里仁書局。
❺❾ 《孟子．梁惠王》
❻⓿ 柳宗元〈始得西山宴遊記〉
❻❶ 歐陽修〈瀧岡阡表〉
❻❷ 王安石〈讀孟嘗君傳〉
❻❸ 蘇東坡〈留侯論〉
❻❹ 宋玉〈對楚王問〉
❻❺ 歐陽修〈醉翁亭記〉
❻❻ 《東萊博議．陳五父如鄭蒞盟如忘》
❻❼ 《東萊博議．桓公與文姜如齊》
❻❽ 《韓詩外傳卷八第九條》
❻❾ 參見❶❷
❼⓿ 《禮記．表記》
❼❶ 《孟子．告子上》
❼❷ 《孟子．離婁上》
❼❸ 《汪琬．答陳靄公書》
❼❹ 《汪琬．答陳靄公書》
❼❺ 《汪琬．答陳靄公書》
❼❻ 《姚鼐．與張阮林書》
❼❼ 《文學研究法》〈綱領第四〉，頁一七。

78 《金剛經・下信希有分第六》
79 《金剛經・究竟無我分第一七》
80 《周易・繫辭上傳第五章》
81 《周易・繫辭上傳第十一章》
82 《老子・第二章》
83 《老子・四十章》
84 《老子・四十二章》

鄭子瑜《唐宋八大家古文修辭偶疏舉要》所舉韓愈文之商榷——以立意爲主

陳素素

壹、前言

鄭子瑜先生一九一六年生於福建漳州市。後移居龍溪石碼鎮。父濟川公長年失業，兄弟俱以重病無力延醫而死，每有妹出世，輒為人童養媳。然先生不以此廢學，小學會考名列第一，以此得免費入福建省立第八中學，未畢業，即以同等程度考入集美學校師範特別班，繼又入教育廳委託廈門大學所代辦中等學校教師進修班，雖得證書，而不免於失業，於是乘桴南渡北婆羅洲、汶萊、沙撈越、新加坡等地，工作繁重之餘，尚從事黃遵憲研究，一九五九年撰成《人境廬叢考》，其意見尤得日本諸研究黃學者如鈴木虎雄等注目，常往來論學，一九六一年為《南洋學報》主編《黃遵憲研究專號》，更受海內外學術界重視。一九六二年應聘至日本中央大學、早稻田大學、大東文化大學、漢學會、東洋文學研究會等巡迴講學。先生之未赴日本講學也，已從事修辭學之研究，嘗作〈與陳望道先生論「照應」〉、〈漢文的特殊修辭技巧〉等論文。一九六四年四月，應聘東早稻田大學語學教育研究所客座教授兼研究員，後應日本中國語學研究會之請，講述中國修辭學之變遷，研究所所長宮田齊以為有創始性，乃輯講辭為單行本《中國修辭學的變遷》，一九六五年出版，影響遍及臺海兩岸。一九七八年東京大東文化大學創外語學研究院，聘為中國修辭學研究教授，因整理前所搜集資料，著述《中國修辭學史稿》，一九八一年完稿，一九八四年上海教育出版社出版，一九九〇年臺北文史哲出版社出版，香港各大報皆曾為文報導或評介，復旦大學語法修辭研究室研究員李金苓、易浦合著〈評鄭子瑜中國修辭學史稿〉，於《復旦學報》一九八五年第一期刊載。❶

《唐宋八大家古文修辭偶疏舉要》則發表於一九九二年，由北京教育科學出版社出版。一九九三年十一月九日黃慶萱先生發表書評，題曰：「談瑜説瑕」，黃先生舉其瑜者二，瑕者三，辭頗委婉，及閱鄭先生其書，乃知黃先生篇末所謂「勇於立説」，言外誠有不足之意也。❷

昔宋子京修《新唐書》，刪節改易，自夸文簡，❸然前賢或評曰：「非注不可解也」❹，或評曰：「便不成文」❺，或評曰：「殊害理」❻，宋邵博、宋洪邁❼、清芮長恤❽、清顧炎武❾、清袁枚❿等相繼駁之。今鄭先生修訂韓愈文，凡二十七篇，一百五十一條，有一、二處確有可取，如〈送浮屠文暢師序〉其原文作：

如吾徒者，宜當告之以二帝三王之道，日月星辰之行，天地之所以著，鬼神之所以幽，人物之所以蕃，江河之所以流而語之，不當又爲浮屠之説而瀆告之也。

經鄭先生修訂後，變為：

如吾徒者，宜當以二帝三王之道，日月星辰之行，天地之所以著，鬼神之所以幽，人物之所以蕃，江河之所以流而語之，不當又爲浮屠之説而瀆告之也。（修訂a）如吾徒者，宜當告之以二帝三王之道，日月星辰之行，天地之所以著，鬼神之所以幽，人物之所以蕃，江河之所以流，不當又爲浮屠之説而瀆告之也。（修訂b）

然其餘多類乎宋子京而過之，誠有不能已於言者，乃逐條探究，探究既竟，因思其所以增刪改易者，多緣不明作者之意，夫文以意為主，修辭所以達意，宋陳騤曰：

「辭以意爲主，故辭有緩有急，有輕有重，皆生乎意也。」（《文則》）⓫

清惲子居曰：

「鄙見太史公之潔，全在用意。」（〈與章灃南書〉）⓬

清張廉卿曰：

「文以意爲主，而詞欲能副其意。」（〈答吴摯甫書〉）⑬

於是約其類為二，立意居先，其次修辭，修辭又分篇章修辭、句法修辭、詞語修辭三項。⑭今以篇幅之限制，先從韓愈文立意商榷之。其不知韓愈文立意者凡十篇，茲逐篇先概敘篇旨，然後依篇旨商榷之；為商榷方便，分列韓愈原文、鄭先生修訂文，修訂處，則標示「”“」記號；所錄韓愈原文間以論述需要而加長，不以鄭先生所錄為準；其不關本篇者，鄭先生雖有修訂，亦不加標示、論述。

貳、韓愈文析論

一、〈論佛骨表〉

㈠〈論佛骨表〉之篇旨

按〈論佛骨表〉作於憲宗元和十四年，蓋緣鳳翔法門寺有護國真身塔，塔內有釋迦文佛指骨一節，其法三十年一開，開則歲稔人泰，至是憲宗遣中使杜英奇押宮人三十，持香花迎入大內，留禁中三日，乃送佛祠，王公士庶，奔走贊歎，公為刑部侍郎，上表極諫。⑮公一生追慕孟子，孟子曰：

閑聖人之道，距楊墨，放淫辭。正人心，息邪說，距詖行。⑯

公亦曰：

所讀皆聖人之書，楊、墨、釋、老之學，無所入於其心。⑰

甚且付諸實踐，曰：

所著皆約《六經》之旨而成文，抑邪與正，辨時俗之所惑。⑱

〈論佛骨表〉即實踐之成果也。子曰：

政者正也，子帥以正，孰敢不正？

君子之德風，小人之德草，草上之風必偃。⑲

故〈論佛骨表〉以聖人治國之道期乎憲宗也。

㈡鄭先生修訂之商榷

1、不知抑邪與正之思想

⑴夫佛本夷狄之人，與中國言語不通，衣服殊製，口不言先王之法〃言〃，身不服先王之〃法〃服。（韓文）⑳

口不言先王之法，身不衣先王之服。（鄭修訂）

按《孝經·卿大夫》曰：

「非先王之法言不敢道，非先王之法服不敢服。」注：「服者，身之表也。先王制五服，各有等差，言卿大夫遵守禮法，不敢僭上偪下。」㉑

今昌黎引用之而略加變化，遂成「口不言先王之法言，身不服先王之法服」，其「法言」、「法服」，「法」字所以不厭重複者，蓋抑邪與正，嚴夷夏之別，強調先王之「禮法」不與佛同也，既經刪改，深意盡失，惜哉！

2、不知風行草偃之思想

(1)臣雖至愚，〃必〃知陛下不惑於佛，作此崇奉，以祈福祥也，直以年豐人樂，徇人之心，為京都士庶詭異之觀，戲翫之具耳，安有聖明若此而肯信此等事哉？然百姓愚冥，易惑難曉，苟見陛下如此，將謂天子真心事佛。（韓文）

臣雖至愚，〃亦〃知陛下不惑於佛，而作此崇奉，以祈福祥也。（鄭修訂）

按此句為容認關係複句[22]，許世瑛先生曰：

先認甲事爲事實，接下去說乙事不因甲事而不成立，這類複句…叫做「容認關係」構成的複句。表示「容認關係」的關係詞，最重要的是「雖」，文言單用…。同時在第二小句裏頭也常用…「亦」（文言）照應。例如：

「雖」君有命，寡人弗敢與聞。（《左傳》隱公十一年）

「雖」無絲竹管絃之盛，一觴一詠，「亦」足以暢敍幽情。（王羲之〈蘭亭集序〉）

[23]

觀上所舉例，第一例無「亦」照應，第二例有「亦」照應。今昌黎所用形式為第一例，茲分析如下：

臣	雖	至愚	必知陛下不惑於佛作此崇奉以祈福祥也
第一分句	連詞	第一分句	第二分句

—容認關係複句

至於第二分句前用一「必」字，蓋於陛下非「真心事佛」，深具信心也。陛下非「真心事佛」，為天下唱，乃有以化民成俗，昌黎之用心豈不苦哉？且古文亦不乏先例，如：

雖小道，『必』有可觀者焉。（《論語·子張》）

賢者在位，能者在職，國家閒暇，及是時，明其政刑，雖大國，『必』畏之矣。（《孟子·公孫丑上》）㉔

⑵然百姓愚冥，易惑難曉，苟見陛下如此，將謂真心事佛，皆云：「天子大聖，猶一心敬信，百姓何人，豈合更惜身命！」焚頂燒指，百十為群，解衣散錢，自朝至暮，轉相倣效，惟恐後〃時〃，老少奔波，棄其業次。若不即加禁遏，更歷諸事，必有斷臂臠身以為供養者；傷風敗俗，傳笑四方，非細事也。（韓文）

然百姓愚冥，易惑難曉，苟見陛下如此，將謂真心事佛，皆云：「天子大聖，猶一心敬信，百姓何人，豈合更惜身命！」焚頂燒指，百十為群，解衣散錢，自朝至暮，轉相倣效，

惟恐〞或〞後。（鄭修訂）

按「時」者天子奉佛所形成之「時尚」也，用「時」字，正所以切望天子帥民以正，遏止此風，觀下文「若不即加禁遏，…傷風敗俗，…，非細事也」云云，可知也，經此刪改，反失諸淺矣！

二、〈潮州刺史謝上表〉

㈠〈潮州刺史謝上表〉之篇旨

按〈潮州刺史謝上表〉作於元和十四年四月二十五日至潮州貶所之後[25]，由到州情形、所居之苦，轉而自述文學、論述憲宗功烈，[26]沈德潛曰：

> 論述功德，乃金石之文，故與時下之文有別。[27]

吳闓生曰：

> 憲宗功烈，宜有表章，而恨己不得與。[28]

然則自述文學者所以論述功德，自與時下之文有別，其自負可知矣。

㈡鄭先生修訂之商榷

臣受性愚陋，人事多所不通，惟酷好學問文章，未嘗一日暫廢，「實」為時輩所「見」推許，臣「於當時」之文，「亦」未有過人者。至於論述陛下功德，與詩書相表裏，作為歌詩，薦之郊廟，紀泰山之封，鏤白玉之牒，鋪張對天之閎休，揚厲無前之偉蹟，編之乎詩書之策而無愧，措之乎天地之間而無虧，雖使古人復生，臣亦未肯多讓。（韓文）

臣受性愚陋，人事多所不通，惟酷好學問文章，未嘗一日暫廢，「謬」為時輩所推許，「然」臣之文，「實」未有過人者。（鄭修訂）

按所謂「當時之文」相對於「古文」而言也，韓文公素以古之立言者自期，並以之勉弟子，如〈答李翊書〉曰：

> 不知生之志蘄勝於人而取於人邪？將蘄至於古之立言者邪？

藉二問以勉勵李生超越世俗之境界也。又曰：

> 其觀於人也，不知非笑之爲非笑也。

於世俗之批評蓋持不理會之態度也。又曰：

> 其觀於人也，笑之則以爲喜，譽之則以爲憂，以其猶有人之說者存也。

勇於面對世俗之批評，以為我文章境界高低之試驗也。㉙然則所謂「臣於當時之文，亦未有過人者。」實「蘄至於古之立言者」之意，非自謙也。觀其下文曰：「至於論述陛下功德，…，編之乎詩書之策而無愧，措之乎天地之間而無虧，雖使古人復生，臣亦未肯多讓」云云，吳闓生曰：

> 自負處稱量而出。㉚

尤可證非自謙也。

三、〈張中丞傳後敘〉

㈠〈張中丞傳後敘〉之篇旨

按〈張中丞傳後敘〉開篇即云：

> 元和二年四月十三日夜，愈與吳郡張籍閱家中舊書，得李翰所爲〈張巡傳〉，翰以文章自名，爲此傳頗詳密，然尚恨有闕者，不爲許遠立傳，又不載雷萬春事首尾。㉛

清林紓曰：

蓋仿史公傳後論體，采遺事以補傳中所不足也。[32]

錢基博曰：

拾遺蒐聞以補傳後，此《太史公書》傳後贊法。…前半遥承起筆辨「不爲許遠立傳」，以爲遠雪不死之冤，而兼彰巡之功以距淫辭，息衆囂。後半敍事以拾軼聞，補傳闕，而出力寫南霽雲乞救，奕奕如生，特點城陷「巡呼雲曰：『南八男兒死耳』」一筆，乃知霽雲特借以烘託巡，加倍義烈。……。[33]

「不為許遠立傳」既昌黎所恨，故其文力為許遠辯冤，「遠雖材若不及巡者，……嗚呼！而謂遠之賢而為之邪？」一段，張裕釗曰：

此段辯遠必死。[34]

「說者又謂遠與巡分城而守…其他則又何說！」一段，沈德潛曰：

以上詳辯許遠。[35]

「當二公之初守也…設淫辭而助之攻也。」一段，張裕釗曰：

此段辯二公死守。[36]

而曰：「巡遠」、曰：「二公」、曰：「二父」，有張巡則有許遠，有許遠則有張巡，二人恆如一體，亦所以為許遠辯冤也。[37]故「為許遠辯冤」誠本篇之大旨也。

(二)鄭先生修訂之商榷

遠…城陷而虜，與巡死先後異耳。兩家子弟才智下，不能通知二父志，以為巡死而遠就虜，疑畏死而辭服於賊。（韓文）

遠…城陷而"就"虜，與巡死先後異耳。兩家子弟才智俱下，不能通知二父志，以為巡死而遠就虜，疑畏死而辭服於賊。（鄭修訂）

按「遠…城陷而虜」，所謂「虜」者，蓋被動句式，戴璉璋先生曰：

我國語言中的被動句，是採取由敍事句變換成的表態句形式。也就是把敍事中的賓語（受動者）提前，作爲表態句的主語；把敍事句的動詞述語變成表態句的被動表語；至於原來敍事句的主語（施動者），則以補語㊳的方式來表現。《左傳》的被動句有些並沒有形式記號－下文稱「零式」；有些是用「於」或「爲」介繫施動補語的－下文稱「於式」「爲式」；還有些則用「見」來連繫被動詞－下文稱「見式」。㊴

今「虜」屬於被動句之「零式」，蓋由敍事句「賊虜遠」變為被動句「於式」（或「為式」、「見式」），再經省略而來。茲按戴先生所言變換之方式，試為表如下：

主動句式：

賊	虜	遠	—敍事句
主語	述語	賓語	

被動句式「於式」：

遠	虜	於	賊	—表態句
主語	表語	介詞	施動次賓語㊵	

被動句式「爲式」：

遠	爲	賊	虜	—表態句
主語	介詞	施動次賓語	表語	

被動句式「見式」：

遠	見	虜	於	賊	—表態句
主語	連詞	表語	介詞	施動次賓語	

被動句式「零式」—「於式」（或「爲式」、「見式」）省略之結果：

虜	—表態句
表語	

故所謂「虜」者，被動也，非出於自願也，此事實之真相，而昌黎所極力為之證明者也，故昌黎曰：「遠…城陷而『虜』」。至於出於主動則不然，所謂「疑畏死而辭服於賊」也，此非事實之真相，而昌黎所極力為之澄清者也，故昌黎曰：「兩家子弟才智下，不能通知二父志，以為巡死而遠『就虜』」，試表列比較如下：

虜	—表態句（被動句式）
表語	

就	虜	—敘事句（主動句式）
述語	處所次賓語	

是以「遠…城陷而虜」，「虜」之前不宜加「就」字，一字之有無，名節之攸關，昌黎之謹

嚴，足追《春秋》，必欲修訂，其非令許遠重蒙其冤乎？

四、〈再與鄂州柳中丞書〉

㈠〈再與鄂州柳中丞書〉之篇旨

按公綽本傳曰：

（元和）八年，移爲鄂州刺史、鄂岳觀察史。吳元濟據蔡州叛，王師討伐，詔公綽以岳鄂兵五千隸安州刺史李聽，率赴行營，公綽曰：「朝廷以吾儒生，不知兵耶？」即日上奏，願自征行，許之，公綽自鄂濟湘江，直抵安州，……即署聽爲鄂岳都知兵馬使中軍先鋒行營兵馬都虞侯三牒授之，乃選卒六千屬聽，戒其部校曰：「行營之事一決都將」，聽感恩畏威，如出麾下，其知權制變甚爲當時所稱，鄂軍既在行營，公綽時令左右省問其家，如疾病、養生、送死，必厚廩給之，軍士之妻，冶容不謹者，沉之于江，行卒相感曰：「中丞爲我輩知家事，何以報效？」故鄂人戰每剋捷。㊶

昌黎因作〈與鄂州柳中丞書〉，「所以羞武夫之顏」㊷時元和十年二月，昌黎為考功郎中知制誥，㊸繼又作〈再與鄂州柳中丞書〉，其意相同，亦所以羞「握兵之將」也。

㈡鄭先生修訂之商榷

握兵之將，「熊羆貙虎之士」，畏懦蹙蹜，莫肯杖戈為士卒前行者。（韓文）

握兵之將，畏懦蹙蹜，莫肯杖戈為士卒前行者。（鄭修訂）

按「熊羆貙虎之士」，狀似威武，其實金玉其外也，故其下文曰：「畏懦蹙蹜，莫肯杖戈為士卒前行者。」敗絮其中也，〈與鄂州柳中丞書〉曰：

淮右殘孽，尚守巢窟，環寇之師，殆且十萬，瞋目語難，自以爲武人，不肯循法度，頡頏作氣勢，竊爵位自尊大者，肩相磨地相屬也，不聞有一人援桴鼓誓衆而前者，但日令走馬來求賞給助寇爲聲勢而已。㊹

亦敗絮其中也，正以此羞握兵之將也。明劉基〈賣柑者言〉曰：

「今夫佩虎符、坐皐比者，洸洸乎干城之具也，果能授孫、吳之略耶？峨大冠、拖長紳者，昂昂乎廟堂之器，也果能建伊皐之業耶？盜起而不知禦，民困而不知救，吏姦而不知禁，法斁而不知理，坐縻廩粟而不知恥。觀其坐高堂、騎大馬、醉醇醲而飫肥鮮者，孰不巍巍乎可畏！赫赫乎可象也！又何往而不金玉其外、敗絮其中也哉！」㊺

若為此句之註腳，不惟此也，並以烘託「鄂州柳中丞」之「引孤軍單進，與死寇角逐。」觀其下文「獨閤下奮然率先，……嬲其口而奪之氣。」可知也。苟刪之，昌黎之苦心何以見也？

五、〈與孟東野書〉

㈠〈與孟東野書〉之篇旨

〈與孟東野書〉作於貞元十六年，時昌黎在徐州，清儲欣曰：

己之所處，足使孟郊悲；孟郊之道，又使己悲。惟共老江湖，則不悲而樂且幸矣。韓、孟賢而不遇，故其書如此，讀之令人流涕。㊻

故本篇之大旨在悲孟郊道之不行，亦自悲道之不行也。

㈡鄭先生修訂之商榷

1、不知昌黎悲孟郊道不行之意

足下之用心勤矣，足下之處身勞且苦矣。混混與世相濁，獨其心追古人而從之，〞足下之道其使吾悲〞也！（韓文）

足下之用心勤矣，足下之處身勞且苦矣，混混與世相濁，獨其心追古人而從之，足下之身世使吾悲，而〞足下之道實令人生敬〞也！（鄭修訂）

按「足下之用心勤矣，足下之處身勞且苦矣。」當屬上文，此處不宜論也。至於「足下之道其使吾悲也。」試論之如下：

夫道不行而悲，人之常情也，昌黎〈感二鳥賦〉序曰：

> 因竊自「悲」幸生天下無事時，承先人之遺業，不識干戈耒耜攻守耕穫之勤，讀書著文，自七歲至今凡二十二年，其行己，不敢有愧於道，其閒居，思念前古當今之故，亦僅志其一二大者焉，選舉於有司，與百十人偕進退，曾不得名薦書，齒下士於朝，以仰望天子之光明。㊼

〈閔己賦〉曰：

> 余「悲」不及古之人兮，伊時勢而則然，獨閔閔其曷已兮，憑文章以自宣。㊽

此昌黎自悲道之不行也；亦有述人之悲道不行者，如〈送孟東野序〉曰：

> 孟郊之役於江南也，有若「不釋然」者。

昌黎道其命之懸乎天者以解之曰：

其在上也奚以喜，其在下也奚以「悲」。㊾

然則在下易悲，固人之常情，人感其悲而「悲」之，亦人之常情也。如昌黎〈答李翊書〉：

志乎古必遺乎「今」，吾誠樂而「悲」之。㊿

今孟郊於貞元十六年以前，按韓泉欣曰：

孟郊初試之年今已不能詳考，貞元七年秋，他再次赴京應明年進士試，以此得與韓愈、李觀相識，結下了深厚的情誼。當孟郊初試不第，離京東歸時，韓、李均贈詩爲別，建議他往謁徐州刺史張建封，然在孟郊終亦無所遇合，故在徐州逗留未久，即返抵蘇州。貞元九年三試于長安，又不第，遂不得不懷著傷痛的心情周游南北，先自長安至朔方，復由朔方南下湖楚，訪盧虔于復州。濯足洞庭之後，又再度與陸長源相聚于汝州。貞元十一年秋四至長安應進士試，十二年乃得一第，其時東野四十六歲。得第後旋即東歸，途經和州，與張籍會。貞元十三年至十四年，寄寓汴州依陸長源。其間又得機會，與韓愈、李翺講文論道，詩酒酬唱。至貞元十五年春離汴回南，歷游蘇州、越州，再到常州。51

然則孟郊於貞元十六年以前，四試乃一第，除兩度依陸長源之外，皆南北游歷，無所遇合。夏敬觀先生曰：

他（孟郊）弔元德秀的詩，說治理極爲精微，他絕不是專門賦詩的人，他胸中的抱負，卻也不是掌管曹務，可以表現的。52

〈弔元魯山〉詩計十首，姑錄其一，以見其「治理」，亦昌黎所謂「足下之道」也：

言從魯山宦，盡化堯時心。豺虎恥狂噬，齒牙閉霜金。競來闢田土，相與耕嶔岑。當宵無關鎖，竟歲饒歌吟。善教復天術，美詞非俗箴。精微自然事，視聽不可尋。因書魯山績，庶合簫韶音。（元和五、六年間作）53

夏敬觀先生以為孟郊性情不能徇人而變，自然抱道而終54，並引孟郊〈上張徐州〉及〈靜女吟〉詩證之：

顧己誠拙訥，干名已蹉跎。獻辭惟在口，所欲無餘他。乍作支泉石，乍作翳松蘿。一

不改方圓，破質爲琢磨。賤子本如此，大賢心若何？豈是無異途，異途難經過。（貞元八年作）

豔女皆妒色，靜女獨檢蹤。任禮恥任妝，嫁德不嫁容。君子易求聘，小人難自從。此志誰與諒？琴弦幽韻重。55

今昌黎謂孟郊「獨其心追古人而從之」，蓋「志乎古」矣，然「志乎古」則「遺乎今」，其道不用於「今」也，無可如何，惟「混混與世相濁」耳，此所以「足下之道」使吾「悲」也，故云「足下之道其使吾悲也」。「足下之道」者，言外之意蓋「足下之道不用於今」也，鄭先生此意之不悟，遂改為「足下之身世使吾悲」「足下之道實令人生敬也」。夫「足下之身世使吾悲」在「足下才高氣清，……足下之用心勤矣，足下之處身勞且苦矣。」一段既已述之，何煩再述？「足下之道不用於今」，所以「使吾『悲』也」，乃云生「敬」，其情難切也，昌黎〈進學解〉曰：

昔者孟軻好辯，孔道以明，轍環天下，卒老於行；荀卿守正，大論是弘，逃讒於楚，廢死蘭陵，是二儒者，吐辭爲經，舉足爲法，絕類離倫，優入聖域，其遇於世，何如也？56

「其遇於世，何如也？」悲其道之不行於世，可以為證也。

清沈德潛曰：

> 只澹澹一、二語，傳出深情，篇中三「樂」字，一「悲」字，一「幸」字，天然關照。[57]

一「悲」字而傳出深情，豈容輕易修訂哉？

2、不知昌黎自悲道不行之意

> 去年春，脫汴州之亂，幸不死，無所與歸，遂來於此。主人與吾有故，哀其窮，居吾于符離睢上。及秋，將辭去，因被留以職事。默默在此，行一年矣，到今年秋，聊復辭去。江湖余樂也，與足下終幸〞矣〞。（韓文）
>
> 〞願〞與足下終幸〞焉〞。（鄭修訂）

按昌黎一生志切行道，如〈感二鳥賦〉曰：

> 蓋上天之生余，亦有期於下地，曷求配於古人，獨怊悵於無位，惟得之而不能，乃鬼神之所戲。[58]

又如〈復志賦〉曰：

始專專於講習兮，非古訓爲無所用其心，窺前靈之逸跡兮，超孤舉而幽尋，既識路又疾驅兮，孰知余力之不任？考古人之所佩兮，閱時俗之所服，忽忘身之不肖兮，謂青紫之可拾。59

所謂「獨怊悵於無位」、「謂青紫之可拾」皆其明證，然〈上宰相書〉既曰：

四舉於禮部乃一得，三選於吏部卒無成。60

又三上宰相而不報，從董晉入汴州，作〈復志賦〉亦曰：

「伏門下而默默兮，竟歲年以康娛。」61

今脫汴州之亂，來居徐州，作〈閔己賦〉亦曰：

「雖舉足以蹈道，哀與我者爲誰。」62

是故乃承前之「及（去年）秋，將辭去。」「今年秋，聊復辭去。」而有「江湖余樂也，與足下終幸矣。」之言，且上文悲孟郊道之不行，此則自悲道之不行，因相約隱居，特用世無期，一吐牢騷耳；於將然之事作推測，故句末用「矣」為助詞[63]。如句末用「焉」為助詞，固亦可表將然之事，然「焉」用於句末，皆表確認[64]，按諸昌黎事實不符，昌黎貞元十六年三月作此書於徐州，「夏去徐歸洛，冬至長安。」「貞元十七年在長安，三月歸洛，冬赴長安，任四門博士。」[65]如王維之先後隱居終南、輞川[66]，歐陽修之買田潁州，預為退隱之安排[67]，皆未嘗一見，不意鄭先生信以為真，增一「願」字以落實之也。昌黎〈與崔群書〉曰：

> 僕無以自全活者，從一官於此，轉困窮甚，思自放於伊、潁之上，當亦終得之。[68]

亦牢騷之意，附此以為証焉。

六、〈與衛中行書〉

(一)〈與衛中行書〉之篇旨

按馬其昶曰：

> 衛中行字大受，御史中丞晏之子，貞元九年進士。公始從董晉汴州，張建封徐州，二

公甫卒而軍皆亂。大受喜公脫禍，以書遺公，公後寓東都，作此書與之。[69]

故知〈與衛中行書〉作於貞元十六年公居東都時[70]，除於衛中行所稱道者自謙外，其大旨在「所不忘於仕進者，亦將小行乎其志耳」，至於「窮通之來，不接吾心可也」。[71]

(二)鄭先生修訂之商榷

至於汲汲於富貴，以救世為事者，皆聖賢之事業，″知″其智能謀力能任者也；如愈者，又焉能之？始相識時，方甚貧，衣食於人；其后相見於汴、徐二州，僕皆為之從事，日月有所入，比之前時豐約百倍，足下視吾飲食、衣服亦有異乎？然則僕之心或不為此汲汲也，其所不忘於仕進者，亦將小行乎其志耳，此未易遽言也。（韓文）

至於″不″汲汲於富貴，而以救世為己任者，皆聖賢之事業，″以″其智能謀力能任者也。（鄭修訂）

按諸文意，「汲汲於富貴，以救世為事。」蓋衛中行來書原句，為目的關係複句[72]，「汲汲於富貴」目的在「以救世為事」，此「大」行乎其志也，愈不敢當，故其下文云：「皆聖賢之事業，知其智能謀力能任者也；如愈者，又焉能之？」雖然，「其所不忘於仕進者，亦將『小』行乎其志耳。」此句為判斷繫句，[73]「其所不忘於仕進」之原因，不過期「『小』行乎其志耳」。試分別表列如下：

汲汲於富貴	以救世爲事	—目的關係複句
第一分句（手段）	第二分句（目的）	

其所不忘於仕進者	亦	將	小	行乎其志	耳	—判斷繁句
主語	副語	副語	副語	斷語（原因）	助詞	

昌黎一生追慕孟子，其「汲汲於富貴」、「不忘於仕進」之思想，實源自孟子，孟子曰：

周霄問曰：「古之君子仕乎？」孟子曰：「仕，傳曰：『孔子三月無君則皇皇如也，出疆必載質。』公明儀曰：『古之人三月無君則弔。』」「三月無君則弔，不以急乎？」曰：「士之失位也，猶諸侯之失國家也。禮曰：『諸侯耕助以供粢盛，夫人蠶繅以爲衣服，犧牲不成，粢盛不潔，衣服不備，不敢以祭；惟士無田，則亦不祭，牲殺器皿，衣服不備，不敢以祭，則不敢以宴，亦不足弔乎？』」「出疆必載質，何也？」曰：「士之仕也，猶農夫之耕也，農夫豈爲出疆舍其耒耜哉？」[74]

雖然，「汲汲於富貴」、「不忘於仕進」，就形跡言，難免遭人誤解，昌黎在〈上宰相書〉

嘗加辨明，其言曰：

抑又聞上之設官制祿，必求其人而授之者，非苟慕其才而富貴其身，蓋將用其能理不能，用其明理不明者耳；下之修己立誠，必求其位而居之者，非苟沒於利而榮於名也，蓋將推己之所餘以濟其不足者耳；然則上之於求人，下之於求位，交相求而一其致耳。[75]

今又藉此一表白，並舉「在汴、徐二州，僕皆為之從事，日月有所入，比之前時豐約百倍。」而其「飲食衣服」無異前時為證，然則「汲汲於富貴」不過手段爾，惜乎鄭先生斯意之不明，乃在其前加否定詞「不」也。

七、〈答呂醫山人書〉

(一)〈答呂醫山人書〉之篇旨

按清林紓曰：

昌黎與人書，則因人而變其詞。有陳乞者；有抒憤罵世而吞咽者；有自明氣節者；有講道論德者；有解釋文字，爲人導師者。[76]

〈答呂醫山人書〉不詳作於何時。據昌黎答書知呂醫山人來書，「責以不能如信陵執轡者」⑦，昌黎蓋因此而「自明氣節」也。

㈡鄭先生修訂之商榷

如僕者，自度〃若世無孔子，不當在弟子之列。〃（韓文）

如僕者自度，〃若孔子猶在世，亦不敢在弟子之列。〃（鄭修訂）

按孔子席不暇暖⑱，志切救世也，昌黎汲汲乎富貴，亦志切救世也，其〈與衛中行書〉曰：

「其所不忘於仕進者，亦將小行乎其志耳。」⑲

其〈上宰相書〉曰：

下之修己立誠必求其位而居之者，非苟沒於利而榮於名也，蓋將推己之所餘以濟其不足者耳。⑳

今答呂醫山人曰：「方今天下入仕，惟以進士、明經及卿大夫之世耳，其人率皆習熟時俗，工於語言，識形勢，善候人主意，故天下靡靡，日入於衰壞，恐不復振起。」天下如此，故其於呂醫山人也，「務欲進足下趨死不顧利害去就之人於朝，以爭救之耳。」亦期其救世也，其心大公，與信陵執轡之「欲以取士聲勢傾天下」之私心不同也，此所謂「如僕者，自度若世無孔子，不當在弟子之列。」也，蓋自負當在孔子弟子之列也，所自負者「志」與孔子同也，曾國藩曰：

絶傲兀自負。81

正謂此也，不意鄭先生乃反以為自謙也。

八、〈與汝州盧郎中論薦侯喜狀〉

㈠〈與汝州盧郎中論薦侯喜狀〉之篇旨

按侯喜約貞元十六年五、六月間至洛陽，既而辭親入關，謁汝州刺史盧虔，虔預定侯喜為選首，貞元十七年秋，侯喜將至汝州取解，時盧虔為汝州刺史，「汝州刺史領防禦使，不隸大府，故亦得舉士。」82昌黎因作〈與汝州盧郎中論薦侯喜狀〉薦之，本篇開篇即曰：「進士侯喜，右其人為文甚古，立志甚堅，行止取捨有士君子之操，家貧親老，無援於朝，在舉場十餘年，竟無遇。」然「五月初至此，自言為閤下所知」，「辭親入關，羈旅道路，見王公大人數百，未嘗有如盧公之知我也」，此所以堪憐也，今「閤下既知侯生，而愈復以侯生言於閤下者，非為侯生謀也，感知己之難遇，大閤下之德，而憐侯生之心，故因其行而獻於左右焉。」[83]故通篇之意在期侯生之知遇也。

㈡鄭先生修訂之商榷

感知己之難遇，大閤下之德，而憐侯生之〃心〃，故因其行而獻於左右焉。（韓文）

感知己之難遇，大閤下之盛德，而憐侯生之〃晚出〃，故因其行而獻於左右焉。（鄭修訂）

夫通篇旨意，既在期知遇，故所謂「憐侯生之心」者蓋「憐侯生『期知遇』之心」也。上句曰：「大閤下之德」蓋「大閤下『知遇』之德」也，與此句之意正相照應，是故不改為宜也。

九、〈柳子厚墓志銘〉

㈠〈柳子厚墓志銘〉之篇旨

按〈柳子厚墓志銘〉作於元和十五年，本篇大旨有三，其一在為子厚出脫，清林雲銘曰：

此段全爲子厚出脱處，子厚以重名爲諸侯要人所爭致，是王叔文輩欲倚子厚爲重，子厚不能自脱，非往彼求附也。[84]

其二在發明子厚之文學、風義，清劉大櫆曰：

> 柳州之政，止載一事，而於其交友、文章，反覆感歎，淋漓生色。[85]

清吳闓生亦曰：

> 韓柳至交，此文以全力發明子厚之文學、風義。[86]

其三在告慰子厚有子嗣也，蓋子厚貶永州，一心以「未有子息」，「無以託嗣續」為念，故昌黎鄭重敍之，以告慰子厚也。

(二)鄭先生修訂之商榷

1、不知爲子厚出脫之意

逮其父時，〃雖少年〃，已自成人，能取進士第，嶄然見頭角。（韓文）

逮其父〃當家之〃時，已自成人，能取進士第，嶄然見頭角。（鄭修訂）

按清林雲銘以為此段全為子厚出脫，所謂「此段」指「子厚少精敏……諸公要人爭欲令出我門下，交口薦譽之。」一段。「出脫」之道云何？試闡釋如下。

夫人獨以年少之條件則難成自成人也，子厚則不然，「雖少年，已自成人，能取進士第，嶄然見頭角。」難能可貴也，此昌黎第一層意也。今子厚父「號為剛直」，子厚〈先侍御史府君神道表〉曰：

（貞元）四年……遷殿中侍御史，爲鄂岳沔都團練判官。…後數年，登朝爲真，會宰相與憲府比周，誣陷正士，以校私讎，有擊登聞鼓以聞于上，上命先君總三司以聽理，至則平反之，爲相者不敢恃威以濟欲，爲長者不敢懷私以請閒，群冤獲宥，邪黨側目，封章密獻，歸命天子，遂莫敢言。逾年（貞元五年），卒中以他事，貶夔州司馬，作〈鷹鸇詩〉，居三年，醜類就殛，拜侍御史（貞元八年四月），制書曰：「守正爲心，疾惡不懼。」……貞元九年，宗元得進士第，上問有司曰：「得無以朝士子冒進者乎？」有司以聞上曰：「是故抗奸臣竇參者耶？吾知其不爲子求舉矣！」[87]

則子厚之「能取進士第」，在其父復拜侍御史任上，其父既剛直，自「不為子求舉矣！」此所謂「逮其父時」也，既不恃父蔭而「能取進士第」，其難能可貴尤有進也，故曰：「逮其父時，雖少年，已自成人，能取進士第，嶄然見頭角。」此昌黎第二層意也。然則子厚所恃者何也？特「少精敏，無不通達。」其本身之條件耳，此昌黎第三層意也。綜上三層蓋所謂「出脫」之道也，玆表列如下：

雖｜少年｜已自成人能取進士第嶄然見頭角

連詞　第一分句｜第二分句

—容認關係複句（韓文第一層意）

逮｜其父時｜雖｜少年｜已自成人能取進士第嶄然見頭角

介詞　時間次賓語　連詞　第一分句　第二分句

—容認關係複句（韓文第二層意）

子厚少精敏無不通達｜逮其父時雖少年已自成人能取進士第嶄然見頭角

第一分句（原因）　第二分句（後果）

—因果關係複句（韓文第三層意）

夫昌黎之苦心如此，苟如鄭先生所改，誠不知所云矣！

2、不知發明子厚文學之意

子厚前時少年，勇於為人，不自貴重顧藉，謂功業可立就，故坐廢退；既退，又無相知有氣力得位者推挽，故卒死於窮裔；材不為世用，道不行於時也。使子厚在臺省時，自持其身已能如司馬刺史時，亦自不斥；斥時，有人力能舉之，且必復用不窮。〃然〃子厚斥不久，窮不極，雖有出於人，其文學辭章，必不能自力以致必傳於後如今，無疑也。雖使子厚得所願，為將相於一時，以彼易此，孰得孰失，必有能辨之者。（韓文）

〃若然〃子厚斥不久，窮不極，雖有出於人，〃而〃其文學辭章，必不能自力以致必傳於後如今，無疑也。（鄭修訂）

按自「子厚前時少年」以迄「必有能辨之者」，蓋昌黎根據子厚之生平（助劉禹錫者除外）所作之評論，其評論之主旨，在肯定子厚文學辭章之必傳，然不用直接方法，用轉折關係複句曲以達之，試表列如下：

子厚前時少年…且必復用不窮	然	子厚斥不久窮不極…必有能辨之者
第一分句（前四層）	連詞	第二分句（後二層）

—轉折關係複句

此轉折關係複句頓挫多達六層[88]，前四層蓋從一時一世論子厚，從韓柳情誼論子厚，吳闓生曰：

一頓、…再頓…、…加二語盤旋、…三頓、…四頓。[89]

是也，後二層乃轉從千秋萬世論子厚，其要在後二層，前四層蓋為後二層蓄勢，故「然」為前四層與後二層之轉折連詞，頓挫作用甚大，必不可略者也。今在「然」之前加「若」，則「然」變為稱代詞，等於「如此」[90]，失轉折頓挫之意矣。

3、不知告慰子厚有子嗣之意

子厚有子，〃男〃二人……女〃子〃二人，皆幼。（韓文）

子厚有子二人……女二人，皆幼。（鄭修訂）

按「子」者，子嗣、兒女，古人兼指男女，如《易·序卦》曰：

有夫婦然後有父子。[91]

《禮記·曲禮下》曰：

子於父母則自名也。注：「言『子』者通『男女』。」[92]

「男」者，古人有指兒子之意，如《史記·酈生陸賈傳》曰：

有五「男」，迺出所使越得橐中裝賣千金，分其「子」。

《漢書·天文志》曰：

「元帝二年十二月，鉅鹿都尉謝君「男」詐爲神人，論死，父免官。」注：「男」者，「兒」也。[94]

「女子」、「女」，古人皆有指未出嫁之女性之意，如《穀梁傳》文十二年曰：

「女子」十五而許嫁，二十而嫁。[95]

《說文通訓定聲》曰：

對父則處子曰「女」，適人曰婦。[96]

昌黎為人作墓誌銘，敍人子女，若其人有子無女，則曰：「子」。若其人有子有女，大抵子女並稱，或「子、女」並稱，或「子、女子」並稱，或「男、女」並稱，或「男、女子」並稱，或「男子、女子」並稱；97其先總敍、後分敍者，惟六見，或先總敍「子」，然後「男、女」並稱，如〈河南少尹李公墓誌銘〉：

公之「子」，「男」四人，長曰道敏，……皆好學而文，「女」一人，嫁蘇之海鹽尉韋潛。98

或先總敍「子」，然後「男、女子」並稱，如〈襄陽盧丞墓誌銘〉：

生「子」，「男」三人，居簡金吾兵曹，……「女子」嫁浮梁尉崔叔寶。99

今敍子厚先總敍日：「子」，然後乃分「男」、「女子」敍之，本有其例，固不足奇，所奇在用「子厚有子」總敍，按昌黎用「有」敍人子女者惟二見：

「有」子六人，女子一人。（〈唐故銀青光祿大夫檢校左散騎常侍兼右金吾衛大將軍贈工部尚書太原郡公神道碑文〉）100

公「有」四子，長曰元孫，……皆愿敏好善。（〈鳳翔隴州節度使李公墓誌銘〉）101

獨後者「公有四子」有主語、有述語、有賓語，鄭重之至。今本篇敍子厚少年時，曰：「柳氏有子」，用「有」作述語，且有主語、有述語、有賓語，鄭重之至；此處敍子厚後嗣，曰：「子厚有子」，亦用「有」作述語，亦有主語、有述語、有賓語，鄭重之至，前後呼應，非偶然也，究其所以，宜從子厚貶謫後之心情探求之也。子厚謫永州時〈寄許京兆孟容書〉曰：

> 宗元於衆黨人中，罪狀最甚，神理降罰，又不能即死，猶對人言語，求食自活，迷不知恥，然亦有大故，自得姓以來二千五百年，代爲冢嗣，今抱非常之罪，居夷獠之鄉，卑濕昏霿，恐一日填委溝壑，曠墜先緒，以是怛然痛恨，心腸沸熱，煢煢孤立，未有子息，荒陬中，少士人女子，無與爲昏，世亦不肯與罪大者親昵，以是嗣緒之重，不絕如縷，每當春秋時饗，孑立捧奠，顧眄無後繼者，惸惸然欷歔惴惕，恐此事便已，摧心傷骨，若受鋒刃，此誠丈人所共憫惜也。」（元和四年）

又有〈與楊京兆憑書〉曰：

> 獨恨不幸獲託姻好，而早凋落，寡居十餘年，嘗有一男子，然無一日之命，至今無以

託嗣續，恨痛常在心目，孟子稱：『不孝有三，無後爲大。』今之汲汲於世者，唯懼此而已矣，……丈人旦夕歸朝廷，復爲大僚，伏維以此爲念。（元和五年冬）⑩

不云：「未有子息」，即云：「無以託嗣續」，子厚之汲汲於子嗣可知矣，故昌黎鄭重敘之，以告慰子厚也。其下文又敍「遵……既往葬子厚，又將經紀其家。」其銘文又曰：「是惟子厚之室，既固既安，以利其嗣人。」皆此意之呼應也。

十、〈送殷員外序〉

㈠〈送殷員外序〉之篇旨

按〈送殷員外序〉作於元和十二年，時詔選宗室四品一人，持節往回鶻，又選殷員外與之為貳，臨其行，昌黎贈序。贈序有要，試論述之，按子曰：

「誦《詩》三百，授之以政，不達；使於四方，不能專對；雖多亦奚以爲？」程子曰：「窮經將以致用也，世之誦《詩》者果能從政而專對乎？然則其所學者章句之末耳，此學者之大患也。」（《論語·子路篇》）⑩

則「士不通經，不足用。」之思想，自孔子即已有之。昌黎服膺孔孟者也，其〈進學解〉曰：

> 觝排異端，攘斥佛老，補苴罅漏，張皇幽眇，尋墜緒之茫茫，獨旁搜而遠，紹障百川而東之，迴狂瀾於既倒，先生之於儒，可謂有勞矣！……少始知學，勇於敢爲，長通於方，左右具宜，先生之於爲人，可謂成矣！[104]

先生既於「儒」有勞矣，復據「儒道」以立身行己，「少始知學」則「勇於敢為」、「長通於方」則「左右具宜」，皆在說明「通經」與「足用」之關係也。[105]昌黎長慶二年二月授鎮州宣慰使，皇甫湜曰：

> 王廷湊反，圍牛元翼於深，救兵十萬，望不敢前，詔擇廷臣往諭，衆慄縮，先生勇行，元稹言於上曰：「韓愈可惜」，穆宗悔，馳詔無徑入，先生曰：「止，君之仁；死，臣之義。」遂至賊營，麾其衆責之　賊恇汗伏地，乃出元翼。[106]

李翱曰：

> 韓公：改兵部侍郎，鎮州亂，殺其帥田弘正，征之，不克，遂以王廷湊爲節度使，詔公往宣撫，既行，衆皆危之，元稹奏曰：「韓愈可惜」，穆宗亦悔，有詔令至境觀事

勢，無必於入，公曰：「安有受君命而滯留自顧？」遂疾馳入，廷湊嚴兵、拔刃、弦弓矢以逆，及館，甲士羅於庭。[107]

羅聯添先生曰：

王廷湊爲人酷毒，韓愈以一介書生，深入鎮州，嚴辭譴責，使廷湊氣燄爲之收斂，其精神氣勢固有足多者。[108]

觀昌黎所言，蓋「行之乎仁義之途，游之乎詩書之源。」（〈答李翊書〉）[109]涵養有素也，一旦深入鎮州，自然「精神氣勢固有足多者」，此昌黎通經足用之具體表現也。

本序之作，在以此思想—「通經足用」，驗證殷侑之表現，從而贈以「士不通經，果不足用」，「致敬愛」[110]之意，合乎贈序之要也。

(二)鄭先生修訂之商榷

今人適數百里，出門惘惘有離別可憐之色；持被入直三省，丁寧顧婢子語，刺刺不能休。今子使萬里外國，獨無幾微出於顏面，豈不真知輕重大丈夫哉！丞相以子應詔，真誠知人。士不通經，〃果不足用〃。（韓文）

士苟不通經，〃何以足用〃。（鄭修訂）

按本篇曰：

又選學有經法、通知時事者一人，與之爲貳。[111]

昌黎〈冬薦官殷侑狀〉亦曰：

前件官（殷侑）兼通三傳，旁習諸經，注疏之外，自有所得。[112]

〈殷侑傳〉亦曰：

侑爲兒童時，勵志力學，不問家人資產，及長，通經，以講習自娛。貞元末，以五經登第，精於歷代沿革禮。[113]

然則殷員外有「通經」之事實也。

今彼「適數百里，出門惘惘有離別可憐之色；持被入直三省，丁寧顧婢子語，刺刺不能休。」殷員外則不然，「使萬里外國」而「獨無幾微出於顏面」，「真知輕重大丈夫」，蓋「通經」之故也，合乎昌黎「士不通經，不足用。」之預期思想，於是有「士不通經，

『果』不足用。」之結論，用「果」所以示事情之結果與預期相一致[114]，於是「致敬愛」之意，賴此以見，得贈序之體矣。

後殷員外使回鶻，果有「通經足用」之表現，不惟膺選之初顏面之表現耳，昌黎亦誠知人矣。〈殷侑傳〉曰：

元和中，累爲太常博士，時迴紇請和親，朝廷計費五百萬緡，朝廷方用兵伐叛，欲緩其期，乃命宗正少卿李孝誠奉使宣諭，以侑爲副；侑謹重有節概，臨事俊辯，既至虜庭，可汗初待漢使，盛陳兵甲，欲臣漢使而不答拜，侑堅立不動，宣諭畢，可汗責其倨，宣言欲留而不遣，行者皆懼，侑謂虜使曰：「可汗是漢家子婿，欲坐受使臣拜，是可汗失禮，非使臣之倨也。」可汗憚其言，卒不敢逼，使還，拜虞部員外郎。

[115]

曾國藩評此篇曰：

「字字峭立，倜儻軒偉。」[116]

苟如所改，「士不通經，何以足用？」誠有「士不通經，不足用。」之預期思想矣，然贈序對象之事實，未加照應，「致敬愛」之意不彰，贈序之體不切，而意淺氣浮矣！一字之刪，關乎文體之要，可不愼歟？

參、結論

昔曹子建曰：

世人之著作，不能無病，僕常好人譏彈其文，有不善者，應時改定。（〈與楊德祖書〉）117

雖然，改定之不善，徒使人不平也，宋胡仔曰：

東坡云：「世之蓄某詩文者多矣，率真僞相半，又多爲俗子所改竄，讀之使人不平；然亦不足怪，識真者少，蓋從古所病。李太白、韓退之、白樂天詩文，皆爲庸俗所亂，可爲太息！」118

今鄭先生不探昌黎之立意，或不知抑邪與正、風行草偃之意；或不知自負文學之意；或不知為許遠辯冤之意；或不知所以羞握兵之將之意；或不知悲孟東野道不行、復自悲道不行之意；或不知汲汲於富貴之意；或不知自負其志與孔子同之意；或不知俟生期知遇之意；或不知為子厚出脫、發明子厚文章、告慰子厚之意；或不知以思想驗諸事實之意，率爾改易，誠「可為太息」者也。莊子曰：

鳧脛雖短，續之則憂；鶴脛雖長，斷之則悲。[119]

梁劉勰亦曰：

思贍者善敷，才覈者善刪，善刪者字去而意留，善敷者辭殊而意顯，字刪而意闕，則短乏而非覈，辭敷而言重，則蕪穢而非贍。（〈鎔裁篇〉）[120]

是故刪敷古文，豈容易哉？清袁枚曰：

方望溪刪改八家文，屈悔翁改杜詩，人以爲妄。余以爲八家少陵復生，必有低首俯心而遵其改者；必有反復辨論而不遵其改者。[121]

若起昌黎於地下，見鄭先生所改，不知果何如也？

註釋：

❶ 其詳請參見《鄭子瑜學術論著自選集》（首都大學出版社，一九九四年一月。）〈自傳〉頁七四三－頁七五九。

❷ 參見《中央日報》（一九九三年十一月。）長河版專欄－書海鏡銓。

❸ 參見清袁枚《隨園隨筆》（載王英志主編《袁枚全集》，江蘇古籍出版社，一九九三年九月。）卷二諸史類（上）「《新唐書》硬刪文義強用僻字」項下，頁三六。

❹ 參見顧炎武《日知錄》（臺北：明倫出版社，一九七〇年三月。）卷二十七，頁七五五。

❺ 同❸。

❻ 參見宋洪邁《容齋隨筆》（景印文淵閣四庫全書子部雜家類第八五一冊，臺北：商務印書館，一九八三年六月）〈五筆〉卷五「唐書載韓柳文」項下，頁八二六－頁八二七。

❼ 同上註。

❽ 參見清芮長恤《綱目分註拾遺》（景印文淵閣四庫全書史部編年類第三二三冊，臺北：商務印書館，一九八三年六月）頁六〇九。

❾ 參見顧炎武《日知錄》（臺北：明倫出版社，一九七〇年三月。）卷二十七，頁七五四－頁七五八。張文治《古書修辭例》（臺北：河洛圖書出版社，一九七九年八月。）頁一二八－頁一二九。及拙著〈宋祁張巡傳許遠傳刪節韓愈張中丞傳後敍部份之修辭比較〉（載東吳文史學報第五號，一九八六年八月。）頁一〇二－頁一一四。

❿ 同❸。

⑪ 參見宋陳騤《文則》（景印文淵閣四庫全書集部詩文評類第一四八〇冊，臺北：商務印書館，一九八三年六月）卷上頁六八八。

⑫ 參見朱任生編著《古文法纂要》（臺北：商務印書館，一九八四年九月。）上篇第六〈工命意〉，頁一四二—頁一四三。

⑬ 同上註，頁一四三—頁一四四。

⑭ 參見成偉鈞、唐仲揚、向宏業主編《修辭通鑒》（北京：中國青年出版社，一九九一年六月。）目錄：第一篇語音修辭、第二篇辭語修辭、第三篇句法修辭、第四篇修辭格、第五篇篇章修辭、第六篇語體修辭、第七篇文體修辭、第八篇語言風格。

⑮ 參見《舊唐書》（《二十五史》本，臺北：藝文印書館，一九七〇年十月。）卷一六〇〈韓愈傳〉，頁二〇九四—頁二〇九八。《新唐書》（《二十五史》本，臺北：藝文印書館，?年?月。）卷一七六〈韓愈傳〉頁二〇五〇—頁二〇五五。及馬其昶校注《韓昌黎集》（臺北：河洛圖書出版社，一九七五年三月。）第八卷頁三五四—頁三五五。

⑯ 參見《孟子》（朱熹《四書集注》本，臺北：世界書局，一九八二年五月。）卷三〈滕文公下〉，頁九一—頁九二。及鄧國光《韓愈文統探微》（臺北：文史哲出版社，一九九二年十二月。）頁十二—頁十三。

⑰ 參見馬其昶校注《韓昌黎文》（臺北：河洛圖書出版社，一九七五年三月。）第三卷頁八九—頁九二。及鄧國光《韓愈文統探微》（臺北：文史哲出版社，一九九二年十二月。）頁十二—頁十三。

⑱ 同上註。

⑲參見《論語》（朱熹《四書集注》本，臺北：世界書局，一九八二年五月。）卷六〈顏淵〉頁八三。

⑳本篇所引馬其昶校注《韓昌黎文》（臺北：河洛圖書出版社，一九七五年三月。）皆嘗與景印宋本《昌黎先生集》（臺北：國立故宮博物院）參校，如有出入，則取其合理者。

㉑參見《孝經》（《十三經注疏》本，臺北：藝文印書館，一九六〇年一月。）卿大夫章第四頁二二—頁二三。

㉒參見許世瑛《中國文法講話》（臺北：開明書店，一九九二年七月。）第十三章第五節擒縱關係構成的複句，頁二五八—頁二六〇。

㉓同上註。

㉔參見周法高《中國古代語法・造句編（上）》（臺北：台聯國風出版社，一九七二年三月。）頁二三八—頁二三九。

㉕參見羅聯添《韓愈研究》（臺北：學生書局，一九八八年七月。）頁一〇五。

㉖參見清吳闓生《古文範》（中華國學叢書第二十冊，臺北：中華書局，一九七〇年三月。）下編頁一六—頁一八。

㉗參見葉百豐《韓昌黎文彙評》（臺北：正中書局，一九九〇年二月）頁三〇九。

㉘同㉖。

㉙參見馬其昶校注《韓昌黎文》（臺北：河洛圖書出版社，一九七五年三月。）第三卷頁九八—頁一〇〇。及拙著〈從文法觀點以探討韓愈答李翊書之修辭特色〉（載《東吳文史學報》第十號，一九九二年三月。）頁五五及頁五八。

㉚ 同㉖。

㉛ 參見馬其昶校注《韓昌黎文》（臺北：河洛圖書出版社，一九七五年三月。）第二卷頁四二—頁四五。

㉜ 參見林紓《韓柳文研究法》（臺北：廣文書局，一九六九年十月）〈韓文研究法〉頁一〇—頁一一。

㉝ 參見錢基博《韓愈志》（臺北：華正書局，一九七五年五月）〈韓集籀讀錄第六〉頁一二五。

㉞ 參見高步瀛《唐宋文舉要》（臺北：藝文印書館，一九六七年十月）甲編卷二，頁一五九—頁一六七。及葉百豐《韓昌黎文彙評》（臺北：正中書局，一九九〇年二月）頁六二—頁六七。

㉟ 同上註。

㊱ 同上註。

㊲ 參見拙著〈宋祁張巡傳許遠傳刪節韓愈張中丞傳後敍部份之修辭比較〉（載《東吳文史學報》第五號，一九八六年八月。）頁一〇五。

㊳ 按所謂「補語」即「次賓語」，參見戴璉璋〈中國語法中語句分析的商榷〉（載《國文天地》創刊號，一九八五年六月。）頁六二—頁六九。

㊴ 參見戴璉璋〈左傳造句法研究〉（載臺灣師範大學《國文學報》第十期，一九八一年六月。）頁四三。

㊵ 按所謂「施動次賓語」即「施動補語」，參見戴璉璋〈中國語法中語句分析的商榷〉（載《國文天地》創刊號，一九八五年六月。）頁六二—頁六九。

㊶ 參見《舊唐書》（《二十五史》本，臺北：藝文印書館，一九七〇年十月）卷一百六十五〈柳公綽傳〉頁二一四八—頁二一五〇。亦見《二十五史》本，《新唐書》卷一百六十三〈柳公綽傳〉頁一九三〇—頁一九三二。

㊷ 同㉛第三卷〈與鄂州柳中丞書〉頁一三〇—頁一三一。

㊸ 參見羅聯添《韓愈研究》（臺北：學生書局，一九七五年三月）〈韓愈事蹟〉頁八八。

㊹ 同㉛第三卷〈與鄂州柳中丞書〉頁一三〇—頁一三一。

㊺ 參見劉基《誠意伯文集》（景印文淵閣四庫全書集部別集類一二二五冊，臺北：商務印書館，一九八三年六月）〈賣柑者言〉頁二〇一。

㊻ 參見葉百豐《韓昌黎文彙評》（臺北：正中書局，一九九〇年二月）頁九九。

㊼ 同㉛第一卷頁一。

㊽ 同㉛第一卷頁五。

㊾ 同㉛第四卷頁一三六—頁一三七。

㊿ 同㉛第三卷頁九八—頁一〇〇。

51 參見韓泉欣校注《孟郊集校注》（浙江古籍出版社，一九九五年十二月）〈前言〉頁二。

52 參見夏敬觀選注《孟郊詩選注》（臺北：商務印書館，一九六五年八月）〈導言〉頁三。

53 同51，卷十頁四〇八。

54 參見夏敬觀選注《孟郊詩選注》（臺北：商務印書館，一九六五年八月。）〈導言〉頁五。

55 同51，卷六頁二二八—頁二二九。及卷一頁八—頁九。
56 同31第一卷頁二五—頁二七。
57 參見葉百豐《韓昌黎文彙評》（臺北：正中書局，一九九〇年二月。）頁九九。
58 同31第一卷頁二。
59 同31頁三—頁四。
60 同31第三卷頁九〇。
61 同31第一卷頁四。
62 同31頁六。
63 參見許世瑛《常用虛字用法淺釋》（臺北：復興書局，一九六九年五月。）頁一四三。
64 同31頁一五二。
65 參見羅聯添《韓愈研究》（臺北：學生書局，一九八八年七月。）頁五四—頁五九及頁四四七。
66 參見陳鐵民《王維新論》（北京師範學院出版社，一九九二年一月。）〈王維生平五事考辨〉頁四五—頁五二及〈談王維的隱逸〉頁一二八—頁一三二。
67 參見《歐陽修全集》（臺北：華正書局，一九七五年四月。）〈年譜〉頁七—頁八。
68 同31第三卷頁一〇八—一一〇。
69 同31〈與衛中行書〉標題下小注，頁一一三。
70 參見羅聯添《韓愈研究》（臺北：學生書局，一九八八年七月。）〈韓愈年表〉頁四四七。

71 同31第三卷〈與衛中行書〉頁一一三。

72 參見許世瑛先生《中國文法講話》（臺北：開明書店，一九九二年七月。）第十二章第一節，頁二四六—頁二四八。

73 按此句為原因小句後置所形成之判斷繁句，參見許世瑛先生《中國文法講話》（臺北：開明書店，一九九二年七月。）第十二章第一節，頁二三九—頁二四〇。

74 參見《孟子》（《四書集注》本。臺北：世界書局。一九七三年五月。）〈滕文公下〉頁八二—頁八三。

75 同31第三卷，頁八九—頁九二。

76 參見林紓《韓柳文研究法》（臺北：廣文書局。一九七五年三月。）〈韓文研究法〉頁一四。

77 同31第三卷、頁一二六—頁一二七。

78 參見班固〈答賓戲〉（載《昭明文選》，臺北：華正書局。一九八四年七月。）頁六三三—頁六三六。

79 同31第三卷、頁一一三。

80 同31第三卷、頁九一。

81 參見曾國藩《求闕齋讀書錄》（臺北：廣文書局。一九六九年一月）卷八《韓昌黎集》頁一七。

82 同31第八卷〈與汝州盧郎中論薦侯喜狀〉「今子鬱為選首」句下小注、頁三三六—頁三三七。

㊃ 同上註。

㊄ 參見林雲銘《古文析義》（臺北：廣文書局。一九八九年元月。）卷之五〈柳子厚墓誌銘〉頁二四一「子厚少精敏……交口薦譽之。」下評注。

㊅ 參見葉百豐《韓昌黎文彙評》（臺北：正中書局。一九九〇年二月）頁二六二。

㊆ 參見清吳闓生《古文範》（中華國學叢書第二十冊，臺北：中華書局，一九七〇年三月。）下編頁三四。

㊇ 參見《柳河東集》（臺北：河洛圖書出版社。一九七四年十二月。）卷十二〈先侍御史府君神道表〉頁一八二—頁一八五。及羅聯添《柳宗元事蹟繫年暨資料類編》（臺北：國立編譯館中華叢書編審委員會。一九八〇年十二月。）壹、〈事蹟繫年〉頁三〇—頁三七。

㊈ 參見拙著《韓愈文新探》（臺北：華正書局。一九九六年三月）〈柳子厚墓誌銘〉頁三四七—頁三五三。

㊉ 參見清吳闓生《古文範》（中華國學叢書第二十冊，臺北：中華書局，一九七〇年三月。）下編頁三六。

㊊ 參見許世瑛《常用虛字用法淺釋》（臺北：復興書局。一九六九年三月）頁一〇九—頁一一〇。

㊋ 參見《易經》（《十三經注疏》本，臺北：藝文印書館。一九六〇年一月。）卷第九〈序卦〉頁一八六—頁一八八。

㊌ 參見《禮記》（《十三經注疏》本，臺北：藝文印書館。一九六〇年一月。）卷五〈曲禮下〉頁九四。

93 參見《史記》（《二十五史》本，臺北：藝文印書館。一九七〇年十月。）卷九十七《酈生陸賈列傳》頁一〇九八。

94 參見《漢書》（《二十五史》本，臺北：藝文印書館。一九七〇年十月。）卷二十六〈天文志〉頁五九五。

95 參見《穀梁傳》（《十三經注疏》本，臺北：藝文印書館。一九六〇年一月。）文十二年卷十一頁一〇八。

96 參見朱駿聲《說文通訓定聲》（臺北：世界書局。一九六二年四月。）豫部第九頁三七一。

97 同31第六卷、第七卷頁二〇一—頁三二四。

98 同31第六卷〈河南少尹李公墓誌銘〉頁二一三—頁二一五。

99 同31第六卷〈襄陽盧丞墓誌銘〉頁二二〇—頁二二一。

100 同31第六卷〈唐故銀青光祿大夫檢校左散騎常侍兼右金吾衛大將軍贈工部尚書太原郡公神道碑文〉頁二四三—頁二四四·

101 同31第七卷〈鳳翔隴州節度使李公墓誌銘〉頁二六八—頁二七〇。

102 參見《柳河東集》（臺北：河洛圖書出版社。一九七四年十二月。）頁四八〇—頁四九〇。

103 參見《論語》（朱熹《四書集注》本，臺北：世界書局。一九八二年五月。）〈子罕篇〉頁八八。

104 同31第一卷〈進學解〉頁二五—頁二七。

105 參見拙著《韓愈文新探》（臺北：華正書局。一九九六年三月。）〈進學解〉頁六〇—頁六一。

106 參見《皇甫持正集》（景印文淵閣四庫全書集部別集類一〇七八冊，臺北：商務印書館。一九八三年六月。）卷六〈韓文公墓誌銘〉頁九七。

107 參見《李文公集》（景印文淵閣四庫全書集部別集類一〇七八冊，臺北：商務印書館。一九八三年六月。）卷十一〈故正義大夫行尚書吏部上柱國貽賜紫金魚袋贈禮部尚書韓公行狀〉頁一五五。

108 參見羅聯添《韓愈研究》（臺北：學生書局。一九八〇年十二月。）二、〈韓愈事蹟〉頁一二〇—頁一二二。

109 同 31 第三卷、頁九八—頁一〇〇。

110 參見《古文辭類纂》（臺北：河洛圖書出版社。一九七四年七月。）〈序目〉贈序類，頁一四—頁一五。

111 同 31 第四卷頁一五九。

112 同 31 第八卷頁三四七—頁三四八。

113 參見《舊唐書》（臺北：藝文印書館。一九七〇年十月）卷一百六十五〈列傳〉，頁二一五八—頁二一六〇。

114 參見陳霞村編《古代漢語虛詞類解》（山西教育出版社。一九九?年?月。）頁四三四。

115 參見《舊唐書》（臺北：藝文印書館。一九七〇年十月。）卷一百六十五〈列傳〉，頁二一五八—頁二一六〇。

116 參見曾國藩《求闕齋讀書錄》（臺北：廣文書局。一九六九年一月。）卷八《韓昌黎集》頁一九。

117 參見《昭明文選》（華正書局，一九八四年七月。）第四十二卷，頁五九三—頁五九四。

118 參見宋胡仔《漁隱叢話後集》（景印文淵閣四庫全書集部詩文評類第一四八〇冊，臺北：商務印書館，一九八三年六月）卷二十八東坡三，頁五六一。

119 參見《莊子集釋》（世界書局，一九七八年十月。）外篇〈駢拇〉第八，頁一四二—頁一四三。

120 參見劉勰《文心雕龍》（明倫出版社，一九七〇年九月。）頁五四二—頁五四四。

121 參見袁枚《隨園詩話》（長安出版社，一九七八年六月。）卷一頁八。

唐宋擬人傳體寓言探究

顏瑞芳

一、前言

「傳」是古今文章的大宗，文體的重鎮，劉勰《文心雕龍》以〈史傳〉作為文體論「敍筆」十篇之首，可見其重要性。

「傳」以傳人，主人翁原本多為公卿將相、英雄豪傑。至中唐韓愈為圬者，柳宗元為梓人、種樹者、賣藥者立傳，藉著寫這些社會小人物的言行來傳事寓，託諷寄興，使得傳體從漸趨沈悶的史傳中別開生面。不僅如此，韓愈更進一步託物作史，以筆擬人，為毛筆（毛穎）作傳，藉毛穎少壯時戮力王事，被封為「管城侯」，屢拜「中書令」，日漸親寵任事，一旦年老「髮禿」，便遭廢黜棄置，譏諷統治者刻薄寡恩。柳宗元則首先為善負小蟲蝜蝂作傳，藉蝜蝂好負物爬高，以致顛墜而死的下場，警諭貪利嗜取、擅權爭位之徒。

韓愈於元和初年撰作〈毛穎傳〉，時人大笑以為怪，《舊唐書》更指其為「譏戲不近人情」，「文章之甚紕繆者」。然而，由柳宗元所言「有來南者，時言韓愈為〈毛穎傳〉」可見謗之所至，文亦隨之流傳。加以柳於〈讀韓愈所著毛穎傳後題〉中闡發微旨，推崇備至，後代文人乃競相起而效尤，形成一股澎湃的擬人傳體寓言潮流。

二、從「史傳」到傳體寓言

關於「傳體」的起源，《文心雕龍·史傳》云：「昔夫子閔王道之缺，傷斯文之墜，靜居以歎鳳，臨衢而泣麟，於是就太師以正〈雅〉〈頌〉，因魯史以修《春秋》，舉得失以表黜陟，徵存亡以標勸誡。褒見一字，貴踰軒冕；貶在片言，誅深斧鉞。然睿旨幽隱，經文婉約，丘明同時，實得微言，乃原始要終，創為傳體。」由於《左傳》發揮《春秋》的微言大義，將經文的意旨輾轉傳示後學，所以劉勰視之為「聖文之羽翮，載籍之冠冕」。而司馬遷《史記》，進一步建立史傳的完善體例❶，故〈史傳〉又云：「左氏綴事，附經間出，於文為約，而氏族難明。及史遷各傳，人始區分，詳而易覽，述者宗焉。」由於司馬遷兼具卓越的史識和文學才華，所以《史記》不僅是後世正史的鼻祖，更是文家習文的典範。

兩漢以後傳體演變的情況，徐師曾《文體明辨·序說》言：「自漢司馬遷作《史記》，創為『列傳』以紀一人之始終，而後世史家卒莫能易。嗣是山林里巷，或有隱德而弗彰，或有細人而可法，則皆為之作傳以傳其事，寓其意；而馳騁文墨者，間以滑稽之術雜焉，皆傳體也。故今辯而列之，其品有四：一曰史傳，二曰家傳，三曰托傳，四曰假傳。」史傳之旨，原在標勸誡，寓褒貶；文人作傳，傳主固非王侯將相，而為山林隱士、里巷細人，然而其「傳其事，寓其意」的旨意則相通。不僅如此，文家有時尚且為虛構人物，乃至動物、植物、器物立傳（即托傳、假傳之類），辭雖滑稽謬悠，實則寓莊於諧，此為傳體之再變。《步里客談》云：「若退之〈毛穎傳〉，迂齋謂以文滑稽，而又變體之變者乎！」❷此類「變體之變」的傳體，歷來多以「寓言」視之。李肇《唐國史補》便謂：

> 沈既濟撰〈枕中記〉，莊生寓言之類；韓愈撰〈毛穎傳〉，其文尤高，不下史遷，二篇真良史才也。

將〈枕中記〉、〈毛穎傳〉與莊生寓言、史遷相提並論，頗耐人尋味。其後，朱熹於《昌黎先生集考異》中亦指出〈毛穎傳〉的寓言性質❸。至顧炎武《日知錄》則進一步說明傳體寓言的形成：

> 梁任昉《文章緣起》言：傳始於東方朔作〈非有先生傳〉，是以寓言而謂之傳。《韓文公集》中傳三篇：〈太學生何蕃〉、〈圬者王承福〉、〈毛穎〉；《柳子厚集》中傳六篇：〈宋清〉、〈郭橐駝〉、〈童區寄〉、〈梓人〉、〈李赤〉、〈蝜蝂〉。

〈何蕃〉僅採其一事而爲之傳；〈王承福〉輩皆以微者而爲之傳；〈毛穎〉、〈李赤〉、〈蝜蝂〉則戲耳！而謂之傳，則比於稗官之屬耳。❹

「以寓言而謂之傳」，始於東方朔的〈非有先生傳〉，假借為虛構人物非有先生立傳，以託諷寄興。而在魏晉六朝，這種以寓言作傳的傳統並未中斷，魯迅《中國小說史略》言：

幻設爲文，晉世固已盛，如阮籍〈大人先生傳〉、劉伶之〈酒德頌〉、陶潛之〈桃花源記〉、〈五柳先生傳〉皆是矣，然咸以寓言爲本，文詞爲末，故其流可衍爲王績〈醉鄉記〉、韓愈〈圬者王承福傳〉、柳宗元〈種樹郭橐駝傳〉等，而無涉於傳奇。❺

章學誠則直言：「〈王承福〉本是寓言，並非真正傳體，故李漢編入『雜著』，明其為立言，非為傳人也。」指出韓愈〈圬者王承福傳〉並非真正傳體，只是假借傳體之瓶，裝入寓言之酒，這類作品，可名其為「傳體寓言」。

三、唐宋擬人傳體寓言創作情形

韓、柳假借為市井人物如圬者王承福、種樹郭橐駝、梓人楊潛、藥者宋清、奇童區寄等人作傳，為傳體寓言樹立傑出的典範，但在傳體寓言的演變過程中，韓愈〈毛穎傳〉卻居於關鍵地位，對後代傳體寓言造成深遠的影響。

〈毛穎傳〉以遊戲之筆為毛穎立傳，藉毛筆製作、重用與廢退的歷程，雙關文士勞苦功高、老而見黜的悲哀，諷刺統治者的刻薄寡恩，由於行文構思詼奇詭譎，在當時引起很大的側目，柳宗元在〈讀韓愈所著毛穎傳後題〉中說：「有來南（指永州）者，時言韓愈為〈毛穎傳〉，不能舉其辭，而獨大笑以為怪，而吾久不克見，楊子誨之來，始持其書。索而讀之，若捕龍蛇，搏虎豹，急與之角而力不敢暇，信韓子之怪於文也。世之模擬竄竊，取青媲白，肥皮厚肉，柔筋脆骨，而以為辭者之讀之也，其大笑固宜。」以「捕龍蛇，搏虎豹」來比擬〈毛穎傳〉的奇崛恣睢，雄肆而不可羈勒，真是生動傳神。柳宗元並進一步將〈毛穎傳〉的俳諧，和《詩經》、《史記》相提並論：

> 且世人笑之也，不以其俳乎？而俳又非聖人之所棄者。《詩》曰：「善戲謔兮，不爲虐兮」，《太史公書》有〈滑稽列傳〉，皆取乎有益於世者也。……韓子之爲也，亦

將弛焉而不為虐歟！息焉游焉而有所縱歟！盡六藝之奇味以足其口歟！

指出〈毛穎傳〉上承《詩經》戲謔、《史記》滑稽之精神傳統，是「有益於世」的德音，而非「無益規補」的謬辭。

〈毛穎傳〉對後代之最大影響，在於它開啟「以物擬人」託物作傳的寓言風氣。宋人王柏云：

託物作史，以文為戲，自韓昌黎傳毛穎始，當時貪常嗜瑣者呫呫然動其喙，笑以為怪，惟柳柳州奇之。又有〈革華傳〉，非韓筆法，他人竄入無疑。至坡公又作，羅文、葉嘉、黃甘陸吉、江瑤柱俱傳；屏山劉公亦有〈蒼庭筠傳〉，李忠定公又有武剛侯、文城侯、文信侯三傳，亦各有寄興焉。❻

周必大亦言：「自昌黎先生為毛穎立傳，大雅宏達多效之，如羅文陶泓之作，妙絕當世。下至包祥、杜仲、黃甘陸吉，飲食果蓏，亦有述作。墨，文房寶也，顧可闕耶？」正因為〈毛穎〉等傳，文辭「妙絕當世」，內容「各有寄興」，所以引發大雅宏達的摸擬效尤，使得擬人傳體蔚為大觀。

以下就傳主性質，分動物、植物、器物及其他等四類，製表略述各篇內容梗概，以見唐宋擬人傳體寓言之盛：

（一）動物

序號	篇名	作者	傳主	內容大要
1	蝜蝂傳	唐·柳宗元	蝜蝂	蝜蝂遇物輒取，又好爬高，終負重墜地而死。諷貪利嗜取而亡其身者
2	江瑤柱傳	宋·蘇軾	干貝	瑤柱為席上之珍，一旦出非其時而喪其真，眾人掩鼻。諭士之出處有時，不可不慎。
3	無長叟傳	宋·陳造	蟹	無長叟戕剪吳稻，助越滅吳，名重於越，後見疏而躁擾怨望，不知盛衰顯晦有時，不能蹈滄而深潛，竟不得保其天年。

（二）植物

序號	篇名	作者	傳主	內容大要
1	木伯傳	宋·張詠	木材	藉木伯巨材處高位而思「過久不退，將群邪巨蠹疾我」，示進退之道。
2	杜處士傳	宋·蘇軾	杜仲	嘉許杜仲善依（醫）人，黃環能發其心。（杜仲、黃環皆葯草名）
3	黃甘陸吉傳	宋·蘇軾	柑·桔	黃甘陸吉在朝論事爭寵，印證「女無好醜，入宮見妒；士無賢不肖，入朝見嫉。」
4	葉嘉傳	宋·蘇軾	茶	葉嘉因味能醒精魄，氣飄然若浮雲而見寵，後因上飲踰度，剛勁苦諫而見疏，其志淡泊。
5	竹夫人傳	宋·張耒	竹	竹夫人以「疏通而善良，有節而不隱」見寵，後上作秋風詞，坐溫室，夫人自此寵衰。
6	荔子傳	宋·曹勛	荔枝	荔子奉詔與上語，上咀味其旨，稱善久之，後陳元禮潛於上曰：「荔子為人性多熱中，易以形見，既乏耐久之表，又多乾沒於下，非大臣體。」上由是疏之。
7	蒼庭筠傳	宋·劉子翬	竹	蒼庭筠奇骨強項，未嘗折節。中似空洞而有長材，典樂府則簫韶九成，直史館則汗青有日，入武庫則羽鏃宣威，薦宗廟則簠簋甚飾，晚年號靖節處士。

8	承元居士傳	宋．王質	藤	滕修字曼卿，本居出林，無愛憎輕重於其間，一出而變態棼起，顛擠流落，至于土糞同腐。出處可不慎哉？
9	平舒侯傳	宋．王質	竹	竹覃平舒韜潤，體柔而性堅，清制爽規、解囂蠲煩，夙夜陪上。後被讒以棄直毀節，昵近帝所。以見寒暑推移，愛憎變遷。
10	玉女傳	宋．王質	芫蔚	玉女出身寒微，尚葯奉御顏澤薦於武后而貴幸。「金鍊則精，人鍊則明」，玉女從旁調護，武后顏色光新鮮妙。
11	羅樊傳	宋．李石	蘿蔔	尚葯奉御羅樊封蔡國公，淡泊以養道，腴潔白而富才質，褒錫降名，榮寵國醫。
12	青奴傳	宋．蔡戡	竹	青奴竹氏肌理玉雪，爽氣逼人，寵傾後宮，封涼國夫人，後因戚夫人等相與譖於上，且有寒疾，以憂毀卒。
13	大庾公世家傳	宋．王柏	梅	梅氏襲若木之爵，都於大庾。其二子長曰伯華，次曰仲實，伯華精神玉雪。德馨遠聞；仲實青純酸澀，德老氣溫。後世鼎鼐不調，愛華棄實，尚偽忘真，良可嘆息。

（三）器物

序號	篇名	作者	傳主	內容大要
1	毛穎傳	唐韓愈	毛筆	毛穎少壯盡心國事，老禿見疏，諷刺統治者刻薄寡恩。
2	下邳侯革華傳	佚名	靴	革華少供驅馳，後因開口洩密，老憊而見棄，諷意與〈毛穎傳〉同。
3	管城侯傳	唐．陸龜蒙	毛筆	毛元銳久蒙委用，殫心竭力，老而以工部尚書致仕。
4	容成侯傳	唐．司空圖	銅鏡	金炯具毫髮無隱之鑒局，後遭疵陋者積毀，讒廢歸老。諷邪醜之嫉明哲。
5	素琴傳	唐．司馬承禎	琴	琴之為器，德在其中；琴之為聲，感在其中。
6	即墨侯傳	唐．文嵩	硯	石虛中性情謹默，中心坦然，詔命常侍左右，以備濡染。
7	萬石君羅文傳	宋．蘇軾	硯	羅文少獲重用，小人讒以「文性貪墨，無潔白稱」，後老而見疏，為金日磾推擠殿下顛仆而卒。
8	溫陶君傳	宋．蘇軾	陶製炊器	石中美幼輕躁疏散，長得進見，充上心腹，後被讒見疏。
9	平涼夫人傳	宋．呂南公	扇	平涼夫人淡修，小字嬋娟，富於清風，能解中熱，其德虛而不詘，親而不褻，故榮名始終。

10	方城侯傳	宋・李綱	棋	端子平為人方整嚴重，二子太素、太玄體性圓猾，黑白太分，勇而好鬥，與触蠻國蝸角相爭無異。其言曰：「循理而動，致人而不致於人者常勝；不計利害，深入浪戰者常敗。」
11	文城侯傳	宋・李綱	符信	文城侯立志節，以信著天下，而姦詭往往竊借其名以行。
12	武剛君傳	宋・李綱	寶劍	武剛君金辟疆性剛果，不喜柔佞，其志氣若嚴霜秋水，亂臣賊子姦邪見之，膽破股慄，不敢仰視。
13	棊局傳	宋・曹勛	棋	棊局平日目歷戰陣，悟達者研道，知士奮機，強梁者敗，知靜者勝。進退之義在其中矣。
14	龍亢侯傳	宋・程俱	寶劍	龍亢侯劉銛銳上脩下，有威重顧瞻，光采凜人，嘗從漢高斬白蛇而見寵，後進退生澀，不能緩頰如前日，乃告老仙去。
15	即墨侯傳	宋・周必大	墨	即墨侯松質勁氣清，耐久不渝，惜輕偏肆吻，不知剛柔相濟而自取擯斥，鬱鬱而卒。
16	湯婆傳	宋・林景熙	湯婆	湯婆形倭腹魁，端重停涵，又工坎離之術，以虛致滿，守口如瓶，不洩漏取禍，融和透肌，自號有腳陽春，自鼎鑊置衽席，歷夷險有節。

（四）其他

序號	篇名	作者	物類	內容大要
1	清和先生傳	宋·秦觀	酒	清和先生姓甘名液，其心如水，士大夫喜從之游，所至一坐盡傾。愛移人性情，激發其膽氣，解釋其憂憤，亦能使人破家敗產而不悔。
2	玉友傳	宋·劉跂	酒	玉友壺公為人精白不雜處，所至，爵者避席，一坐盡傾，既去，人思慕若渴。嘗言：「人人自謂我良友，然得其真者百無一二」。
3	麴生傳	宋·王質	酒	麴生天姿清白，猥自蒙翳，埋光鏟采。及遇米氏，相資以成功，瑩然故不沒，行世當如此矣。
4	石碣傳	宋·李洪	石碣文	藉石碣之方正嚴稜，黑白分明，望之凜然，警惕後之君子，勿竊弁纓而尸祿位，當思自勉于不朽。

四、唐宋傳體寓言的寫作特色

㈠多假託秦、漢、唐人物以立傳

韓愈〈毛穎傳〉中的主角毛穎，「強記而便敏，自結繩之代以及秦事，無不纂錄。……自秦皇帝及太子扶蘇、胡亥、丞相斯、中車府令高，下及國人，無不愛重。」可見韓愈是將毛穎假託為秦代人物來立傳，這是由於傳說中毛筆是由秦的大將軍蒙恬所發明的緣故。其後陸龜蒙〈管城侯傳〉的主角毛元銳、蘇軾〈溫陶君傳〉的主角石中美、李綱〈文城侯傳〉的主角符君平，亦皆被假託為秦代人物。

「漢皇重色思傾國」，唐代詩人喜歡藉漢諷唐，唐宋傳體寓言主要亦假託漢人漢事。蘇軾〈葉嘉傳〉、張耒〈竹夫人傳〉、王質〈平舒侯傳〉、蔡戡〈青奴傳〉皆託言漢武帝時事；李綱〈武剛君傳〉傳主金辟疆、程俱〈龍亢侯傳〉傳主劉銛則為楚漢之際佐劉邦定天下的人物；此外，蘇軾〈萬石君羅文傳〉、曹勛〈碁局傳〉、周必大〈即墨侯傳〉、秦觀〈清和先生傳〉亦皆假託漢代人事。

漢唐兩代皆為歷史上的盛世，漢武帝與唐明皇則為由盛轉衰的關鍵，因此，在宋人眼中，漢唐兩代都是藉古諷今的對象。曹勛〈荔子傳〉便是敷陳唐玄宗與楊貴妃貪愛荔枝的故事：

上即日召見，與語，咀味其旨，稱善，久之，曰：「惜卿居南方僻遠之地，不近長安，合待詔中。」元妃殊喜其爲人，謂子清心玉瑩，當備啟沃。上因時時召見。或出，則與妃虛己以待致。驛使交馳，每從樓上望見，騎塵蔽天，妃必笑而識其來。❼

《新唐書·后妃上》載：「妃嗜荔支，必欲生致之，乃置騎傳送，走數千里，味未變已至京師。」曹勛就史事加以生發，並將荔子擬人，使人事更為生動傳神。

其他如林景熙〈湯婆傳〉、吳應紫〈孔元方傳〉、王質〈麴生傳〉、〈承元居士傳〉、〈玉女傳〉、李洪〈石碣傳〉等，也都是託言唐代人物。

除秦、漢、唐外，上至神農，下至兩晉，亦皆有傳體寓言人物涉足其間，如李石〈羅樊傳〉羅樊為神農時人，李綱〈方城侯傳〉主角端木子平為堯時人，陳造〈無長叟傳〉之無長叟為春秋時越國人，〈下邳侯革華傳〉、文嵩〈即墨侯傳〉、蘇軾〈黃甘陸吉傳〉中之革華、石虛中、黃甘、陸吉皆戰國時人，劉跂〈玉友傳〉中的玉友壺公、劉子翬〈蒼庭筠傳〉中的靖節處士蒼庭筠則為晉人。至於蘇軾〈杜處士傳〉、〈江瑤柱傳〉、呂南公〈平涼夫人傳〉等，則未敘明人物事蹟之時代背景。

擬人傳體寓言中之人物時代，往往虛虛實實，以實寓虛，讀者但覺千年恍惚，今古一夢，充分表現其「謬悠之說、無端涯之辭」的特質。

㈡以植物和器物為主要題材

唐宋擬人傳體寓言，以植物傳和器物傳之數量最多，植物傳中又以竹最受青睞，器物傳則以筆、硯、棋、劍較為熱門。

竹之為物，中空外直、疏通有節，「其本固固以樹德，其性直直以立身，其心空空以體道，其節貞貞以礪志」，似靖節之高士。竹之為用，「典樂府則簫韶九成，直史館則汗青有日，入武庫則羽鏃宣威，薦宗廟則簠簋甚飾」，類彬彬之君子，故劉子翬作〈蒼庭筠傳〉以表彰其風操，至有「為之執鞭，而忻慕者矣」之嘆。張耒〈竹夫人傳〉、王質〈平舒侯傳〉、蔡戡〈青奴傳〉皆從竹席「肌理玉雪，爽氣逼人」之特性入手，寫其炎暑蒙寵，秋涼見捐的際遇。

〈毛穎傳〉以毛筆題材，敍述蒙括「圍毛氏之族，拔其豪，載穎而歸，獻俘於章臺宮，聚其族而加束縛焉。秦皇帝使恬賜之湯沐，而封之管城，號曰管城子。」其實是說明毛筆由拔取，以線綑束，用水浸洗，裝入竹管的製作過程。陸龜蒙〈管城侯傳〉亦寫毛筆，但缺乏新意。文嵩〈即墨侯傳〉、蘇軾〈萬石君羅文傳〉皆寫硯，前者著眼於硯台「樸質沈厚、器度方圓、中心坦然」之德，後者則寫硯「性貪墨，無潔白稱」，以致為小人輕疾，兩者命意各有不同。文房四寶中筆硯而外，為墨立傳，始於宋周必大〈即墨侯傳〉，為紙立傳，則遲至明童冀〈楮處白傳〉。

棋亦為文人必備，據張華《博物志》載：「堯造圍棋，以教子丹朱。」《孟子．告子》亦有「弈秋誨弈」的故事，因此，李綱〈方城侯傳〉便是虛構堯時人端木子平教導二子太素太玄兵法，二子乃日尋干戈相征討，積月累歲，紛拏不解，象徵黑棋白棋的攻伐廝殺。漢景帝為太子時就喜好博戲，有一次同吳王濞的太子博戲爭道，竟提起棊局砸向對方，鬧出一場命案。劉濞當時雖然隱忍，卻說此詐病不朝，漸露不臣的形跡，景帝登基第三年，終於聯合楚、趙諸王，掀起「七國之亂」，宋曹勛〈棊局傳〉便是以這段史實為本事：

景帝喜局方正不撓，俾職東宮，侍太子游宴，甚與局熟。會吳太子朝洛陽，帝令與太子飲博，吳子被酒桀驁，太子目局，提殺之，自是信用，而吳濞亦啗此稱兵。❽

經此轉化，棊局儼然成為好勇鬥狠，有血有氣的男兒。

文士懷筆，正人尚劍，經過旬鍛月鍊，磨瀧淬礪，劍無論修短，皆具明銳剛勁之質，所謂鐵中之錚錚者。方之於人，則為性情果斷，不喜柔佞，志氣如嚴霜秋水，毅然有不可侵犯之色，足使亂臣賊子膽破股慄，李綱〈武剛君傳〉充分彰顯武士勁直明敏的特質；程俱〈龍亢侯傳〉則歸本於剛猛太銳，擊強剸劇，恐傷游刃，宜韜光挫芒，以避缺折之悔。二篇相互為用，對寶劍所隱喻的剛猛型人物的處世哲學，做很好的詮釋。

除上述植物與器物外，酒亦為重要題材。酒之為物，清和如水，故秦觀作〈清和先生傳〉；精白如玉，故劉跂有〈玉友傳〉；須與麴相資以成功，故王質立〈麴生傳〉。酒味旨美淳正，上至郊廟祠祀之禮，下而卿黨賓友之會，無不預其選。然而，酒能移人性情，解釋憂憤，傾倒眾生；亦能激揚意氣，壯膽賈禍，以致破家敗產。

㈢多表現出處進退的主題

擬人傳體寓言雖是文人騁游戲之筆託物立傳，但在諧謔的背後卻往往藉物託諷，蘊藏深刻的寓意，就現有作品觀察，唐宋傳體寓言約有三分之二集中表現士人出處進退的主題，這些擬人傳中的傳主，其實多是作者志行的投影，透過傳主一生的事功和際遇，以自戒戒人，自勉勉人。

識時務者為俊傑，明白進退之分際而奮機立功，急流勇退，才能全性保真，終其天年。〈龍亢侯傳〉中之劉銛，嘗從漢高祖斬白蛇而立功見寵，後漸不用而進退生澀，不能緩頰如前日，乃告老仙去；〈無長叟傳〉中，無長叟戕剪吳稻，助越滅吳，功在不賞，卻不思「飛鳥盡，良弓藏；狡兔死，走狗烹」，不能深潛養晦，以致怨望賈禍，一正一反，足為功高者取鏡。

果竄失地則不榮，魚龍失水則不神，察乎地利天時者易為功。瑤柱本為席上之珍，一旦失時喪真，則惡臭難忍，〈江瑤柱傳〉警諭士人出處不可不慎。竹蓆具冰肌涼骨之姿，盛夏誠爽氣逼人，寒冬則不得不讓寵於湯婆，若不能審時度勢，聞〈秋風詞〉而徒然自怨自艾，於事何補？〈竹夫人傳〉、〈平舒侯傳〉、〈青奴傳〉等，說明造化寒暑推移，寵辱變遷有時，何須汲汲縈懷？棋局為進退攻防之地，人生如棋局如戰陣，〈方城侯傳〉、〈綦局傳〉旨在寄寓：知靜而循理者常勝，強梁而浪戰者常敗，誠發人深思。

「女無好醜，入宮見妒；士無賢不肖，入朝見嫉。」〈木伯傳〉中木伯巨材，處高位而思「過久不退，將群邪巨蠹疾我。」把朝廷小人比擬為嚙噬棟樑的大蠹蟲，真是貼切不過。〈黃甘陸吉傳〉中，甘吉論事爭寵，矜己之長而伐人之短，已屬不堪。〈萬石君羅文傳〉中，羅文少獲重用，而小人讒以其性貪墨；〈荔子傳〉中，荔子言語甘旨足以咀味，而陳元禮譖以「乏耐久之表」；〈容成侯傳〉中，金炯具毫髮無隱之鑒局，卻遭疵陋者積毀，更顯得讒邪妒賢，無所不用其極。

相形之下，能長保無咎，全身而退者為數甚少，除龍亢侯外，〈平涼夫人傳〉之平涼夫人淡修虛而不詘，親而不褻，故榮名始終；〈湯婆傳〉之湯婆端重停涵，守口如瓶，故能歷夷險有節；〈羅欶傳〉之羅欶，淡泊以養道，腴白而有質，因而榮寵國醫。至於〈杜處士傳〉嘉許杜仲善醫人，黃環能發其心；文嵩〈即墨侯傳〉稱美石虛中樸質謹默，中心坦然；〈麴生傳〉贊揚麴生猥自蒙翳，遇米氏而相資以成功。凡此，皆從正面提示立身處世的美德。

自韓愈〈毛穎傳〉後，唐宋之擬人傳體寓言，主題上大抵都圍繞著寵疏進退，而少有開創，惟王柏〈大庾公世家傳〉不同凡響。文末藉「史臣曰」發論寄諷：

> ……伯華、仲實之後，盛衰不齊，毋足怪者。獨以愛華棄實之際，于此可以覩世變。近世好奇之士，又訪梅君之長老耆厖、龍鍾槁項而黃馘者，爭貴重之，華實之衰不問也，此又世道之一變。後世鼎鼐不調，尚僞忘真，……乃以回天下精醇醲郁之味，以

養民生日用之和，爲不急之腐談。嗚呼！人莫不飲食也，鮮能知味也！⑨

批評時人珍愛梅花而鄙棄梅實，「愛華棄實」、「鼎鼐不調」，語語雙關而宜指缺弊，針針見血，真是語重心長。

㈣雙關語的大量運用

唐宋擬人傳體寓言，幾可說是「雙關語」的競技場。雙關語的運用，使作品兼具表層與裡層意義。由於傳體寓言中之雙關語，往往不是個別出現，而是環環相扣，紛至沓來，使讀者如漫步於山陰道上，目不暇給，充滿探幽搜奇之趣。

柳宗元索讀韓愈〈毛穎傳〉而感覺「若捕龍蛇、搏虎豹，急與之角而力不敢暇，信韓子之怪於文」，關鍵在於文中雙關語的巧妙運用。由「毛穎」雙關人名與筆鋒，「拔其豪」雙關攻取豪族與拔取兔毫，「束縛」雙關捆綁俘虜與筆毫，「賜之湯沐而封於管城」雙關賜湯沐邑封管城與以熱湯浸洗後裝入竹管，「中書」雙關中書令與能書寫，「髮禿」雙關頭髮與筆毫掉落，「盡心」雙關鞠躬盡瘁與筆心落盡，換言之，將毛筆製作、重用、廢棄的過程，雙關才士少被羅致、壯而驅馳、老年見疏的一生際遇，使毛穎與文士的命運綰合，藉「秦之滅諸侯，穎與有功，賞不酬勞，以老見疏，秦之少恩哉！」指桑罵槐，為文士鳴不平，柳宗元所謂：「韓子窮古書，好斯文，嘉穎之能盡其意，故奮而為之傳，以發其鬱積，而學者得之勵。」可見唯有穿透「以文為戲」的表層，窺探〈毛穎傳〉豐厚的裡蘊，才能體會何以林紓稱它為「千古奇文」。

後人繼作，鼓棹揚波，如以下邳侯稱皮靴，以容成侯稱銅鏡，以平涼夫人稱扇，以方城侯稱棋，以葉嘉稱茶，以靖節處士稱竹，以清和先生稱酒，以武剛君稱寶劍，以孔元方稱錢，命名取義即語多雙關。而〈下邳侯革華傳〉中，革華「開口論議，泄露密旨」，雙關皮靴裂「口」而使腳「指」外露；〈竹夫人傳〉中，夫人「衣綠衣，黃中單」，雙關竹子之綠皮黃裏；〈方城侯傳〉中，子平二子太素太玄，雙關白棋與黑棋；〈荔子傳〉中，皇上「召見與語，咀味其旨」，雙關荔枝之甘旨；〈龍亢侯傳〉中，劉銛久不見，「進退頗生澀，不能緩頰如前日」，雙關寶劍久不用而不易拔出劍鞘；〈蒼庭筠傳〉中，庭筠「性強項，未嘗折節下人」，雙關竹子勁直有節；〈羅棘傳〉中，羅棘「淡泊以養道，腴潔白而富才質」，雙關蘿蔔肉質清淡潔白；〈大庾公世家傳〉中，梅氏二子長曰伯華，「精神玉雪，德馨遠聞，風霜不得而摧沮，次曰仲實，方其青純年少，世味生澀，遇之者裂吻蹙額，縮舌儢齒；及其體胖德老，衣狐裘、佩玉玦，色和氣溫，時人美之。」雙關梅花之馨香遠聞，寒冷著花，梅實青純酸澀、老而溫美。凡此，皆透過擬物為人，為物立傳，將物態人情交錯雙關，在妙趣橫生中，寄託因物移人的寓意。

五、結語

寓言為兼具故事與寓意之文體，而寓言故事重虛構，歷史故事重真實，這是傳體寓言從史傳來，而又不同於史傳之處。文人為里巷細人作傳，不免虛實相參，真假難辯；將動物、植物、器物等物類擬人作傳，則明顯是藉物託諷，寓懷遣興，此所以本文重在討論擬人傳體。

宋人周必大、王柏皆明言其繼踵〈毛穎傳〉之意，由唐宋擬人傳體寓言創作情形觀察，〈毛穎傳〉的確影響深遠，這些繼軌之作，有些雖不免步趨太緊，東施效顰，但也有些能跳脱模擬因襲之困局，顯現轉化之功力，李綱〈方城侯傳〉、林景熙〈湯婆傳〉、吳應紫〈孔元方傳〉、王柏〈大庾公世家傳〉等，無論題材與寓意都有所開拓，足以讓人一新耳目。

唐宋之後，擬人傳體寓言仍未衰歇。不過，唐宋文人喜為植物、器物立傳，元明以來，為動物立傳成為主流。韓愈毛穎膾炙於唐宋，柳宗元蝜蝂得意於元明，此亦「寒暑推移，愛憎變遷」之一例也。

註釋：

❶ 即《文心雕龍·史傳》所謂：「本紀以述皇王，世家以總侯伯，列傳以錄卿士，八書以鋪政體，十表以譜年爵。」

❷ 見吳訥《文章辨體·序說》引。

❸ 朱熹《昌黎先生集考異》於〈毛穎傳〉「次中山」句云：「中山在秦東北，非伐楚所當次也。此固寓言，然亦不為無失。」

❹ 《日知錄》卷十九藝文「古人不為人立傳」條。

❺ 《中國小說史略》第八篇「唐之傳奇文（上）」。

❻ 《魯齋集》卷十四。

❼ 《松隱集》卷三十七。

❽ 同❼。

❾ 同❻。

元結與柳宗元

陳啓佑

唐代山水小品文經初唐、盛唐及中唐初期諸家的努力開展、經營，終於產生一位山水巨擘柳宗元，在中唐後期大放光芒。

柳完元，字子厚，河東人，生於代宗大歷八年（西元七七三年）。少精敏絕倫，為文卓偉精緻，時人咸推仰之。於貞元九年登進士第，嗣中博學宏詞科。授校書郎、藍田尉。貞元十九年，為監察御史。順宗即位，王叔文、韋執誼用事，賞識他的才華，擢為禮部員外郎，欲大用之，共謀永貞改革。不久叔文集團失敗，王叔文被殺，包括柳宗元、劉禹錫在內的「八司馬」俱遭貶斥。此後，柳宗元的政治生命每下愈況。初貶邵州，俱文珍等人以邵州近京師，懲罰太輕，因而在他赴邵州途中，改貶永州。在永州司馬任內，柳宗元屢求內調，皆未克如願，讀〈夢歸賦〉：「羅擯斥以窘束兮，余惟夢之為歸。精氣注以凝沍兮，循舊鄉而顧懷。」可知他甚至夢中亦尋歸路。其所受之迫害相當嚴重、苛刻，「有詔雖遇赦，無得量移」❶。元和十年返長安，可惜旋又被放逐柳州。柳州刺史任內，頗著政聲，且著述之盛，名動於時。元和十四年（西元八一九年），客死柳州，年四十七。著有《柳河東集》，留傳至今。

柳宗元為文有「五本」、「六參」❷，於古人中有所取法。雖然，有時未必盡用其法，常於有法中法無法。他在議論說理、寓言、山水遊記等文類上，均有傑出傲人的成就。其山水文自《山海經》、《水經注》、《洛陽伽藍記》來，這是前代典籍給予他的營養。在唐代，元結對他的影響，從其山水小品亦可窺一斑。這些影響，柳宗元卻閉口不談，隻字不提。寫於柳州的〈答韋中立論師道書〉坦誠陳述影響他創作的一些典籍，諸如《書經》、《詩經》、《禮記》、《春秋》、《易經》、《穀梁傳》、《孟子》、《荀子》、《莊子》、《老子》、《國語》、《離騷》、《史記》❸，但卻未言及元結，這是很奇怪的現象，容後詳談。

柳宗元與韓愈同屬第三代古文集團，在復興古文方面，兩人桴鼓相應，柳為韓最有力的支持者。柳為韓之羽翼，其時間並不在柳完元初任仕職前後。在永貞改革失敗之前，柳宗元的心力多投入政治方面；謫貶永州後，仕進無望，才轉移目標，關心文章，提倡復古。❹他在永州時所撰〈賀進士王參元失火書〉即曾言：「僕近亦好作文，與在京城時頗異」❺。柳宗元身處榛莽荒厲之地，長達十四年之久，此期間輒遊山玩水自娛，他可說是富有冒險精神的登山專家，只要景色絕佳之處，總是無遠弗屆。在搜巖穴之奇，以發洩心中鬱悶之際，將目之所遇的千態萬狀，筆之於文，完成了許多傳誦千古的山水小品。如果沒有政治上之挫折，柳宗元也許不能成為古文大家，更不可能成為山水文之宗師，韓愈即一眼看出這點：

> 然子厚斥不久，窮不極，雖有出於人，其文學辭章必不能自力，以致必傳於後如今，無疑也。❻

柳宗元固然在政治上失意困頓，在文學上，尤其在山水小品上卻春風得意。李唐以降，討論、研究柳宗元山水小品文的文章、著作，委實不可勝紀。其山水小品文的特色，前人論說甚詳，茲擇其要者，加上筆者一愚之得，臚列於下。必須強調的是，以下所述皆針對柳宗元山水小品文而論，並非論他所有的散文。

一、純粹散文

與元結一樣，柳宗元能徹底化駢為散，操用散句書寫山水小品。在他的二十多篇山水小品文中，幾乎找不到駢儷的影子。

二、以山水喻人

所謂「以山水喻人」的技巧，乃是以山水景物來比喻人或作為人的象徵，與一般所說的「擬人法」不同。例如〈小石城山記〉一文，慨嘆造物主不把小石城建造於中原，卻將它棄置於蠻荒地區，歷經千百年，得不到顯露其伎的機會，「勞而無用」。柳宗元在文中其實是將小石城山比喻自己為世遺棄。他常用這種手法來寄寓鬱勃思致、憤慨情緒。茲再舉一例，〈鈷鉧潭西小丘記〉結尾云：

枕席而臥，則清冷之狀與目謀，瀯瀯之聲與耳謀。悠然而虛者與神謀，淵然而靜者與心謀，不匝旬而得地者二，雖古好事之士，或未能至焉。噫！以茲丘之勝，致之灃鎬鄠杜，則貴游之士，爭買者，日增千金而愈不可得。今棄是州也，農夫漁夫過而陋之，賈四百，連歲不能售，而我與深源、克己獨喜得之，是其果有遭乎？書於石，所以賀茲丘之遭也。

宗元以廉價買下「小丘」，去蕪存菁，整修之後美觀迷人。漁人農夫棄如敝屣者，而宗元獨厚而購之，並為文慶幸「小丘」得人。在他心目中，士之不遇，猶如「小丘」，「小丘」即是逐臣，逐臣即是「小丘」。身為逐臣的宗元為景物發皇心曲，儼如為自己抒發感鬱。日人清水茂對柳宗元山水記的研究甚有心得，於「以山水喻己」的手法有精要的見解：

柳宗元的山水記，是對於被遺棄的土地之美的認識的不斷的努力，這同他的傳記文學在努力認識被遺棄的人們之美是同樣性質的東西。並且，由於柳宗元自己也是被遺棄的人，所以這種文學也就是他的生活經驗的反映，是一種強烈的抗議。強調被遺棄的山水之美的存在，也就等於強調了被遺棄人們的美的存在，換言之，即宗元自身之美的存在。❼

上述二篇山水記及〈愚溪詩序〉、〈永州法華寺新作西亭記〉等柳文，均足以證實清水茂所言不誣。

三、夾以議論

山水小品文當然以寫景為主，亦即側重景物的敍述。唐代山水小品，一篇之中從頭到尾寫景者不少，如尹樞〈華山仙掌賦〉、杜牧〈晚晴賦〉、元結〈寒亭記〉、駱賓王〈揚州看競渡序〉等。寫景之餘兼而抒情或說理、議論者亦屢見。這裡所謂「夾以議論」，即指寫景議論、說理兼而有之者，亦可稱為「夾敍夾議」。❽

柳宗元的山水小品，如〈陪永州崔使君遊宴南池序〉、〈愚溪詩序〉、〈桂州裴中丞作訾家州亭記〉、〈永州韋使君新堂記〉、〈永州崔中丞萬石亭記〉、〈零陵三亭記〉、〈鈷鉧潭西小丘記〉、〈小石城山記〉等，無不一面敍寫景色，一面議論、說理。茲僅舉一例為證。〈愚溪詩序〉一文前面兩段敍述愚溪之命名及其附近之風景，然後說明命名之理由、依據：

> 夫水，智者樂也。今是溪獨見辱於愚，何哉？蓋其流甚下，不可以溉灌；又峻急，多坻石，大舟不可入也；幽邃淺狹，蛟龍不屑，不能興雲雨。無以利世，而適類於余，然則雖辱而愚之，可也。寗武子「邦無道則愚」，智而爲愚者也；顏子「終日不違如

愚」，睿而為愚者也，皆不得為真愚。今余遭有道，而違於理，悖於事，故凡為愚者莫我若也。夫然，則天下莫能爭是溪，余得專而名焉。

柳宗元之所以輒於山水文中議論、說理，一則因被貶至荒僻之地，無法超脫人生的憂患悲苦，故往往有意見、有批評；另方面與柳氏善於說理有關。柳宗元討論哲學、政治的說理文，邏輯嚴密，見解深入，筆鋒犀利。因此，和韓愈、李翺同樣，習慣於山水文中亦加以議論。柳宗元這些「夾以議論」之文，泰半隸屬「記」類。柳氏之「記」雜以議論，吳訥早已見出：

至柳之記新堂、鐵爐步，則議論之辭多矣。❾

四、體物寫物進而感物詠志

有些山水詩、文往往先出之以體物寫景，接著以感物詠志作結。這種佈局亦可謂「記遊寫景→興情悟理」結構❿，大體由「體物」、「寫物」及「感物詠志」三要素組成。「物」是指作品的題材，以日月、風雲、草木、山水等自然物象為主；「體」與「寫」為表達技巧，也就是比興、夸飾、摹寫等技巧。而「感物詠志」便是作品之作用、目的，亦即題旨。

⓫前面談「夾以議論」時所舉〈陪永州崔使君遊宴南池序〉等八篇山水小品，無一不具有這種結構。茲再舉一例為證，〈鈷鉧潭記〉先寫潭的位置和形勢，描述冉水奔流、迂迴曲折而成潭的情況，其次寫官租之繁重及人民之困苦，對於困苦的人民，柳宗元相當同情、關懷。而結尾便呈現詠志、興情的一面：

孰使予樂居夷而忘故土者，非茲潭也歟！

這兩句是以正面寫法來表達反面的意思，以樂襯哀。換言之，傷悼之音，反用「樂」字托出，愈見離鄉謫居之怨情。

五、多爲「記」類

唐代山水小品作手中，元結始作「記」，其後獨孤及、符載皆有「記」問世。「記」此一文體於唐代頗流行，然前人言李唐之「記」往往只提及韓愈、柳宗元，誠有偏失。事實上，韓柳之前，元結、獨孤及、符載三人之「記」已著先鞭，且在藝術技巧、結構上均已完美。但如論及「記」之創作數量，則柳宗元為第一。如此說法，才是公允之論。

六、謫貶母題

柳宗元左遷永州、柳州，時間長達十四年餘，官不過刺史。漫長難忍的謫貶生涯，佔去他殆近三分之一的人生。此期間，他不像高臥雲林，不求祿仕的唐代隱士符載，怡然閒處於山水之間。淪為逐臣廢吏的柳宗元身陷荒陬，而神馳魏闕。他一心想北返，這種渴望回京的念頭常出現在詩文中，詩如「泉歸滄海近，樹入楚山長。榮賤俱為累，相期在故鄉」（〈酬徐二中丞普寧郡內池館即事見寄〉）、「海畔尖山似劍鋩，秋來處處割愁腸。若為化得身千億，散上峰頭望故鄉」（〈與浩初上人同看山寄京華親故〉），文如〈夢歸賦〉，讀者咸感悲惻。他曾撰文四處懇求援引，冀能獲得特赦⑫，然而終歸落空。唐人熱衷事功，柳宗元是一個典型的例子。青雲折翼的柳宗元，懷著一個不可能實現的夢，如同行吟澤畔的屈原，悲憤哀傷；功名對他而言，如水中之月，了不可取。於是援筆為文，謫貶之痛便不斷地湧現山水文中，諸如「自余為僇人，居是州，恆惴慄」（〈始得西山宴遊記〉）、「或曰以慰夫賢而辱於此者」（〈小石城山記〉）、「今余遭有道，而違於理，悖於事，故凡為愚者莫我若也」（〈愚溪詩序〉）、「予既委廢於世，恒得與是山水為伍」（〈陪永州崔使君遊宴南池序〉）等，文士失路，賢者不遇的哀傷俯拾皆是。

自古以來，才士見黜，陸沈下僚的題材，不斷地被逐臣所採用，日久年淹，代代相襲，已形成一個「賢者受難」的母題，一個「謫貶」的母題。如前所述，此一母題亦屢見於柳宗元的山水文裡。

七、哀傷怨悱之情

在柳宗元之前，唐代有數位亦曾遭謫貶的山水小品文名家如王勃、駱賓王、宋之問等，比起他們來，柳宗元的愁苦實有過之。柳宗元一生以三十三歲為分水嶺，在此之前，充滿希望與亮光，仕途風和日麗，一帆風順。此後即為冗長的放逐歲月。在無妻、子陪伴，疾病窮苦，萬里斥逐的困境中度過，最後罹患毒瘡霍亂，客死天涯。職是之故，在他死前的這段謫宦生涯，揮翰起草，若非抱怨朝廷那些弄權的奸臣小人，便是哀嘆自己懷才不遇。雖然浸淫佛理，與僧人交往，以求自解，但總是與「凡為道者，不愛官，不爭能，樂山水而嗜閒者為多」⓭之情形相去甚遠。想藉山水來治療受創的心靈，卻使山水也蒙上悲慘的陰影。在他心目中，山水甚至成為牢籠。⓮歷代文士在流放期間遊山玩水，尚能歡愉自在，而柳宗元則時有悽楚之情。他的山水小品文真是充滿悲憤傷嘆，《新唐書》一針見血地說：

> 既竄斥，地又荒癘，因自放山澤間。其堙厄感鬱，一寓諸文。⓯

套用日人廚川白村的話，山水小品真是柳宗元「苦悶的象徵」！

以上七個特點之外，柳宗元山水小品還有其他殊異之處，例如寓有詩質、詩意，雖外形確為散文，而其文心所運業已詩化，可謂「散文詩」也。以上所論七項特色，實僅就犖犖大者而言。下面將具有這些特點的二十一篇山水小品文篇名列出：

1. 囚山賦
2. 陪永州崔使君遊宴南池序
3. 愚溪詩序
4. 桂州裴中丞作訾家洲亭記
5. 永州韋使君新堂記
6. 永州崔中丞萬石亭記
7. 零陵三亭記
8. 永州龍興寺東丘記
9. 永州法華寺新作西亭記
10. 柳州復大雲寺記
11. 遊黃溪記
12. 始得西山宴游記
13. 鈷鉧潭記
14. 鈷鉧潭西小丘記
15. 至小丘西小石潭記
16. 袁家渴記
17. 石渠記

18·石澗記
19·小石城山記
20·柳州東亭記
21·柳州山水近治可游者記⑯

在李唐山水小品家中，柳宗元山水小品文數量居第三位，活躍於中唐後期的柳宗元能以二十一篇文，奠定山水小品的霸業，除了肇因於卓越的才華外，最主要的是長期陷於困境僵局的緣故。這二十一篇文章皆成於流放期間，多為「不平之鳴」，古人說「文窮而後工」，良有以也。

柳宗元的山水小品從百來字至四百餘字不等，換言之，不出五百言。大部分比元結山水小品長。其山水文以「記」為最夥，在李唐山水文作家中，此一現象極特殊，走筆至此，有必要糾正一錯誤觀念。中國山水文的「遊記」之祖乃柳宗元，此為一般人所公認者，實則不然。討論這個問題之前，首先要了解遊記的定義。遊記的範圍很廣，《文選》即將王仲宣〈登樓賦〉、孫興公〈遊天台山賦〉、鮑明遠〈蕪城賦〉視為「遊覽」之作，所以「不但遊覽山水可作為遊記，即如遊覽一宮室一亭臺也可作為遊記；……但如只記山水宮室亭臺名都大城，而並非是作者親身遊覽的記錄，那卻不能算作遊記。」⑰準此，則柳宗元之前，元結、獨孤及二人為遊記之先河。元結〈茅閣記〉、〈右溪記〉、〈寒亭記〉、〈廣宴亭記〉、〈九疑山圖記〉，獨孤及〈慧山寺新泉記〉、〈盧郎中潯陽竹亭記〉、〈馬退山茅亭記〉等文，皆為作者遊覽閣、溪、亭、寺等勝地而作，當然屬遊記無疑。柳宗元為著名古文大師，一般人喜歡錦上添花，將諸多特色、優點、贊美加在他身上，如將「遊記」開山之功歸之於他即是一例。

前文提及元結沾溉柳宗元，甚至可以說，元結的山水小品文對柳宗元實有莫大之啟示。柳宗元拾元結牙慧，卻從未表明，或許是出於不欲人知其來路，不讓人了解其底細的心理。歷來專家學者罕有人能洞悉這層關係，即使點出此一層關係又往往未能細說詳論，如下列諸家說法：

1.方孝岳說：「柳文雖出於水經注、右溪記，而其精緻則遠過之。」⑱
2.吳先生指出：「次山放恣山水，實開子厚先聲。」⑲
3.王鏊說：「子厚之文，至永益工，其得山水之助耶？及讀《元次山集》，記道州諸山水，亦曲極其妙。子厚豐縟精絕，次山簡淡高古，二子之文，吾未知所先後也。」⑳
4.游國恩等人表示：「元結的散文如〈丐論〉、〈化虎論〉、〈惡圓〉等篇，對韓愈、柳宗元的諷刺散文有一定的影響，〈右溪記〉、〈茅閣記〉等，又是柳宗元山水記的先聲。」㉑

上述諸說，或只知其一不知其二，或知其然而不知其所以然，或只點出結論而未提出論證。自唐迄今，有關柳宗元研究之專著、論文繁夥，可惜鮮有人能真正深入發掘元結與柳宗元之關連，提出更多的、更有力的實據，來證明二者的傳承關係。

元結字次山，其生年有多種說法，一說生於玄宗開元十一年（西元七二三年），卒於代宗大曆七年（西元七七二年）。在元結死後翌年才出生的柳宗元該不會對元結感到陌生吧。以下擬舉出數項證據以證明柳宗元山水小品承自元結。

一

柳宗元〈遊黃溪記〉說：「北至浯溪」，此浯溪為元結所命名：「浯溪在湘水之南，北匯於湘。愛其勝異，遂家溪畔，溪世無名稱者也，為自愛之，故命浯溪。」[22]二人皆曾至浯溪遊覽，元結當年所留下的〈浯溪銘〉，柳宗元可能知曉。柳宗元〈袁家渴記〉記載：「由朝陽巖東南，水行至蕪江。」又有〈遊朝陽巖遂登西亭二十韻〉詩，足見柳氏的確到過朝陽巖，而此地亦是元結以巖東向而取名：「自古荒之而無名稱，以其東向，遂以朝陽命之焉。」[23]柳氏在遊經此風景區，襲用此一地名時，大概不會不知元結這個人吧，更何況元結有銘文「刻石巖下」[24]。

元、柳兩人觀遊的地區之所以往往雷同，乃因他們曾先後至湖南任職。元結曾兩度出任道州刺史，唐代江南道道州治為弘道縣，即今湖南縣治。柳宗元謫居十年的永州，即今湖南零陵。元結比柳宗元先到零陵一步：

永泰丙午中，自舂陵詣都使計兵至零陵，愛其郭中有水石之異。㉕

基於上述，筆者頗懷疑柳宗元知悉元結其人其文，至於為何柳氏從未在詩、文中提到元結，其心態則是一個值得探討的課題。

二

柳宗元以前的唐代作家常寫山水之「記」，元結著其先鞭。換言之，山水記盛於唐，而元結為先驅，此前已言及。元結的山水記多成於道州任上，柳宗元之山水記多作於永州任內，而道州與永州又相去不遠，依此推斷，元結的山水記可能啟發了柳宗元。

三

元結為道州附近的諸多勝地各寫一篇山水小品文，柳宗元亦對永州諸景分別歌詠之。後者的創作動機、構想是否得自元結？再者，「永州八記」是連貫的組文，方孝岳曾指出：「元結為偶作一二篇，柳文非但為短篇，且為連貫之山水遊記。為中國山水文學創一新格。」㉖黃慶萱對於八記前後相連，自〈始得西山宴游記〉始，而終於〈小石城山記〉，則有深入的解說。㉗這八記合而觀之確是一組，各篇也可以分開來單獨欣賞。而元結那些記述道州佳景的山水小品亦有「連作」的現象，例如〈七泉銘并序〉乃是針對湛泉、汸泉、湏泉、淲泉、涥泉、漫泉、東泉等各撰一銘文，這七篇銘文之前則有一序文。前引方孝岳說「元結為偶作一二篇」，並非事實，元結不但多產，且作品有彼此連貫之跡可尋。柳宗元連作的構想或許與元結的山水小品有關。

四

元柳二人非特均致力於發掘被人遺棄的風景，且進行整理、修繕，使景色之美得以彰顯。柳宗元〈石渠記〉、〈鈷鉧潭西小丘記〉及元結〈右溪記〉、〈廣宴亭記〉等文，即記載此事。他們復皆抱著欲山水為世人所知的心情，為山水撰文，元結文如「巖洞相對，無人修賞，競使蕪穢。刻石巖下，問我何為？欲零陵水石，世人有知。」（〈朝陽巖銘〉）、「刻銘石上，彰示來者。」（〈右溪記〉），柳宗元文如「惜其未始有傳焉者，故累記其所屬，遺之其人，書之其陽，俾後好事者求之得以易。」（〈石渠記〉）、「余得之，不敢專也，出而傳於世。」（〈袁家渴記〉）等都是明證。

五

元結酷愛奇石，很懂得欣賞石之異者，〈五如石銘〉、〈陽華巖銘并序〉、〈丹崖翁宅銘〉、〈浯溪銘〉、〈杯樽銘〉、〈窊樽銘〉、〈朝陽巖銘并序〉等文均述及此一嗜好。茲舉二例以概其餘，〈朝陽巖銘并序〉說：「愛其郭中有水石之異，泊舟尋之。」〈丹崖翁宅銘〉表示：「愛其水石，為之作銘。」柳宗元亦有此好，從其〈石澗記〉、〈永州崔中丞萬石亭記〉、〈永州韋使君新堂記〉、〈鈷鉧潭西小丘記〉、〈柳州山水近治可游者記〉等文可窺一斑。茲亦舉二例以證，〈鈷鉧潭西小丘記〉：「梁之上有丘焉，生竹樹。其石之突怒偃蹇，負土而出，爭為奇狀者，殆不可數。其嶔然相累而下者，若牛馬之飲于溪；其衝然角列而上者，若熊羆之登于山。」〈永州韋使君新堂記〉則記載：「怪石森然，周于四隅，或列或跪，或立或仆，竅穴逶邃，堆阜突怒。乃作棟宇，以為觀游。」

六

元柳兩人都擅長使用「以山水喻人」的技法，間接、含蓄地表達各人的心願與情感。前文已詳論柳宗元此一技法，茲不贅述。至於元結，如〈茅閣記〉、〈右溪記〉、〈廣宴亭記〉、〈瀼溪銘〉、〈退谷銘〉、〈朝陽巖銘〉等山水文，悉運用此一技法。以下舉一例，略作說明：

道州城西百餘步，有小溪，南流數十步，合營溪水。抵兩岸，悉皆怪石，欹嵌盤屈，

> 不可名狀。清流觸石，洄懸激注；佳木異竹，垂陰相蔭。此溪若在山野，則宜逸民退士之所遊處；在人間，則可爲都邑之勝境、靜者之林亭。而置州以來，無人賞愛；徘徊溪上，爲之悵然。乃疏鑿蕪穢，俾爲亭宇；植松與桂，兼之香草，以裨形勝。爲溪在州右，遂命之曰右溪。刻銘石上，彰示來者。（〈右溪記〉）

賞心悅目的溪邊景色，乏人愛重，無人問津，作者因而惆悵不已，何以如此？蓋作者與景物認同也。景物與元結乃一而二，二而一。隱士元結修葺蕪地，植樹建亭，表面上是不忍見風景委廢，實則有自愛自重、修身養性的暗示。此即「以山水喻人」之技法。

生長年代及活動空間皆頗接近的元結與柳宗元，前者影響後者並非不可能，「以山水喻人」的技法為二者所常用，這該不是巧合吧。

不過，此種技法的運用，元結的成績顯然高過於宗元，宗元並沒有後出轉精，拙文《唐代山水小品文研究》曾就此作比較：

> 元結比較冷靜，而且元結客觀，宗元較主觀。元結下筆輕，宗元落筆較重。元結極少使用解説性的文字，也就是不直接表示山水即人，而宗元偶爾會作進一步説明。推原其故，兩人個性不同，對功名的態度亦迥異，更重要的是，柳爲逐臣，元爲隱士。[20]

七

元柳二人喜為山水美景命名。〈愚溪〉、〈袁家渴〉等地名乃柳宗元所取。而〈右溪〉、〈朝陽巖〉、〈浯溪〉、〈峿臺〉、〈㾈庼〉等地名均為元結所命，歐陽修早已發現這點，其《集古錄·唐元結陽華岩銘跋尾》曰：

> 元結，好奇之士也。其所居山水，必自名之，惟恐不奇。

進而言之，二人所取之地名，皆有地與作者二而一的現象，或者地名與元柳本身密切相關的情形，如柳宗元〈愚溪詩序〉云：

> 余以愚觸罪，謫瀟水上，愛是溪，入二三里，得其尤絕者家焉。古有愚公谷，今予家是溪，而名莫定，土之居者猶齗齗然，不可以不更也，故更之爲愚溪。……嘉木異石錯置，皆山水之奇者，以余故，咸以愚辱焉。

又如元結〈㾈庼銘〉所言：「命曰㾈庼，旌獨有也。」關於這點，《全唐文紀事》亦指出：

次山愛祁陽山水之勝，因家焉。刻銘崖石，溪曰浯溪，亭曰　亭，臺曰峿臺，皆以爲惟吾所有也。㉙

為名勝所命的名稱，皆染有濃厚的命名者自身的色彩，前輩元結如斯，後生晚輩的柳宗元亦如斯，這豈能說毫無關聯？

八

元柳兩人都有刻石為志的習慣。元結〈窊樽銘〉、〈七泉錄〉、〈丹崖翁宅銘〉、〈峿臺銘〉、〈庴廎銘〉等文均記載刻銘於石的事：

山顛有窊石可以爲樽，乃爲亭樽，上刻石爲志。（〈窊樽銘〉）

各刻銘以記。（〈七泉銘并序〉）

徘徊崖下，遂刻此銘。（〈丹崖翁宅銘〉）

作銘刻之，彰示後人。（〈峿臺銘〉）

廎傍石上，篆刻此銘。（〈庴廎銘〉）

而柳宗元〈永州韋使君新堂記〉、〈柳州東亭記〉、〈道州毀鼻亭神記〉、〈鈷鉧潭西小丘記〉、〈零陵三亭記〉等文亦有撰文刻石的敍述：

宗元請志諸石。（〈永州韋使君新堂記〉）

既成，作石於中室，書以告後之人，庶勿壞。（〈柳州東亭記〉）

願爲記以刻山石，俾知教之首。（〈道州毀鼻亭神記〉）

書于石，所以賀茲丘之遭也。（〈鈷鉧潭西小丘記〉）

乃撰其事以書於石。薛拜手曰：「吾志也。」遂刻之。（〈零陵三亭記〉）

以上八端，有主證，有旁證；證據充分者有之，說服力較弱者亦有之。柳宗元倘非深受元結沾溉，不可能如此處處巧合，二者不可能有上述諸多相似點。更肯定地說，柳宗元山水小品文之創作動機、靈感、題材、主題以及對山水、奇石之偏好，有些必然承自元結。

唐代作家的山水小品產量多而且表現非凡，成績列前三名者為王勃、元結、柳宗元。王勃以駢文見長，獨占李唐山水駢體文之鰲頭，而元柳工於散體，各有專擅，各領風騷。以山水散文小品而言，元結先馳得點，柳宗元後來居上。柳宗元能於元結的影響之下，另起爐灶，自成一家，開柳暗花明之另一妙境，對後世有既深且遠的影響，平心而論，成就高過元結。

註釋：

❶ 司馬光，《資治通鑑》，卷二三七，〈唐紀五十三〉。

❷ 見柳宗元，〈答韋中立論師道書〉，《河東先生集》（商務，五十六年），卷三十四。該文說：「本之書以求其質，本之詩以求其恒，本之禮以求其宜，本之春秋以求其斷，本之易以求其動，此吾所以取道之原也。參之穀梁氏以厲其氣，參之孟荀以暢其支，參之莊老以肆其端，參之國語以博其趣，參之離騷以致其幽，參之太史公以著其潔，此吾所以旁推交通，而以為之文也。」

❸ 同❷。

❹ 關於柳宗元被貶後，始以文為務，何寄澎論之綦詳，參何寄澎，《北宋的古文運動》（台大博士論文自印本，七十三年），第六章，頁三一六—三一八。

❺ 同❷引書，卷三十三。

❻ 馬通伯，《韓昌黎文集校正》（華正，六十四年），卷七，〈柳子厚墓誌銘〉。

❼ 清水茂文，華岳節譯，〈柳宗元的生活體驗及其山水記〉，《中國文學史論文選集（三）》（學生，六十八年），頁一〇六五。柳宗元常將山水的遭遇視若自己的遭遇、身世，詳細的討論參見清水茂文。

❽ 有關「夾以議論」或「夾敍夾議」的含意，參見拙著《唐代山水小品文研究》（自印本，七十四年四月），第五章，第三節。

❾ 吳訥，《文章辨體序說》（長安，六十七年），頁四一。

❿ 參見林文月，〈中國山水詩的特質〉，《山水與古典》（純文學，六十五年）。廖蔚卿〈從文學現象與文學思想的關係談六朝巧構形似之言的詩〉一文，對這種結構討論最詳

⑪ 細，該文見《中國古典文學論叢，冊一，詩歌之部》（中外，六十五年）。見⑩引廖蔚卿文，頁四〇。

⑫ 柳宗元曾投文獻琴給淮南節度使衛次公，盼望他能大力拔擢，事見〈與衛淮南石琴薦啟〉一文。復曾於元和十三年正月，趁憲宗大赦天下，撰寫二文呈獻皇帝、宰相、襄陽節度使，冀能援例獲得特赦，事見〈獻平淮夷雅表〉。亦曾上書宰相，向李夷簡求救，事見〈上門下李夷簡相公陳情書〉一文。

⑬ 柳宗元，〈送僧浩初序〉，同②引書，卷二五。

⑭ 見柳宗元，〈囚山賦〉，同②引書，卷二。此賦構思甚特殊，亦極悽愴。人皆以朝市為牢籠，然而以山林為牢籠則前所未聞也。柳宗元之所以有視山為陷阱的念頭，實由於久居山林，常懷朝市之故。

⑮ 歐陽修等，《新唐書》卷一六八，〈柳宗元傳〉。

⑯ 此二十一篇山水文分別見同②引書，卷二、二四、二七、二八、二九。

⑰ 見楊蔭深、黃逸之，《古今名人遊記選》（商務，六十二年），〈導言〉。

⑱ 方孝岳，《中國文學八論．散文選》（清流，六十四年），頁四一。

⑲ 轉引自高步瀛，《唐宋文舉要》（宏業，六十二年），上冊，甲編，卷一，頁八七。

⑳ 王鏊，《震澤長語》，卷下，此段語轉引自羅聯添，《柳宗元事蹟繫年暨資料類編》（國立編譯館，七十年），頁二〇八。

㉑ 游國恩、王起等，《中國文學史》（人民文學出版社，一九九三年五月），第二冊，頁一二三。

㉒ 董誥等，《全唐文》（大通，六十八年），卷三八二，〈浯溪銘并序〉。

㉓ 同㉒引書，卷三八二，〈朝陽巖銘并序〉。

㉔ 同㉓。

㉕ 同㉓。

㉖ 同⑱引書，〈發展論〉，頁四一。

㉗ 詳見黃慶萱、許家鸞，《中國文學鑑賞舉隅》（東大，六十八年），〈《始得西山宴遊記》新探〉。

㉘ 參同❽引書，第五章，頁一四八。

㉙ 陳鴻墀，《全唐文紀事》（世界，五十六年），卷四五，引《金石存》文。

韓愈「五原」篇探究

呂武志

壹、前言

「原」之為義，蓋推求事理之本始而窮其淵源也。其於文體，乃針對現實，縱論古今，以表達作者之卓越見識。故唐皮日休云：「夫原者，何也？原其所自始。」❶溯其初，蓋本諸《易．繫辭下》：「原始要終」之義；窮其流，則明吳訥云：「原者，本也；一說推原也。」❷徐師曾曰：「溯原於本始，致用於當今。」❸總觀眾說，義可瞭然。

若夫《呂氏春秋》有〈原亂〉；《淮南子》、《文心雕龍》亦皆有〈原道〉之設，以冠其書，以導其論；降而至中唐，乃有韓愈〈原道〉之作，又復別鑄〈原性〉、〈原人〉、〈原鬼〉、〈原毀〉等五篇，於「論」、「說」之外，駸駸然成一體。是以錢基博云：「〈原道〉之作，不始韓愈。《淮南鴻烈解》、劉勰《文心雕龍》皆以〈原道〉弁其書；而與愈同題而異趣。蓋韓愈原道於仁義，二劉原道於自然；韓愈將以有為，二劉任性自然；此其較也。❹若論其三家所同者，則劉安以周秦政敗於多制，欲以無為之道矯之，劉勰以齊梁文詭於雕華，欲以自然之道矯之，韓愈以中唐化壞於佛老，欲以仁義之道矯之。蓋皆為時為事，補偏救弊而有不得已於文者；是其匡濟之旨歸於一也。

貳、「五原」之創作背景

「五原」之創作背景，有關乎作家生平際遇者，有繫於時代政經因素者。至於申論之前，又當先究其撰於何時？宋朱熹云：「此『五原』篇目既同，當是一時之作。與兵部李侍郎書所謂『舊文一卷，扶樹教道，有所明白』者，疑即此諸篇也。然則皆是江陵以前所作。」❺所謂「江陵以前」，乃指唐貞元二十一年（西元八〇五年）二月，韓愈任江陵法曹參軍之前。而〈上兵部李侍郎書〉係作於當年十二月九日。羅聯添專文考證，以為「〈原道〉等篇是作於貶官陽山不得志之時」，亦即「貞元二十年冬或稍前至二十一年夏秋未赴郴州前。……韓愈時年三十七、八歲。」❻其論斷較朱熹更加明確。或謂〈原毀〉：「玩終篇之意，不必被謗時有激而發。試與〈釋言〉篇參看，不難知為何時作也。」❼按〈釋言〉多憂讒畏譏之辭，與〈原毀〉相表裏。今〈釋言〉既作於元和元年（西元八〇六年）六月之後，朱、羅二氏又以〈原毀〉撰於稍前一、二年，其說並不相悖。今考韓集，於上書李巽所謂「扶樹教道」之作，非「五原」篇無以當之。況乎〈原道〉有「所謂先王之教者何也？博愛之謂仁，行而宜之之謂義，由是而之焉之謂道，……其為道易明，而其為教易行」之語，蓋緊扣「教」、「道」二字言，以「五原」為韓愈上李書所謂之「舊文」，而撰於貞元二十至二十一年間（西元八〇四至八〇五年），篤為通論也。

故論生平際遇。韓愈於時已歷盡仕途艱辛，飽嚐人間冷暖，視官場之黨同伐異，互為攻訐如家常便飯。觀乎〈進學解〉自嘲：「公不見信於人，私不見助於友，跋前躓後，動輒得咎。」可以瞭然。是以清林紓論〈原毀〉云：「公當日不見直於貞元之朝，時相為趙憬、賈耽、盧邁，咸不以公為能，意必有毀之者，故婉轉敍述毀之所以生，與見毀者之所以被禍之故。」[8]所謂「事修而謗興，德高而毀來。」韓公感於當代人情惡薄，譏謗流行，即〈原毀〉篇章之所由生也。

論時代因素。則唐自安史亂後，國勢寖衰；迄乎中唐，如皇帝昏庸，宦官專權、藩鎮跋扈、邊患迭起，天災屢至，遂致民不聊生。其中尤以佛老之徒遍天下，蠹國尤鉅；故於政治則僧道亂國，於經濟則僧富民貧，於思想則罔顧綱常，宗教之猖獗，害亦甚矣！故唐君毅謂韓愈〈原道〉之文，「正對應其時代僧道之據寺觀，以逃租稅，免兵役，所引起之問題。故其大聲疾呼，欲于僧道之徒『人其人，火其書，廬其居，明先王之道以道之。』以矯一代之所偏向。」[9]馬其昶亦云：「唐時崇尚老子，別有佛學流入中國，去人倫，無職業，昌黎尤惡之，著〈原道〉之篇。」又論〈原性〉云：「老佛皆欲滅情以見性，公首論性情，即交互發明，見二者之不可離。」[10]足證攻擊佛老，捍衛儒學，有其特殊時代背景，此為韓愈之重要創作動機。至於〈原人〉推崇先聖「一視而同仁，篤近而舉遠」，蓋源於孟子之仁政思想與博愛精神；〈原鬼〉指陳鬼神能禍福於民，意在彌補孔子「敬鬼神而遠之」之論調[11]。究其根，莫不志在輔弼聖教，以闡先王之道，以拯中唐政治、經濟、思想之多重危機也。

參、「五原」之思想內涵

綜覽「五原」，其思想核心在推行聖道，發揚儒學。蓋致化惟一，立說斯五，觀其各篇分闡，恍如胡越，實則合若肝膽，為一組針對時弊而發之學術性文字，未可視為漠不相干也。是以〈原道〉旨在推本先王之教根於仁義；辨駁佛老，特其手段耳。歷來或視其通篇著墨多在批判佛老，真正與探究儒道相關之文字，僅開頭探究道本及篇末闡明道統二小段而已，遂以為闢佛老乃〈原道〉主旨。實則文章貴乎辨體；夫「原」之為體，推原其本始，致用於當代。其持論也，立己重於破他，今若以為韓愈篇目雖稱〈原道〉，實際並非著意於專闡儒道，而旨在闢佛老，則直仿〈諱辯〉之例，命篇曰〈辯佛老〉即可，又何必稱〈原道〉？是以沈德潛於該篇題下注云：「主意：明聖道根源。欲明聖道根源，不得不先闢佛老，故第一第二大段闢佛老，至第三大段，始論原道主意。」[12]洵為知言者矣。

若夫〈原性〉，則旨在推求性分三品，皆秉之於天，與生俱來。以為上品之善、下品之惡，即孔子所謂不移者也；其中品則可導而上下。持論與孟軻「性善」、荀況「性惡」、揚雄「性善惡混」之說不同，故予駁之，以為三子之言性，乃「舉其中而遺其上下」，「得其一而失其二」者也！篇末復斥當代之言性者，皆「雜佛老而言」，「奚言而不異？」故韓愈之言性，於佛、老、孟、荀、揚怪異或偏廢之說，皆以為未盡而發之。清曾國藩曰：「此實與孔子『性相近』二章相合」⑬，吳汝綸云：「此殆欲輔弼孔論」⑭，故覈其旨，亦志在抉聖道。試觀韓愈所謂之「道」者何？〈原道〉云：「博愛之謂仁，行而宜之之謂義，由是而之焉之謂道」；則「道」即基於「仁」、「義」。〈原道〉究「道」之根源詳矣！而「仁」、「義」之說則略，故復有〈原性〉補其未備，所謂「其所以為性者五，曰仁、曰禮、曰信、曰義、曰智。」乃溯「仁」、「義」之根於性也，足見〈原性〉與〈原道〉相配說。清李光地稱：「韓子（〈原道〉）以博愛言仁，程子非之，謂舉用遺體也。愚謂當合〈原性〉考之，則知其言之精當。」又稱：「性者，體也；道者，用也。……今次韓書者，先道於性，故其章首仁義之云，如無所根本者，苟先讀〈原性〉，以觀〈原道〉，則可疑者釋然矣。」⑮的為卓見。況夫〈原道〉稱「軻之死，不得其傳焉。荀與揚也，擇焉而不精，語焉而不詳。」其於孟、荀、揚有欠精詳之說，虛幌一筆，留於〈原性〉申論時交代，亦文家參伍錯綜之法也。故〈原性〉排擊佛老，建立道統之動機與〈原道〉一致，論述重點不同而其說可互補相銜也。

〈原人〉之旨在探究人道之本原。蓋人為萬物之靈，參贊天地之化育為三，故云「人者，夷狄禽獸之主也。」是以有「天道」，有「地道」，有「人道」。其〈原道〉所原「先王之道」，即配「天道」、「地道」而行之「人道」也。故本篇慨歎「人道亂，而夷狄禽獸不得其情。」與〈原道〉慨歎「今也舉夷狄之法，而加之先王之教之上，幾何其不胥而為夷也。」桴鼓相應，此其一；又與〈原道〉稱先王之道行，「生則得其情」正反立說，此其二；所謂「主而暴之，不得其為主之道矣！是故聖人一視而同仁，篤近而舉遠。」強調聖王當行仁政，而非暴政；且應推愛，由親及疏，此即緊扣〈原道〉「博愛之謂仁，行而宜之之謂義。」「鰥寡孤獨廢疾者有養」兩節文字，此其三。愚故曰〈原人〉所以闡〈原道〉未盡之意也。

〈原鬼〉者，推論鬼與物怪之異，其物怪之禍福於民也無恆；鬼則不然，蓋常處於無形、聲、氣之狀態。惟當「民有忤於天，有違於時，有爽於物，逆於倫，而感於氣，於是乎鬼有形於形，有憑於聲以應之，而下殃禍焉，皆民之為之也。」是鬼之禍福於民也有常，與物怪不同。其有形、聲、氣以降禍殃，皆民之忤逆天時，違背物倫所自招也。觀乎〈原道〉所謂：「郊焉而天神假，廟焉而人鬼饗」之語，可知韓愈並未否認鬼神存在。今以鬼之降殃，皆由於人事作為；則見應天順時，守倫體物，乃事鬼之道，即當遵行先王之道而勿違。推其意，蓋志在建立道統，彌補儒家學說之不足也。

〈原毀〉探求毀之根源在怠與忌。所謂「怠者不能修，而忌者畏人修。」「是故事修而謗興，德高而毀來。」足見推行聖道，其政治社會方面之障礙，即由於人心之怠惰與妒忌，遂致毀謗流行。其學術思想方面之障礙，即由於人心之沈迷佛老，導致邪說橫行；故〈原道〉強調「不塞不流，不止不行。」欲禁止佛與老，使儒道流行，猶之〈原毀〉浩歎：「士之處此世，而望名譽之光，道德之行，難已！」必杜絕怠與忌，然後道德可以推行。其措意「仁義道德」，掃除障礙，與〈原道〉毫無二致。惟一則指斥佛、老，一則針砭怠、忌，對象有別耳。至於昌言虞舜「仁義人也」，周公「大聖人也」，皆見其繼軌儒學，發揚聖道之旨，與〈原道〉一貫。篇末所謂：「將有作於上者，得吾說而存之，其國家可幾而理歟！」係交代本篇寫作目的，在期盼居高位者作為理國施政之參考，足見韓愈之關心國事。擴及〈原道〉、〈原性〉、〈原人〉、〈原鬼〉，其寫作目的雖未明言；究其內容，莫不針對現實而發，故愚以為此即「五原」之整體寫作目的，非僅限於〈原毀〉。獨於〈原毀〉發之者，收篇文字避重耳。

自來論「五原」之思想內涵，多分別看，輒支離四散。愚意昌黎上書李巽之自稱「舊文一卷，扶樹教道。」非苟言也。既稱「一卷」，蓋指五篇；「扶樹教道」一語，則可通貫其旨。拈此四字，以觀〈原道〉，如萬山旁薄，必有主峰；其建立道統，闡揚聖教之主張，厥為「五原」總綱領。由〈原道〉之論「道」，而溯及「仁」、「義」，則見其根於「性」，故次〈原性〉；由〈原道〉之論「道」，而別先王之教，特立於「天道」、「地道」之外而為三，見聖人之可尊，「人道」之當貴，故次〈原人〉。生而為人，死而為鬼，故於「人道」外，復論「鬼道」以盡之，作〈原鬼〉。〈原鬼〉者，論鬼之有其常，不苟禍於黎民；〈原人〉者，論人當生得其情，不徒暴於禽獸夷狄；是兩篇緊扣〈原道〉「生則得其情，死則盡其常」二句而發，非苟作也。是以終於〈原毀〉，見蕩滌佛與老之外，須先掃除怠與忌，樹立儒家道統方能克竟全功。是譬猶行軍：其〈原道〉，主帥也，居中；〈原性〉、〈原人〉、〈原鬼〉三篇，兵衛也，環左右以護之；其〈原毀〉為前鋒，以開路接敵。故逞論〈原道〉；如〈原性〉之推仁義、駁佛老、祖孔說；〈原人〉之主張一視同仁，篤近舉遠；〈原鬼〉之以鬼殃於民，皆民違天逆倫所致。莫不歸宗於「扶樹教道」之旨。故曰昌黎之言，非苟言也！

至於「五原」篇序，次韓集者，多以〈原道〉、〈原性〉、〈原毀〉、〈原人〉、〈原鬼〉為先後。李光地基於性為體，道為用之理由，主張〈原道〉、〈原性〉「其篇次應更定，以合《中庸》語道之序。」⑯愚意不然，以為〈原道〉乃「五原」之總綱，居第一篇也固宜。〈原性〉、〈原人〉、〈原鬼〉皆闡其一端，以堅確其說，固當相銜而繼之。其〈原毀〉殿後可也！此非愚之獨見，如沈德潛第韓文時已如此⑰。儲欣亦云：「『五原』惟〈原毀〉或先後時作，餘四篇疑皆同時。」⑱「『五原』當以此為殿。」⑲〈原毀〉居後，而無阻於〈原性〉、〈原人〉之間，則韓愈立言垂教之旨，乃義脈貫注，一氣直下。終之以「五原」創作目的，所謂「將有作於上者」數語，以呈侍郎李巽，以期理國為政之參，蓋理足事圓矣！

肆、「五原」之寫作藝術

林紓云：「讀昌黎『五原』篇，語至平易，然而能必傳者，有見道之能，復能以文述其所能者也。宋之道學家，如程、朱至矣，問有論道之文習誦于學者之口者耶？亦以質過于文，深于文者，遂不目之以文，但目之以道，道可喻于心，不能常宣之于口，故無傳耳。」⑳誠哉斯言！韓愈「五原」之必傳，固在乎「能文」，而不僅於「見道」，此程、朱所瞠目而不及也！是以唐、宋以降，諸儒斷斷於其道性義理之辯，或以為未盡廣大深微，獨於昌黎為文之精神氣勢與技巧，皆推崇不置，此「五原」寫作藝術之堪為後世法。分五項言之。

一、氣勢滂礴：

凡為文最要氣盛，氣盛則言之短長與聲之高下者皆宜。」㉑此韓子自道之辭。故其〈原道〉，以仁義之師，斥逐佛老，「振筆直書，忽擒忽縱」㉒；「理則布帛菽粟，氣則山走海飛」㉓；「如長江大河，渾浩流轉，魚黿蛟龍，萬怪惶惑」㉔；蓋「由其盛氣驅邁，旁薄而不可禦也」㉕，前賢論之備矣！至於〈原毀〉，王師更生詳其氣盛之因，云：「從表面上看，並沒有前人所謂：『韓文如潮』的氣勢，但實際上，文氣仍是一瀉千里，波瀾壯闊。每段開頭都先用三言兩語提出一個觀點，然後再縱筆揮灑，進行論證。……文章從『古之君子』落筆，讓『今之君子』和『古之君子』，在『責己』和『待人』的不同上，作一鮮明對比，以探求『毀』的根源。……現象上作了對比後，接著又從思想上作對比。以為『古之君子』『恐恐然惟懼其人之不得為善之利』，『今之君子』『恐恐然惟懼其人之有聞』，……經過這種對比論述，透視了古之君子其所以不同於今之君子的原因。為什麼『今之君子』怕別人成名呢？韓愈在第三個層次中筆鋒一轉，說『今之君子』這樣做是『有本有原』的。這個本原就是『怠』與『忌』。行文至此，才呼應了〈原毀〉的題旨。既曲折，又清晰，真是氣完神足，不同凡手。如果說前面的對比是開，則此處的概括便是闔。更何況在前面的開，與此處的闔中，又各有提綱，各有開闔，虛實相生，賓主相待，使文章顯出如潮的波瀾，而氣勢如虹。」㉖故推究〈原毀〉之氣體渾浩，蓋得力於論述之高屋建瓴，褒貶鮮明，開闔有致；〈原道〉則出於涵養深厚，排擊動蕩而雄辯有力也。

二、條理嚴明：

以〈原鬼〉為例，其思想內容歷來較受忽略，而藝術表現仍有可資借鑒之處者，在韓愈善用設問手法貫串全篇，使文章條理嚴密，論點顯豁。通計全文，共六問六答，皆於論鬼之有無、特徵、作用之關鍵處故設疑惑，然後一一解答，以吸引讀者注意力。如開頭三問「斯鬼乎？」，三答「非也，鬼無聲。」「非也，鬼無形。」「非也，鬼無聲與形，安有氣？」使人產生無鬼之錯覺；於斯轉捩處，筆鋒一轉，四問「果無鬼乎？」答曰「有鬼」；復令人驚愕。緊接五問「與人接觸之精怪是否僅有鬼之一類？」答曰「有鬼、有物（怪）」，最末六問「何謂物（怪）？」答曰：「接於民也無恆，……適丁民之有是時也。」可知設問於篇中起強調作用，劃分層次，使文章剖分縷析，有條不亂。至於〈原性〉

亦然：就整體觀之，作者先提出中心論點，以為「性之品有三，而其所以為性者五。」再展開正面論述，申明上品為善，下品為惡，中品可導而上下，以及性之具體內容含仁、禮、信、義、智之理。以次反面批駁，舉三例駁孟言性善、荀言性惡、揚雄言性善惡混。最末引孔子語，以證成其上智下愚不移，中品可導而上下之結論。全篇論證嚴密，亦在其條理井然也。

三、情韻真切：

劉勰云：「情與氣偕」㉗，氣勢與情韻往往相伴而生。蓋論辨文者，若能於說理透闢，舉例精當之餘，復加上強烈之感情色彩，輔以傳神之生動形象，必能大大增加文章之感染力。如〈原毀〉於第一段說理分析中，穿插古之君子責己：「彼，人也；予，人也；彼能是，而我乃不能是。」此語言描述之傳神也；敍其「日夜以思，去其不如舜者，就其如舜者。」此舉止勾勒之生動也；三段寫作者當眾評論某人為良士或非良士，眾人或表態或不表態之妒忌心理，此情景描摹之真切也。由於韓愈寓理於形，於論述之中，輔以人物音容笑貌之描繪，從而倍增本文之藝術魅力。故儲欣稱本篇「『吾嘗試之』以下，最刻畫玲瓏。」㉘茅坤亦譽為「摹寫人情，曲鬯骨裏，文之至者。」㉙其〈原道〉亦然。就內容言，此乃一篇思想論文；然形容老子「坐井而觀天」，則運用具體形象，以突顯其見解偏狹，引用佛者曰：「孔子，吾師之弟子也。」則透過貼切口語，以彰顯其狂妄無知。至於「有聖人者立，然後教之以相生養之道」以下大段文字，更為讀者展現出一幅原始人類進化之逼真畫面，生動描摹出聖王救世濟民之具體情景。最末高揭衛道之大旗，攘臂疾呼「人其人，火其書，廬其居。」以疾惡如仇之強烈感情收篇。使說理而不流於偏枯，形象活潑，情味深切，此韓愈之所長也。

四、布局靈活：

以〈原人〉為例，文僅二百十餘字，然尺水興波，布局宏肆。發端三語：「形而上者謂之天，形於下者謂之地，命於其兩間者謂之人。」即揭出全篇綱領。然後第二段，緊扣此三語，逐層就天、地、人之內涵進行深入闡釋。第三段以自問自答方式，澄清天、地、人易於混淆之概念，進而提出「天道亂，而日月星辰不得其行；地道亂，而草木山川不得其平；人道亂，而夷狄禽獸不得其情」之觀點。最後第四段拈出一句「人者，夷狄禽獸之主也。」同時結穴於「聖人一視而同仁，篤近而舉遠」之仁愛精神。其論人，則以天、地為陪襯，其論人道括夷狄禽獸，則以天道括日月星辰、地道括草木山川為陪襯；賓主相形，虛實相生。由論人，及於人道，復及於人道之亂，終之以人道之所宜；層層遞進，結構嚴謹而布置曲折富變化。較之以〈原道〉，則〈原道〉揭「博愛之謂仁，行而宜之之謂義」之旨於篇前，本文揭「一視而同仁，篤近而舉遠」之旨於篇末。較之以〈原性〉，則〈原性〉於批孟、荀、揚學說之不是，分三層，連引叔魚、楊食我、越椒、后稷、文王、朱、均、管蔡、舜、禹十例以駁之；輒見其滔滔汩汩，沛然莫能禦。本文辨以禽獸為人之不可，惟舉以山之一草為山之不可以喻之；輒見其淡描一筆，撥而返於正；是兩篇援例引喻之布置輕重有別。較之於〈原鬼〉，則〈原鬼〉以疑起，行文有裝神弄鬼之妙；本文發之以莊，乃見其謹而不失於拘。較之於〈原毀〉，則〈原毀〉通篇排比對偶開闔。前人稱：「全用重、周、輕、約、詳、廉、怠、忌八字立說。然其中只以一忌字原出毀者之情，局法亦奇。」[30]本文疏疏朗朗，惟以「人者，夷狄禽獸之主」一句立柱，是布局繁簡不同也。

五、造語精鍊：

較之韓愈他文，「五原」語不求奇，字不求險，大抵文從字順，平易曉暢；然無妨其光耀雄偉，如日星河嶽者，蓋以語言精確凝鍊故也。如〈原性〉稱「上之性就學而愈明，下之性畏威而寡罪。」〈原毀〉稱「事修而謗興，德高而毀來。」信手拈來，皆如格言警語，而為畫龍點睛之筆。〈原道〉則大量使用排句，如第一段開端，以「仁」、「義」、「道」、「德」連鑄四排句；第四段「為之君，為之師，驅蟲蛇禽獸而處之中土，寒然後為之衣，……。」以「為之」一氣呵為十七句，勢如破竹，真令佛老望而生畏。當中排句句式復不斷變換，且與奇零句型交叉使用，整散相間，錯落多姿。〈原人〉於「五原」中，篇幅最短，則以文字樸實，言簡意豐見長。其闡述天、地、人之概念，辨析易於模糊之觀點，揭示基本主張，皆以概括凝鍊之文字出之。〈原鬼〉之語言特徵在善用短句，其短則二字，長則十餘字，而大抵以四、五字構句。節奏緊促，且多以也」字造為判斷句，是非分明，語氣斬截，與他篇不同。總此以觀，足見「五原」活潑精妙而富變化之語言美矣！

伍、結語

「五原」者，推本儒道，攘斥異端之文也。自呂氏有〈原亂〉、二劉作〈原道〉，而韓愈光之，擴為「五原」。鎔六經之旨，成一家之言，發前儒所未發，繼孔、孟於不墜，其拯時載道之功也大矣！而後進雌黃，於其義理之剖判，或有褒貶，是以為是，非以為非，羅聯添著有〈宋儒對韓愈原道篇批評及其迴響〉一文綜述㉛，卓爾可參，茲不復贅。

昔昭明編次《文選》，以諸子「立意為宗，不以能文為本。」㉜故不錄。按之昌黎「五原」，殆能兩兼，蓋其意則醇粹深厚而宗於正，其文則奧衍宏肆而本乎奇，使蕭統復生，必有所難。故唐宋以降之選文家，莫不掇其清英，如北宋姚鉉《唐文粹》五篇皆選，南宋呂祖謙《古文關鍵》輯韓文十三篇，錄〈原道〉、〈原人〉二篇；以迄明、清，如姚鼐《古文辭類纂》選〈原道〉、〈原性〉、〈原毀〉三篇。其輾轉騰播，傳誦士林者，亦廣遠矣！故論影響，有承其義理者，如儲欣謂〈原道〉「明先王之道以道之，歐陽（修）〈本論〉之祖。」㉝。有效其作法者，如清張裕釗稱「〈原毀〉通篇排比，下開（蘇洵）明允。」㉞有仿其文體者，如唐杜牧作〈原十六衛〉、五代楊夔作〈原晉亂說〉、宋李清臣作〈法原〉、明宋濂作〈文原〉、清曾國藩、黃宗羲作〈原才〉、〈原君〉。猗歟盛哉！其「原」之為體，雖不創於昌黎；而至昌黎之手，乃始蔚成大國，光耀百代。

註釋：

❶ 引文見〈十原系述〉，《皮子文藪》卷三。
❷ 引文見《文章辨體·序說》。
❸ 引文見《文體明辨·序說》。
❹ 引文見《韓愈志·韓集籀讀錄第六》。
❺ 引文見《昌黎先生集考異》卷四〈原性〉題下注。
❻ 引文見〈韓愈原道篇寫作的年代與地點〉，《毛子水先生九五壽慶論文集》頁一九二至一九三。
❼ 轉引自王師更生《韓愈散文研讀》頁一〇五。
❽ 引文見《韓柳文研究法·韓文研究法》。
❾ 引文見《中國哲學原論·原道篇卷三》頁四〇〇。
❿ 引文見《韓昌黎文集校注》第一，頁八及十二。
⓫ 引文見《論語·雍也》。
⓬ 引文見《唐宋八家文讀本》卷一，頁一。
⓭ 引文見《求闕齋讀書錄》卷八〈韓昌黎集〉。
⓮ 轉引自葉百豐《韓昌黎文彙評》頁十三。
⓯ 轉引自胡楚生《韓文選析》頁五二至五三。
⓰ 同⓯。
⓱ 參見《唐宋八家文讀本》目次。

⓲ 引文見《唐宋十大家全集錄·昌黎先生全集錄》卷一雜著。
⓳ 引文見《唐宋八大家類選》卷三。
⓴ 同❽。
㉑ 引文見韓愈〈答李翊書〉。
㉒ 引文見沈德潛《評注唐宋八家古文讀本》卷一。
㉓ 引文見吳楚材、吳調侯《古文觀止》卷七。
㉔ 引文見蘇洵〈上歐陽內翰第一書〉。
㉕ 引文見《古文範》卷三。
㉖ 引文見《韓愈散文研讀》頁一〇七至一〇九。
㉗ 引文見《文心雕龍·風骨》。
㉘ 同⓳。
㉙ 引文見《唐宋八大家文鈔·昌黎文鈔》卷九。
㉚ 同㉓。
㉛ 詳參《書目季刊》第二十二卷第三期。
㉜ 引文見〈文選序〉。
㉝ 同⓲。
㉞ 轉引自錢基博《韓愈志·韓集籀讀錄第六》。

「宋世格調」：歐陽脩古文的深層解讀

王基倫

明清評點之學興盛以來，記載許多以「宋世格調」評論歐陽脩古文的資料，其中負面批評語氣較多，頗耐人尋味，例如茅坤〈歐陽文忠公文鈔引〉就說：

> 予所以獨愛其文，妄謂世之文人學士得太史公之逸者，獨歐陽子一人而已。而世之人或予信，或不予信，又或訾其間不免有俗調處。嗟乎！抑誠有之。太史公之傳仲尼弟子與循吏處，抑豈能與刺客同工哉？觀之日月，猶有抱珥，可知之矣。（《茅鹿門先生文集》卷三十一）

據此，明季文士已從「俗調」觀念討論歐陽脩古文，即如茅坤十分贊許歐公文章，亦認為其少數作品受限於題材之故，無法免於斯累。究竟世人指稱的「宋調」、「俗調」定義為何？由何處認定歐陽脩古文有此庇類？此種解讀方式盛行於何時？其背景為何？能否成立？有無特殊現象值得注意？這些論題尚有待討論，本文嘗試辨析之。

一、何謂「宋調」、「俗調」？

「宋調」一詞謂歐陽脩古文創作自成一格，宋人多習之成為一種格調，影響及於後世。例如歸有光評歐陽脩〈相州晝錦堂記〉時說：「晝錦堂本一俗見，而歐陽公卻尋出第一層議論發明。古文章家地步如此。」（《歐陽文忠公文選》評語卷七）茅坤發揮此說云：「治世之文，令人悅服，而最得體處，在安頓衛國公上。以史遷之煙波，行宋人之格調。晝錦題本一俗見，而歐陽公卻於中尋出第一層議論發明。古之文章家，地步如此。」（《唐宋八大家文鈔·歐陽文忠公文鈔》評語卷二十）過珙也說：「題曰『晝錦』，卻反把晝錦之榮一筆掃開，此最是歐公善於避俗處。前後贊頌韓公，皆是實事，初無溢美，如此功德文章，正堪並傳不朽。」（《古文評註全集》卷十）可見題材雖俗，歐公卻能另起新意，作品不流於俗套。〈相〉文先有煙波，後來逐步引入寫作對象——韓琦的身上，於是俗見的題材也能寫出議論發明，此種緩步引至主題的寫法，是為「宋人之格調」。

稱之為「宋調」，貶意尚不算大，但清人將其轉化成「隨俗應酬之作」的解釋，於是此義每況愈下。如姚範〈文史·談藝〉說：

> 歐公〈有美堂記〉，望溪極詆此文，又云公嘗與人書言，此記爲隨俗應酬之作。按公

〈與梅聖俞簡〉云：「梅公儀來，要杭州一亭記，述游覽景物，非要務，閑辭長說，已是難工，兼以目所不見，勉彊而成。幸未寄去，幸爲看過，有甚俗惡，幸不形迹也。」（《歐陽文忠公文集》卷一四九）此自別一亭記，非此記也。其亭記，《居士集》、《外集》并不見，蓋已芟之。公文雖宋體，然勢隨意變，沖融翔逸，誦之鏘然。（《援鶉堂筆記》卷四十四）

此段文字頗值得注意，其一，歐陽脩並不喜歡「俗惡」的作品，且認為「閑辭長說」的作品「難工」。其二，方苞譏評此文的意見，不見於其文集；大姚此書所記，亦不完整；然方氏以「此記為隨俗應酬之作」，可能乃曲解歐公〈與梅聖俞簡〉之文意而來，此處已遭駁正。其三，即使將本文說成「隨俗應酬之作」，也必須明瞭此非歐公所願。〈有美堂記〉說：「然公之甚愛斯堂也，雖去而不忘，今年自金陵遣人走京師，命予誌之，其請至六七而不倦，予乃為之言曰：……」（《歐集》卷四〇）其四，姚鼐《評註古文辭類纂》卷五十四曾節錄上述方氏、大姚氏說法，且改「文雖宋體」為「文雖宋世格調」句，文義雖未轉換，而是否世人因此將所謂歐公文「宋調」與「隨俗應酬」畫上等號，則不得而知。不過，後人已察覺歐陽脩以及許多宋人有隨俗應酬的寫作風氣，則為不爭的事實。

除此之外，另有一說乃直斥其文字繁冗為「俗調」者，請以歐陽脩〈峴山亭記〉首段文字為例：

峴山臨漢上，望之隱然，蓋諸山之小者。而其名特著於荊州者，豈非以其人哉？其人謂誰？羊祜叔子、杜預元凱是已。方晉與吳以兵爭，常倚荊州以爲重，而二子相繼於此，遂以平吳而成晉業，其功烈已蓋於當世矣。（《歐集》卷四〇）

劉大櫆曾將此段文字改為：

峴山臨漢上，望之隱然，蓋諸山之小者。而其名特著於荊州者，豈非以其人哉？方晉與吳以兵爭，常倚荊州以爲重，而羊叔子、杜元凱相繼於此，遂以平吳而成晉業，其功烈已蓋於當世矣。（《類纂》卷五十四）

姚範《援鶉堂筆記》卷四十四〈文史·談藝〉也說：「『其人謂誰』二句可刪。」其見解與劉大櫆相近。《類纂》卷五十四載姚鼐也說：「歐公此文神韻縹緲，如所謂吸風飲露，蟬蛻塵滋者，絕世之文也。而『其人謂誰』二句，則實近俗調，為文之疵纇。」王文濡再將此段文字改為：

峴山臨漢上，望之隱然，蓋諸山之小者。而其名特著於荊州者，豈非以羊祜、杜預其

> 人哉？方晉與吳以兵爭，常倚荊州以爲重，而二子相繼於此，遂以平吳而成晉業，其功烈已蓋於當世矣。（《類纂》卷五十四）

諸家改作，皆刪去「其人謂誰」二句，刪句之後，劉大櫆與王文濡的字數相等，均較歐陽脩原文簡省；且原文自問自答語氣，似有刻意造作、徒費筆墨之感，所謂「俗調」之譏或亦指此。

從字句指瑕入手者，集中於桐城派文論上，如歐陽脩〈伶官傳序〉首段「原莊宗之所以得天下，與其所以失之者，可以知之矣」三句，高步瀛《舉要》甲編卷六說：「三句弱，故劉海峰擬刪去。然古人之文，心知其失其可也，不宜以意妄改。」又如歐陽脩〈瀧岡阡表〉，《舉要》甲編卷六說：「『其平居教子弟』至此一段（按：指『吾不能教汝，此汝父之志也』），又上『吾雖不及事姑』二句下『治其家』之『其』字，方氏、劉氏皆刪削。吳北江曰：方、劉於古人文字輒好刪削，殆是習氣。『養不必豐』二語，總括大旨，尤不宜去。」《類纂》卷四十五王文濡也評此文說：「是千古至性文字，堪與昌黎〈十二郎文〉並傳，語氣增減不得。吳君辟疆云：方、劉于古人文字輒好刪削，殆是習氣；洵不誣矣。」據此可知，歐公文或有繁冗之弊，然亦非雜弊叢生而可以任意刪削者。

綜上所述，得知所謂「宋調」、「俗調」之義有三：一指緩步引至主題的寫法，二指隨俗應酬之作，三指文字繁冗者；此三者互有關連。可以這麼說，緩步引至主題的寫法，是一種先設煙波而入正文的寫作方式，為歐公文常見之格調，對於某些俗陋題材，能達到別開生面的新意效果，尚不能歸為歐公文章之俗；然而，此種寫法，也容易造成文字繁冗，倘若學力不足，陳陳相因，的確會流於俗調。歐陽脩少許文章，露出些許弊端，後人學之又多，於是遭受古文評點家的指摘。

二、從文論觀點論歐陽文「格調」之形成

前人討論「宋調」、「俗調」等問題，是從寫作題材及文字表現方式著眼，然而歐陽脩對「俗」的觀點為何？常寫日常生活題材的理由安在？這涉及歐陽脩的文學寫作態度，必須先作釐清。此外，明、清文論家為何一再反對「俗調」？其指涉意義為何？這又涉及重要文論家的文論觀點，也是值得思考的方向。

傳統文論的觀點是，「雅」與「俗」對舉，從文化、教化來分，雅代表典正，俗代表日常生活；從人文世界的形式來分，雅代表溫厚，俗代表刻露；雅的本質潛存著「美」的因子，追求言近旨遠、言在此而意在彼、餘蘊無窮的深隱意味，俗的理趣則與家常語的表達方式同，達成言近旨近、意趣有盡的淺露意味。❶歷代文論家早已將文質、雅俗、正偽……視為相對性的規範觀念，往往企求就雅去俗。劉勰《文心雕龍》〈通變〉篇說：「斟酌乎質文之間，而檃括乎雅俗之際，可與言通變矣。」雖說其理想目標是繼承原有規範，又要有所創

新，實際上劉勰心目中最高標準仍是典雅，〈體性〉篇就說：「童子雕琢，必先雅製。」又說：「典雅者，鎔式經誥，方軌儒門者也。」

洎乎唐代古文運動時期，韓愈曾提出「雄深雅健」的評語❷，宋代古文家每以此為宗。❸換言之，唐宋韓歐所領導的古文運動，實有一脈相承的理念在其間。例如郭紹虞《中國文學批評史》曾形容韓愈的文論觀點說：

「能自樹立不因循」即是他的特性，原來他的文學批評所以欲一反當時風尚者，不外欲不循常而已，欲不循常而其道無由，於是取法於古。取法於古則不隨俗矣。不隨俗則能自樹立矣。能自樹立而猶不因循，不甘暴棄，則「用功深者其收名也遠。」所以這樣的取法古，是革新而不是返舊。而這樣的爲當時所怪也是特出流俗而不是背道而馳。惟「異」纔可以進於「能」；亦惟「能」，纔可以成其「異」。其作品之能成功者在是，其批評之有價值者也在是。❹

此一觀念，歐陽脩幾乎如出一轍，歐陽脩也不喜歡「俗惡」的作品，已見於前引〈與梅聖俞簡〉一文，而在〈與樂秀才第一書〉更揭出其創作理念是：

夫強爲則用力艱，用力艱則有限，有限則易竭。又其爲辭不規模於前人，則必屈曲變態，以隨時俗之所好，鮮克自立。此其充於中者不足，而莫自知其所守也。……夫欲充其中，由講之深，至其深，然後知自守，能如是矣，言出其口而皆文。（《歐集》卷六十九）

韓、歐二人同樣主張「能自立」、「取法於古」，既要求充實學養，規模於前人，又要求能自立自守，不盲從「時俗」之所好；這些看法，對革新當代文風有過具體的努力與貢獻，兩宋時人亦時有此看法。❺

然則，究竟有何文論因素，造成歐陽脩古文走向平易自然，乃至有「題材通俗化」的現象？關於這一點，我們比較韓、歐二人文論上的些許差異，或許能得到一些訊息。郭紹虞闡述歐陽脩〈答吳充秀才書〉一文時說：

特別值得注意的，是歐陽脩對於道的理解。（〈答吳充秀才書〉）篇中批評學道而溺於文的文士，認為之所以學道而不能至者，就在於「棄百事不關於心，曰：吾文士也，職於文而已。」可見歐陽脩之所謂道，雖然是儒家傳統之道；但為道的具體內容，則是現實生活中的「百事」。❻

羅根澤《中國文學批評史》又說：

歐陽脩步趨韓愈的地方確是很多，但進於韓愈的地方也不少，最重要的就是「事信言文」（〈代人上王樞密求先集序書〉，《歐集》卷六十七）。他以「事信」釋「道勝」，認爲只是「知古明道」還不夠，必須「履之以身，施之於事，而又見之於文章」（〈與張秀才第二書〉，《歐集》卷六十六）。文章的至不至及傳不傳，決定於事的信否大小與言的文或不文。言的文不文是韓愈所頗計較的，事的信否大小韓愈並未言及。這是歐陽脩的新見解。❼

據此可知，歐陽脩不同於韓愈之文論者，在於他將生活百事溶入「道的具體內容」，認為「事信言文」的文章才足以流傳於後世。考察歐陽脩一生性好史學，參與官修《唐書》外，亦私修《五代史記》，其重視「百事」的觀念十分明顯。緣於對「事」的認真負責態度，形成了「簡而有法」（〈尹師魯墓誌銘〉，《歐集》卷二十八）、「簡重嚴正」（〈與澠池徐宰〉，《歐集》卷一五〇）的創作觀念主張。另一方面，歐陽脩對司馬遷《史記》的學習，可能間接促成了文字的平易與通俗。當初司馬遷常用換字法來編寫上古史，其目的在求通俗，通俗是為了便於知解，這之間自然作過使用簡易文字的努力。就語言觀點而言，「雅」與書寫的記號系統關係密切，大體看來是讀書人的語言；「俗」接近口說的記號系統，是屬於大眾的語言❽；史遷去「雅」就「俗」的作法，提示了後人通俗語言有其正面的價值。故知歐陽脩接納生活百事的題材，不避口說的記號系統，當為其作品步向通俗化之主因。此在當時，蘇洵〈上歐陽內翰第一書〉已指出歐公文的特色是：「紆餘委備，往復百折，而條達疎暢，無所間斷；氣盡語極，急言竭論，而容與閑易，無艱難勞苦之態。」（《嘉祐集》卷十一）紆餘委備，指明其載事之詳細清楚；容與閑易，指出其語辭之平淺明白，這是歐公「事信言文」的具體實踐，即其古文特色所在。歐公雖不追求「異」、「能」，而將寫作歸之於平實簡明的文風，於其間，仍存有一認真負責的寫作態度在心中。

除上所述，我們可再從歷代「格調說」的角度作一分析。

「格調」說法，起源於唐朝，遍照金剛《文鏡秘府論》〈南卷．論文意〉說：「凡作詩之體，意是格，聲是律，意高則格高，聲辨則律清，格律全，然後始有調。用意於古人之上，則天地之境，洞焉可觀。」此處以格調論詩，主張意與聲律結合而後始有調，成為後世廣泛運用的詩歌評價標準之一。演變至明代中期，詩論中常見「格調」一詞，將格與調分而言之，則前者屬思想，後者屬音律；將格調合而言之，則實體在於「調」，指可由章法、韻法乃至用字運意以討論之音律聲調，重點有二：一是平仄現象，二是吟詠感受之問題，此為當時乃至清代詩人所共同熟知，並時常為明清兩朝論詩之普遍主題。❾

對於格調，明代李東陽《懷麓堂集．詩話》所關注的不是個人格調、詩體格調，而是「時代格調」。其後，以李夢陽為首的前七子繼起，反對近世俗體而提倡古之高格，於是論詩則「貶宋褒唐」，論文則「文必秦漢」，復古思潮遂興。❿在此背景下，開始有許多批評宋文的聲音，前引茅坤所謂「訾其間不免有俗調處」的說法，當循此而來。及至清代，桐城派為散文創作中影響最大的一個流派，他們先為科場文字定了「清真雅正」的衡文標準，再擴及其他文式。方苞〈進四書文選表．凡例〉講明「清真」等於「理之是」，「古雅」等於「辭之是」，理明、辭當、氣昌謂之「清真雅正」。（《方望溪全集》集外文卷二）與此相類似者，方苞又提出「雅潔論」，要求作者以純淨古雅的文學語言，簡明扼要地記事、言理、表達見解，〈古文約選序例〉說：「古文氣體，所貴清澄無滓。澄清之極，自然而發其光精。」（《方望溪全集》集外文卷四）[11]

綜觀格調說的歷史發展，可知此說一則強調字句之使用，一則強調時代文風之不同，其文論意義雖有變遷，然已運用至古文實際批評方面。近世學者常將格調說歸為沈德潛詩論之主張，其實沈氏未曾用過「格調」一詞[12]，反而編寫過《唐宋八家文》，我們可以大膽推測，由於沈德潛（1673－1769）、方苞（1668－1749）年代接近的緣故，方苞因此受到影響，大力運用格調觀念討論古文。桐城派評論古文方式影響甚大，其後與方苞桴鼓相應者，尚有劉大櫆、姚範、姚鼐、王文濡等人，此風延至民國初年猶不衰。

三、歐陽文「格調」之深層解讀

循上述重視百事、追求平易而來的寫作觀念，歐陽脩古文必然會觸及某些通俗化的題材，欲由此別出心裁，則緩步引至主題的寫法不失為一種有效的處理方式。以下我們進行文本分析，將接近此類題材及作法之篇章，及前賢對此類文章之解讀，深入討論，冀能由此獲得一些啟示。

例如歐陽脩〈梅聖俞墓誌銘〉一文（《歐集》卷三十三），在「聖俞，字也，其名堯臣，姓梅氏，宣州宣城人也。……」導入其人其事之前，先有一段側寫死後備極哀榮的文字，王文濡眉批首段說：「炫其問疾及弔者之貴且多，文雖別致，殊未免俗。」再總評此文說：「起首數語，張皇過甚。中幅入情入理，實能道著聖俞處。」（《類纂》卷四十六引）王氏不喜歡張揚鋪敍而後才引至主題的寫法，此種寫法後世學之者過多，易流於俗套。不過，梅堯臣一生窮愁潦倒，唯有死後哀榮是唯一的肯定，歐陽脩於此著墨甚多，或有其不得不然的考慮。

又如歐陽脩〈峴山亭記〉一文，先託至三國西晉羊祜叔子、杜預元凱往事，由其遺迹發思古之幽情，於是勉勵立碑記而想「與叔子、元凱之名並傳於久遠」之「友人史君中煇」，能保留古人遺迹，存續古人心志，而可以勤政愛民。至於登高賦詩、極目騁懷，「宜其覽者自得之。」（《歐集》卷四〇）此文結尾，歐陽脩似乎無意「隨俗應酬」，故後人批評重點常在篇首字句上。字句上的求疵，過於嚴格，不能由此斷定文章之俗惡，本篇論文第一節曾引述有關〈峴山亭記〉、〈伶官傳序〉、〈瀧岡阡表〉的討論，對此已有所說明。

又如歐陽脩〈游鯈亭記〉一文，從大處落墨，先寫「禹之所治大水七，……是為勇者之觀也」，而後寫入「吾兄晦叔」，說明其義勇、有大志，卻性喜「規地為池，方不數丈，治亭其上，反以為樂」，由此引出所好之物不在大，「浩然其心者，真勇者也。」（《歐集》卷六十三）又如〈李秀才東園記〉一文，先說李家世代居隨州，「隨春秋時稱漢東大國」，卻無制度、乏人才，而今李家勤治園宅，作者登臨亭上，忽忽想起少年事，「因嘆嗟徘徊不能去」，「豈能忘情於隨哉？」文末引出深情作結。（《歐集》卷六十三）此二文皆由大處、遠處寫至小處、深處，緩步引至主題，可稱為「凌空倒影」筆法；然而姚範〈文史·談藝〉曾說：

> 公自訂《居士集》，……而〈游儵亭記〉、〈李秀才東園記〉與諸他篇頗有佳者，皆棄而不錄，殊不可解。（《援鶉堂筆記》卷四十四）

方東樹有小字按語：

> 歐公此二序俗韻特甚，遂開流俗，坡公無之，學者不可不嚴辨也。⑬

似此，歐公的確牽就「俗」的題材，試圖以文學筆法改創之，雖成佳作，卻也被後人襲成濫調。

古文評點家仍常常對生出湮波而造成小題大作式的寫法，予以肯定。如〈豐樂亭記〉，林雲銘《古文析義》初編卷五評曰：「古人往往於小題目中做出大文字，端非後人所能措手，……歐公得意之筆也。」又如〈醉翁亭記〉，李扶九《古文筆法百篇》卷六評道：「至末始點名一法，後來古文、時文多祖之。蓋歐公〈秋聲賦〉及此首，於作小題法最宜，學者熟讀可也。」又如〈永春縣令歐君墓表〉，《類纂》卷四十五引王文濡評道：「其人無甚行能可述，能於其縣中找出兩人來作幫襯點染，是於枯寂中求文字之一法。」正因其寫法特殊，有其模式可供取資學習，故而歐陽脩古文深受世人喜愛。

進一層言之，當文章寫法被世人喜愛過久，逐漸形成一種套式，那就會由雅變俗，漸漸地通俗化而不足取了。李東陽〈葉文莊公集序〉說：

> 後之爲歐文者，未得其紆餘，而先陷於緩弱；未得其委備，而已失之覼縷。以爲恆患文之難亦如此。（《懷麓堂集》文稿卷八）

吳闓生評〈送田畫秀才寧親萬州序〉、〈豐樂亭記〉二文時言之更詳：

> 歐公之文，丰采敷腴，風華掩映，神韻之美，冠絕百代，蓋公之得於天者，非可仿效而襲似也。自此體易爲人所慕悅，而學步者益多，多而又不能至，而去古人戛戛獨造

之風益遠矣。蓋周秦三代之文，……興於唐之韓退之，而復衰於宋，宋以後無復真古文矣。歐公雖不尸其咎，然公之文實導人於平易，而不能引人日上，則昭然無可疑也。（《古文範》下編）

類似李、吳氏責備後人轉相因襲而缺乏藝術成就的說法，屢見不鮮。如高步瀛《舉要》甲編卷六評歐陽脩〈伶官傳序〉首段說：「起勢橫空而來，神氣甚遠，惜為後人襲成濫調，不可復用矣。」同卷評〈祭石曼卿文〉說：「歐公此等文，最為世俗所喜，然不善學之，易流於俗豔，故何義門頗譏之，然竟斥為『無味』，則太過矣。」⑭如上所述，不正應驗了王國維《人間詞話》的那句老話：「文體通行既久，染指遂多，自成俗套」？可見歐陽文原本紆餘委備而又平易近人的風格，因後人沿襲不斷之故，反而落得「宋調」之口實。

按高步瀛《唐宋文舉要》乙編卷四評歐陽脩〈謝致仕表〉云：「永叔四六，情韻俱佳，不尚藻麗，一出自然，遂開宋代之體。」又評其〈上隨州錢相公啟〉云：「言情運事皆佳，然已純為宋調矣。」此雖針對「時文」而發，然歐公開啟宋代寫作風氣，完成後人視之為通行的「宋調」，則殆無疑義。故知歐陽脩所開創的格調體式，不僅及於古文，亦且及於時文。

從歷史事實的發展來說，文學語言使用既久，必然成為俗調。陳寅恪先生說：「熟即俗。」⑮葉太平《中國文學的精神世界》也肯定地說：「古代文學『由雅而俗』的嬗變，自有其深刻必然性。」[16]因此我們必須認清這個事實：後人學習效法前賢之作，無可厚非，問題在於是否步上語言僵化的後塵。於此，我們不妨參考美國學者赫伯特·岡士（Herbert J. Gans）《雅俗之間：通俗與上層文化比較》的說法：「通俗文化確實比上層文化更趨標準化，運用公式、刻板化角色與情節的比率也更高，然而上層文化也並未脫離標準格局的束縛。」[17]職是之故，評判後人學習歐陽文佳或不佳的標準，在於他們是否已將歐陽脩古文模擬成一種標準化、公式化、刻板化的產物，若因此而形成一種格調，必然學之而愈趨下流，「不能引人日上」的情況於焉發生。

四、結論

總結前文，可提出些許補充說明如下：

一、將《歐集》作一整體考量，則歐陽脩記人作品尚能平實雅潔，記事物作品則較多有流於縹緲虛美之現象，另成了所謂「宋人之格調」。這涉及兩個層面，一是古文體制有其傳統規格，曹丕〈典論論文〉說：「奏議宜雅。」陸機文賦說：「奏平徹以閑雅。」劉勰《文心雕龍》〈定勢〉說：「章表奏議，則準的乎典雅。」文體寫作須考量作者身分、寫作對象、寫作目的，及由此衍生的內容真實性、行文語氣……等問題，並非所有體裁皆寫成一種風格。二是歐陽脩可能有記人較記事物更為謹慎的現象，其〈論尹師魯墓誌〉（《歐集》卷七十三）反覆申明寫作〈尹師魯墓誌銘〉（《歐集》卷二十八）的苦心；此外，曾鞏〈寄歐陽舍人書〉也贊揚歐公「畜道德而能文章」，能書之「公與是」。（《南豐先生元豐類稿》卷十六）由此可知，前賢批評歐陽脩古文「俗調」時，只能單就少量作品批評之。

二、王夢鷗先生指出：「語言隨時世的演進而演進，它本身沒有雅俗之可言。」[18]故所謂的「雅俗之辨」，其辨不在於語言本身，而在於使用語言之後，所傳達的文章內容之雅俗，乃至於後人學習其文章所能得到的文學教養之雅俗。既然如此，歐陽脩古文的「俗調」之譏，實難以成立。首先，歐陽脩所傳達的文章內容畢竟是「雅」的，對照王夢鷗先生另一文對「雅」的解釋為：

> 這種風格似乎完全建立在對「物慾」的距離上：故凡失心於物慾之中，或方馳逐於物質生活裡面，皆不易彷彿此風格之全神；有之，亦不過是冒牌的，附庸的；而冒牌與附庸的，本身就是「俗」。[19]

執此以觀，歐陽脩不避通俗題材的古文，並未陷溺於「物慾」之中，故不得稱之為「俗調作品」，只能說有少數作品，字句太冗長，題材過於推崇別人而已。其次，從後人學習情形觀之，習成俗調，學之者自有責任。許多被稱為俗調者，仍被收入《類纂》之類的選集，就文章筆法而言，仍屬佳篇；甚且有時被甲評為俗調者，乙反而對其大加稱揚，文章看法之仁智互見，有如是者。歐陽文造語平易，後人不斷取資學習；歐陽文又能立意深邃，表現出情韻綿邈的特色。正因其基本上仍屬佳篇，故影響隨之深廣。是故成為一種格調，有些文章被稱為「宋調」或「俗調」的現象，適足以證明歐陽文是以淺俗的文字表達深邃的立意，於通俗廣度中見得深度，其藝術成績斐然。

註釋：

❶ 參見高大威〈試析傳統文學批評的雅俗觀念〉，《文學與美學》，頁277-298。其中以「溫厚」、「刻露」區別雅俗的說法，乃高氏得自王國維《靜庵文集續編》者，收入《中國美學資料彙編．下》，頁466。

❷ 韓愈語，見劉禹錫〈唐故柳州刺史柳君集紀〉，《劉夢得文集》卷二十三。

❸ 葉太平《中國文學的精神世界》，第八篇第三章〈由雅而俗〉說：「代表宋代散文成就的大家，都以先秦兩漢古文、尤其是司馬遷《史記》之『雄深雅健』為宗，鑄今熔古，妙造自然。而『雄深雅健』也正可作為這些散文的總體特徵之概括。」，頁622。

❹ 郭紹虞《中國文學批評史》，第五篇第二章第二節第三目〈韓愈〉，頁245。

❺ 如歐陽脩《六一詩話》載：「聖俞嘗云：『詩句義理雖通，語涉淺俗而可笑者，亦其病也。』」蘇軾〈於潛僧綠筠軒〉詩說：「無肉令人瘦，無竹令人俗。人瘦尚可肥，俗士不可醫。」（《蘇東坡全集．前集》卷四）嚴羽《滄浪詩話》〈詩法〉也說：「學詩先除五俗：一曰俗體，二曰俗意，三曰俗句，四曰俗字，五曰俗韻。」由此觀之，兩宋文學家仍保有求雅去俗的觀念，歐陽脩與宋代文人看法相近。不過，宋代詩歌語言亦有日常生活化、通俗化的趨向，「化俗為雅」的轉化努力過程，終兩宋之世而不衰。可參考張高評〈化俗為雅與宋詩特色〉，《宋詩之新變與代雄》，頁303-366、張毅《宋代文學思想史》，第四章第三節〈「以俗為雅」的文學思想〉，頁179-191。

❻ 郭紹虞《中國歷代文論選》中冊，〈答吳充秀才書〉的〈說明〉，頁31。

❼ 羅根澤《中國文學批評史》，第六篇《兩宋文學批評史》，第三章第三節〈「道勝文至」與「事信言文」〉，頁62。

❽ 參見王夢鷗〈古人論文對「語言」之基本態度〉，《古典文學論探索》，頁18。

❾ 參見敏澤《中國文學理論批評史》，〈隋唐五代時期·緒論〉第三目〈格調、情景、聲律、神似等〉，頁348—349；簡錦松《明代文學批評研究》，第四章第四節第三目〈格調〉，頁238—262。

❿ 參見黃保真、成復旺、蔡鍾翔《中國文學理論史·明代時期》，第二章第一節〈李東陽、李夢陽與弘治、正德年間的文學理論〉，頁52—94。

⓫ 參見黃保真、成復旺、蔡鍾翔《中國文學理論史·明清鴉片戰爭前時期》，第二章第二節〈桐城派的文論〉，頁304—351。

⓬ 同前註，第三章第四節〈沈德潛「格調」說〉，頁543。

⓭ 方東樹語，出處不詳，今引自洪本健《歐陽脩資料彙編》四〈清代·姚範〉，下冊頁925。

⓮ 按何焯評〈祭石曼卿文〉說：「擬柳子〈祭呂化先文〉。無味。不知人何以多好之。」（《義門讀書記》卷三十九〈歐陽文忠公文·下〉）

⓯ 陳寅恪語，出處不詳，今引自高大威〈試析傳統文學批評的雅俗觀念〉一文，同❶，頁295。

⓰ 同❸，頁626。

⓱ Herbert J. Gans著·韓玉蘭、黃絹絹譯《雅俗之間·通俗與上層文化比較》，第一章〈大眾文化的批判〉，頁22。

⓲ 同❽，頁19。

⓳ 王夢鷗〈中國藝術風格試論〉，《文藝論談》，頁14。

論歐陽脩古文之翻案精神

崔成宗

壹、前言

世之論歐陽脩之文者，或謂其「與道俱」❶，「折衷於道」❷，「因文見道」❸，「著禮樂仁義之實，合於大道」❹；或謂其「通經學古，救時行道」❺，「根乎仁義，羽翼六經」❻，「為文本乎六經，融鑄聖人之意」❼，「原本經術，横絕一世」❽，「明道祕而息邪說，立化本而振儒風」❾；或謂「其文粹如金玉，有造化在其胸中」❿；或謂「其氣質深厚，智識高遠，學術精微；而文章議論豪健俊偉，怪巧瑰奇」⓫；或謂其「以六經粹然之文，崇雅黜浮」，而使「儒術復明」⓬。凡此中肯之評，見諸載籍者蓋亦夥矣。唯其原本經術，與道相合；故發為文章，形諸議論，質諸先聖，考於人情⓭，悉本平易之心⓮，而臻中和之境⓯。夫然，故「公之文雍容典雅，紆餘寬平，反覆以達其意，無復毫髮之遺，而其味常深長於言意之外，使人讀之藹然足以得祖宗致治之盛。」⓰其關於世教者，亦云至矣。

蓋嘗讀清惲敬〈答來卿〉一文，知「歐公每作文，讀〈日者傳〉一遍。」惲氏復謂：

歐文與〈日者傳〉何啻千里？此得讀文三昧矣。⓱

復觀清劉熙載之文論：

文家……用力處人不能解。如歐陽公欲作文，先誦《史記·日者傳》是也。⓲

惲劉二氏，論皆渾淪，不易曉解；於是取《史記評林·日者列傳》而研閱之，見其徵引宋黃東發之言曰：

六一公欲作文，先頌⓳〈日者傳〉一遍。⓴

此或即惲、劉二氏立說之所本也。式稽歐公雒誦斯傳之所獲，其端凡二：〈日者列傳〉以恣肆縱橫之筆，託司馬季主之口，譏斥彼拜尊官，享厚祿之所謂「賢」者，相引以勢，相導以利，枉王法，獵農民，無異於操白刃以劫人；方其初試官也，則巧詐飾虛，以誷主上；暨乎居高位，則不能禁盜賊，攝夷貊，塞姦邪，治耗亂；不忠，妨賢，使君子退而不顯。歸餘於終，則一本老子上德之教，而持「處卑隱以辟眾，自匿以辟倫；微見德順，以除群害，以明天性；助上養下，多其功利，不求尊譽」之義，以為「長者之道」。[21]反覆論議，諷諭澆風，翻盡世俗反常之案，而歸諸大道。此歐陽脩雜誦《史記·日者列傳》之所獲者一也。〈日者列傳〉之行文也，每運修辭「設問」之法，增強文章之語氣，激起文章之波瀾，庶幾平添感慨，迭宕生姿[22]。試臚數例，以見一斑：

(一)此夫爲盜不操矛弧者也，攻而不用弦刃者也，欺父母，爲有罪，而弒君未伐者也。何以爲高賢才乎？

(二)自伏羲作八卦，周文王演三百八十四爻，而天下治。越王句踐倣文王八卦以破敵國，霸天下。由是言之，卜筮有何負哉？

(三)……此之爲德，豈直數十百錢哉？

(四)……老子之云，豈異於是乎？

(五)……公責卜者言必信，不亦惑乎？

(六)……夫愚惑之人，豈能以一言而知之哉？

夫修辭「設問」之法，往往引發感慨，生動文章。試將右舉數例，並其上下文字，或高聲朗誦，或密詠恬吟，其理其概，自昭然矣。此歐陽脩雜誦《史記·日者列傳》之所獲者又一也。

前修每謂歐陽脩精擅議論㉓，復謂其文章之議論多感慨而動人㉔，其所以然者，固不必原乎一端；然其每撰篇章，輒先誦〈日者列傳〉，其所收效，蓋亦深廣；而歐陽脩之議論豪健俊偉，崇雅黜浮；與夫讀文所持之三昧，撰文用力之關鍵，其原委從可知矣。

茲復溯乎禪學，用稽「翻案」之義。夫「公案」者，官府之案牘；推翻成案，另立是非，是謂翻案。習禪那之學者，藉祖師開示之語，顯彼機境，抉別迷悟，亦名公案。而問有對無，問無對有，類茲凡、聖之問，亦復如是。二道相因，生中道義，此六祖慧能之翻案也。㉕然則「翻案」者，以正題反作，舊話翻新之法，翻卻他人之成說，另立深曲新警之意義也。歐陽脩創撰古文，即深諳此道，而數數用之。

貳、正文

一、歐陽脩好翻成案

本文「前言」已探論歐陽脩翻案精神之所自出矣。茲復稽之昔人筆記、詩話，以見歐陽脩論事，接物，賦詩，說詩之際，亦往往好持新議，以翻他人之成說。

宋邵伯溫〈邵氏聞見錄〉載歐陽脩獨持異議，以論寇準晚年致禍緣由。其辭曰：

王沂公代爲留守，御吏如束溼，諸公俱不堪其憂。且訝其多出游，責曰：「公等自比寇萊公何如?寇萊公尚坐奢縱取禍貶死,況其下者。」(謝)希深而下,不敢對,永叔取手板起立曰:「以修論之,萊公之禍,不在杯酒,在老而不知退爾。」時沂公年已高,若爲之動。諸公偉之。㉖

案寇準晚年,一譖於王欽若,再構於丁謂,貶雷州司戶參軍而卒。苟寇準當時不以澶淵之功自矜,而知止知退,當無失寵遠貶之禍。㉗歐陽脩持論與王沂公相左,而頗具深識。其翻案之精神,蓋與道合。王沂公若為其所動,固其宜也。

陳善《捫蝨新話》載歐陽脩著帽接見俗人,而與陶淵明異趣之事云:

陶淵明爲彭澤令,郡遣督郵至,吏自應束帶見之,淵明曰:「安能爲五斗米折腰,見鄉里小兒?」即日解印綬去。近歐陽公方與客披襟酣飲次,忽外白有客,遂著帽見之。坐客曰:「何不呼使入來。」公曰:「此俗人也,不可以吾輩之禮待之。」世多怪二公之賢而用處相反如此。予謂淵明不肯束帶見小兒,所謂眼不著砂,歐陽公必須著帽見俗人,乃是泥亦有刺。㉘

夫世俗之人遊方之內,自不宜以方外(「吾輩」)之禮待之;而陶淵明乃不肯束帶見鄉里小兒。歐陽脩接物之道雖反乎元亮,而亦與蒙莊之道相合。泥中有刺,涵容鄉人,其亦遠紹柳下惠之樂與鄉人處者。其翻案精神一本平心，而不立異鳴高，亦可知也。

歐陽脩「根乎仁義」、「折衷於道」之翻案精神尤見於其詩作。宋魏泰《東軒筆錄》云：

慶曆中，西師未解，晏元獻公殊爲樞密使。會大雪，歐陽文忠公與陸學士經同往候之，遂置酒於西園。歐陽公即席賦〈晏太尉西園賀雪歌〉，其斷章曰：「主人與國共休戚，不惟喜悅將豐登。須憐鐵甲冷徹骨，四十餘萬屯邊兵。」晏深不平之，嘗語人曰：「昔日韓愈亦能作詩詞，每赴裴度會，但云『園林窮勝事，鍾鼓樂清時』，卻不曾如此作鬧」㉙

歐陽脩之詩文，師法李唐韓愈；而其與國休戚，憐憫邊兵之襟懷，深契孟子「以不忍人之心行不忍人之故，天下可運於掌」之精神；酒筵賦詩，翻卻韓愈「園林勝事」之情興，一若不解風情者，實則此翻案精神適與孔仁孟義相合。元獻「作鬧」之說，亦已甚矣。㉚

若夫雪中約客賦詩，禁用玉、月、梨、梅、練、絮、白、舞、鵝、鶴、銀等體物語，一反詩人文士頌詠白雪之風習，而於艱難之中特出奇麗之句㉛。見王安石「黃昏風雨瞑園林，殘菊飄零滿地金」一聯，遂賦詩戲翻其意：「秋英不比春花落，為報詩人子細看。」㉜……等。凡此作詩，說詩翻案諸事，載在曩編，蓋非罕覯，限於篇幅，不遑枚舉。㉝顧唯拈茲數事，亦足窺歐陽脩之翻案精神乃翻卻世俗反常澆浮之成案，契合先聖前修中肯合道之精神。

歐陽脩深具翻案精神，蓋與其創作詩文貴尚自出胸臆，不事蹈襲依仿之理論息息相關。曾鞏嘗致書王安石，轉述歐陽脩反對模擬前人之理論：

> 歐公悉見足下之文，愛歎誦寫，不勝其勤。……歐公更欲足下少開廓其文，勿用造語及模擬前人。34

相類之說，亦見諸宋胡仔，明毛晉之著述：

> 苕溪漁隱曰：歐公作詩，蓋欲自出胸臆，不肯蹈襲前人，亦其才高，故不見牽強之跡耳。35

> 六一居士作詩，蓋欲自出胸臆，不肯蹈襲前人。凡《詩話》中褒譏，亦多與前人相左，非好爲已甚也。36

夫作詩作文，皆欲自出胸臆，不事蹈襲，則評詩論文，自獨具眼目，而不致妄同曩賢，此毛晉所謂「褒譏多與前人相左」者；如或翻前人之成案，亦往往持之有故，言之中理，初非立異干名好為已甚也。宋羅大經嘗徵引「丈夫自有衝天志，不向如來行處行」二句，以論歐公之文。37若移以論歐陽脩之翻案精神，當無鑿枘。而歐公〈贈沉遵〉詩云：「莫向俗耳求知音。」38其不為尋常繩墨所拘束之精神，從可知矣。

二、以翻案精神倡爲古文

歐陽脩好翻成案之精神尤體現於其創為古文，蔚成風氣之文學活動。蘇轍之祭歐陽脩也，曰：

公爲宗伯，思復正始，狂詞怪論，見者投棄。……滔滔狂瀾，中道而回。匪公之明，化爲詼俳。39

張耒之上書於曾鞏也，曰：

宋興，鋤叛而討亡。及仁宗之朝，天下大定，兵戈不試，休養生息，日趨富盛之域。士大夫之游於其時者，談笑佚樂，無復向者幽憂不平之氣，天下之文章稍稍興起。而廬陵歐陽公始爲古文，近揆兩漢，遠追三代，而出於孟軻、韓愈之間，以立一家之言，積習而益高，淬濯而益新，而後四方學者始恥其舊，而惟古之求。而歐陽公於是時，實持其權，以開引天下之豪傑，而世之號能文章者，其出歐陽之門者，居十九焉。40

李綱之論歐公文章也，曰：

> 盧陵間世才，妙手歸大匠。文章振古風，獨立無與兩。[41]

謝伋之論宋初文學也，亦曰：

> 三代、兩漢以前，訓、誥、誓、命、詔、策、書、疏，無駢儷粘綴，温潤爾雅。先唐以還，四六始盛，大概取便於宣讀。本朝自歐陽文忠、王舒國，敍事之外，自爲文章，製作混成，一洗西崑磔裂煩碎之體。厥後學者，益以衆多。[42]

蘇轍、張耒、李綱、謝伋，並屬宋人，論及歐陽脩遠紹孟、韓，倡為古文，廓清西崑磔裂煩碎之體，滌濯當時雕鏤狂怪之文風，使四方之士，惟古是求[43]，正始之道，於焉復彰。其議論大體一致。然則歐陽脩廓清綺靡文風，倡為載道古文之文學活動，當即其翻案精神之體見也。其所蕩滌者，庸靡陋碎，其弊類俳之俗文也；其所宗尚者，明道、載道、羽翼六經之古文也。其翻案也，蓋深與「反俗合道」之精神相侔。

三、歐陽脩古文之翻案精神——以〈縱囚論〉、《五代史記、前蜀世

家》爲例

世之論及歐陽脩翻案古文，而不措意於〈縱囚論〉者，蓋亦尟矣。遜清以前，衡評此篇，而為筆者所經眼者，凡卅七家：或讚其議論之所本，或賞其文術之老辣[44]，或許其辨論之透切[45]，或陳其持論之未備[46]。式稽群賢之解會，用徵歐公古文之翻案精神：

王道必本人情。破的之論。首從君子、小人起意，發出小惠之不可行遠。詞嚴義正，顛撲不破。（清唐介軒）[47]

……若夫聖人「不立異以爲高，不逆情以干譽。」則至論也。（宋黃震）[48]

（歐陽）公之層層駁詰，亦只就人情物理以斷之耳。（清黃仁黼）[49]

人情、常法，是一篇骨子，道理原是如此。……。（〈縱囚論〉）羽翼經傳，落紙不磨，可與昌黎〈諱辨〉爭雄矣。（清陳兆崙）[50]

讀歐陽公此論（〈縱囚論〉），乃知事非中道，即非常之恩，有不可漫施者。（清謝有煇）[51]

鋪觀眾評，可知歐陽脩之撰翻案古文也，必植基於「詞嚴義正」合人情，遵常法，守中道——，顛撲不破之地」。此歐陽脩古文之翻案精神一也。賡臚前脩之論，庶明翻案文術：

論之有冒頭者，其冒頭主意，率與所論之人事相反。蓋凡人凡事，必有其可議處，論之所由作也。若其人其事，已毫無遺憾，則何論之有?故荀卿、韓非、賈誼、鼂錯、留侯諸冒頭，皆對題目反起，以諸人皆有可議也。……永叔〈縱囚論〉，首段亦反起。（清陳衍）52

凡論斷文，必要攻擊到盡頭處，方令其人無可置喙。……如此文（〈縱囚論〉）……至其作法之妙，句法之變，亦當一一參玩始得。……前一段淺淺說，後復重重剝進，此文家由虛而實、由淺取深之法也。前半用筆，一字一鐵案，此步步敲實法也。後兩段忽用曲折頓宕之筆，追取正意，此又句法變換之巧也。至起用偶語，收亦用偶語，遙相對照，俱是老手作文極奇極橫處，讀者不可不領其妙。（清朱宗洛）53

陳、朱二氏以〈縱囚論〉為例，闡論翻案古文之作法，實為歐陽脩之功臣。若持此玉尺，衡評《五代史記、前蜀世家》終篇論贊一文，並無鑿枘：

嗚呼！自秦漢以來，學者多言祥瑞，雖有善辯之士，不能祛其惑也。予讀蜀書，至於龜、龍、麟、鳳、騶虞之類，世所謂王者之嘉瑞，莫不畢出於其國。異哉！然考王氏之所以興亡成敗者可以知之矣。或以爲一王氏不足以當之，則視時天下治亂可以知之矣。

龍之爲物也，以不見爲神，以升雲行天爲得志，今偃然暴露其形，是不神也，不上於天，而下見於水中，是失職也，然其何多歟，可以爲妖矣。

鳳皇，鳥之遠人者也。昔舜治天下，政成而民悅，命夔作樂，樂聲和，鳥獸聞之，皆鼓舞。當是之時，鳳皇適至，舜之史因并記以爲美。後世因以鳳來爲有道之應。其後鳳皇數至，或出於庸君繆政之時，或出於危亡大亂之際，是果爲瑞哉。

麟，獸之遠人也。昔魯哀公出獵，得之而不識。蓋索而獲之，非其自出也。故孔子書於春秋曰：西狩獲麟者，譏之也。西狩，非其遠也，獲麟，惡其盡取也。狩必書地，而哀公馳騁所涉地多，不可遍以名舉，故書西以包衆地，謂其舉國之西皆至也。麟，人罕識之獸也，以見公之窮山竭澤，而盡取，至於不識之獸，皆搜索而獲之，故曰譏之也。聖人已沒，而異端之說興，乃以麟爲王者之瑞，而附以符命讖緯詭怪之言。鳳嘗出於舜，以爲瑞，猶有說也。及其後出於亂世，則可以知其非瑞矣。若麟者，前有治世如堯、舜、禹、湯、文、武、周公之世，未嘗一出，其一出而當亂世，然則孰知其爲瑞哉？

龜，元物也，污泥川澤，不可勝數，其死而貴於卜官者，用適有宜爾；而戴氏禮以其在宮沼爲王者難致之瑞。戴禮雜出於諸家，其失亦以多矣。

騶虞，吾不知其何物也。詩曰：吁嗟乎騶虞。賈誼以爲騶虞者，文王之囿。虞，虞官

> 也。當誼之時，其說如此。然則以之爲獸者，其出於近世之說乎。
> 夫破人之惑者，難與爭於篤信之時，待其有所疑焉，然後從而攻之可也。麟、鳳、龜、龍，王者之瑞，而出於五代之際，又皆萃於蜀；此雖好爲祥瑞之說者，亦可疑也。因其所疑而攻之，庶幾惑者有以思焉。54

五代之時，王建據蜀，龜、龍、麟、鳳、騶虞之類，悉出焉；當時以為祥瑞。歐陽脩撰《五代史記前蜀世家》，破之為非瑞。履端於始，先翻「秦漢以來，學者多言祥瑞，而其惑難袪」之成案；復破龜、龍、麟、鳳……畢出前蜀之非瑞。此即陳衍所謂「論之冒頭主意對題目反起」也。於是分就龍、鳳、麟、龜、「騶虞」出見之為妖、非瑞，一章一鐵案，「步步敲實」，破他立己。終復自陳翻案攻駁之法——「夫破人之惑者，難與爭於篤信之時，待其有所疑焉，然後從而攻之可也。」——攻擊到盡頭，然後追取正意：「麟、鳳、龜、龍，王者之瑞，而出於五代之際……此雖好為祥瑞之說者，亦可疑也」一義，與夫「因其所疑而攻之，庶幾惑者有以思焉」一義，遙應首段，收束全文。翻案文章之作法，當如是也。此歐陽脩古文之翻案精神二也。

若夫用筆之嚴緊堅勁，筆勢之鋒刃快利，亦屬翻案文章之特質：

> 古人作文，有用寬衍之筆，有用嚴緊之筆。如此文（〈縱囚論〉），純是嚴緊。……

何等斬截！何等堅勁……如此筆力，如刀斧斫截，快利無雙。（清孫琮）[55]

此論（〈縱囚論〉）有刀斧氣，橫斫豎斫，略無少恕，增人氣力。（清金人瑞）[56]

清方東樹嘗援朱熹論文之語：「行文要緊健，有氣勢，鋒刃快利，忌軟弱寬緩。」並加案語：「按此宋歐、蘇、曾、王皆能之。」[57]彙聚朱熹、孫琮、金人瑞、方東樹所論，可知歐陽脩〈縱囚論〉此一翻案文章筆勢之快利雄強矣。而此撰文運筆之道當亦不專屬縱囚一論。此歐陽脩古文之翻案精神三也。

餘如「設身處地，代對方設想」，「不偏執己見」，「曲盡人情事理」[58]……等，均屬前修衡評〈縱囚論〉之結論，而足徵歐陽脩古文之翻案精神者也。

歐陽脩古文之具翻案精神者，固不限於〈縱囚論〉與《五代史記·前蜀世家》終篇之論贊；如〈春秋論〉上、中、下三篇之論魯隱公、趙盾……等歷史人物，用筆清辣[59]，率屬反題翻案之作[60]；〈答李詡第二書〉謂「性非學者之所急」，「君子以修身治人為急，而不窮性以為言」，亦屬翻案之作，而啟世人紛紜之論。[61]《五代史記·死節傳》表彰忠事朱溫而致其身之王彥章，世人於此事之評論亦莫衷一是。〈樊侯廟災記〉則以雄辨之辭釋愚民之惑。[62]……。凡此群篇，不勝枚舉，初非拙文之小篇短幅所得周詳論證；索隱發微，請俟諸他日。

參　結　語

歐陽脩每撰文章，必預誦《史記·日者列傳》一過，而〈日者列傳〉復頗具翻案精神，此於本文「前言」，已為論述。尤有進者，〈日者列傳〉嘗徵引〈老子〉「上德不德」云云。夫「上德不德」者，錢鍾書所謂「冤親詞」也；「冤親詞」與「翻案語」同屬「神祕家言之句勢語式」，皆蘇轍所謂「合道而反俗也」。❻❸歐陽脩諷誦此冤親之辭，蓋亦熟矣；秉筆命篇，寧不濡染其風耶？是故翻案之精神每數數見之於歐陽脩之詩古文辭，與夫接物行事。誠以「翻案大師」為其名號，稟諸歐公，當必蒙其首肯。此本文之結語一也。

歐陽脩之翻案精神壹以仁義為根本，聖道為歸趨。〈縱囚論〉豈不云乎：「堯、舜、三王之治，必本於人情，不立異以為高，不逆情以干譽。」❻❹此歐陽脩之夫子自道也。故其崇雅黜浮，倡為古文；匡謬正俗，破斥澆風；褒貶歷史之人物，遍閱夷陵之舊牘……，凡此聖賢之事業，莫不本此翻卻世俗之成案，反俗而合道之精神從事之。此本文之結語二也。

世之碩學宿儒論及宋人翻案之風，輒許蘇、黃為巨擘；且謂其翻案精神深受禪家呵佛罵祖、張揚個性精神之薰陶，如周裕鍇謂：王梵志之翻著襪法為黃庭堅親證實悟之處世原則，與夫標新立異，凌越前人之創作手法。❻❺至於蘇軾之雅嗜翻案，則載諸天水一朝之詩話，如黃徹《䂬溪詩話》❻❻、楊萬里《誠齋詩話》❻❼、洪邁《容齋詩話》❻❽……等著作，不可僂指算。蓋嘗思之：歐陽脩知貢舉，甄拔蘇軾，使出一頭之地；蘇軾亦無負師恩，出藍勝藍。若然，則歐陽脩之翻案精神，其牖迪蘇軾也必深矣。黃庭堅名列蘇門四學士，瓣香歐公，其於歐公之翻案精神亦必體之甚深。然則探論蘇、黃之翻案精神，詎可不尚論歐陽脩耶？此本文之結語三也。

歷覽前修衡評歐陽脩之議論，直指歐公翻案之瑕纇者，亦頗不乏人。茲擇若干，錄之於後。辨析精微，折衷群言，實非易事，或將俟諸來者：

歐公性不好善，要求古人過失，說話帶口病，此是大過。其去讒人佞夫，不能以寸，誣善游詞，君子勿爲也。（何曰：「要求古人過失，翻案起論，此宋以後作者通病。以此妄論古人，既無以得其真，折其中，其文亦安得行遠乎？」）[69]

文章之根柢在於學道而積理。守道不篤，見理不明，而好議論以刺譏於人，翻古人之成說，則雖極文章之工，取適於己，而有誤於人，君子蓋有所不取……永叔論狄青……有害其生平。[70]

宋人之苛論古人，歐陽永叔啟之，蘇子瞻繼之，朱晦翁抑又甚之。[71]

右所臚列之議論，分屬清人馮班、魏禧、秦篤輝，此三賢指摘宋人之好持苛論，遂不覺己論之深具翻案精神也。此本文之結語四也。

註釋：

❶ 蘇軾〈祭歐陽文忠公文〉，見《東坡全集・後集》卷16。

❷ 茅坤評〈與張秀才第二書〉，見茅坤《唐宋八大家文鈔・歐陽文忠公文鈔》（臺灣商務印書館，景印文淵閣四庫全書，集部第322冊，民國75年3月版）卷39，頁7。

❸ 茅坤〈與王敬所少司寇書〉，見明茅坤《茅鹿門先生文集》卷4。

❹ 明李長祥〈論歐文〉，見《天問閣文集》卷3。

❺ 明李東陽〈葉文莊公文集序〉，見李東陽《懷麓堂集》（臺灣商務印書館，景印文淵閣四庫全書，集部第189冊，民國75年3月版）卷28，頁8。

❻ 宋陳亮〈書歐陽文粹後〉，見陳亮《龍川文集》（臺灣商務印書館，景印文淵閣四庫全書，集部第110冊）卷16，頁16－17。

❼ 明黃宗羲〈論文管見〉，見黃宗羲《金石要例》（臺灣商務印書館，景印文淵閣四庫全書，集部第422冊）頁18。

❽ 朱彝尊〈與李武曾論文書〉，見朱彝尊《曝書亭集》（臺灣商務印書館，景印文淵閣四庫全書，集部第257冊）卷31，頁2。

❾ 宋王稱《東都事略》（臺灣商務印書館，景印四庫全書，史部第140冊）卷72，頁11。

❿ 元劉壎〈合周程歐蘇之裂〉，見劉壎《隱居通議》（台灣商務印書館，景印文淵閣四庫全書，子部第172冊）卷2，頁7。

⓫ 宋王安石〈祭歐陽文忠公文〉，見王安石《臨川先生文集》（臺灣商務印書館，四部叢刊正編第46冊）卷86，頁2。

⑫ 周必大〈廬陵縣學三忠堂記〉，見周必大《文忠集》（景印文淵閣四庫全書，集部第86冊）卷60，頁11。

⑬ 晁公武《郡齋讀書志》（景印文淵閣四庫全書，史部第432冊）卷1，上，頁21。

⑭ 朱熹〈考歐陽文忠公事跡〉，見朱熹《晦庵先生朱文公文集》（四部叢刊正編第53冊）卷71，頁24，云：「李本云：『公自言學道三十年所得者平心無怨惡爾。』」元歐陽玄〈族兄南翁文集序〉，見歐陽玄《圭齋文集》（景印文淵閣四庫全書，集部第159冊）卷2頁9，云：「歐陽公平生於平心兩字用力甚多，晚始有得。」歐陽脩既以平心無怨惡為學道工夫，其撰為古文，原本平心，固也。朱熹復謂：「歐公文章及三蘇文好，說只是平易說道理。」見〈考歐陽文忠公事跡〉（晦庵先生朱文公文集》卷139。故知平心者，平易之心也。元劉將孫〈曾御史文集序〉云：「歐蘇（之文）一變，而議論皆本心。」見劉將孫《養吾齋集》（景印文淵閣四庫全書，集部138冊）卷10，頁1。

⑮ 元王惲《秋澗集》（景印文淵閣四庫全書，集部第140冊）卷94，頁2：「歐陽文尊經尚體，於中和中作精神。」

⑯ 陳亮〈書歐陽文粹後〉（《龍川文集》卷16）。

⑰ 清惲敬〈答來卿〉見《大雲山房文稿》〈言事〉卷2，頁9。（臺灣中華書局，四部備要本）

⑱ 清劉熙載《藝概》卷1。

⑲ 案「頌」疑當作「誦」。

⑳ 明凌稚隆輯校，李光縉增補，日本有井範平補標《史記評林》（地球出版社，民國81年3月版）卷127，頁1。

㉑同注20，卷127，頁1—頁3。
㉒參考沈謙撰《修辭學》（國立空中大學，民國84年1月修訂版），頁271—頁273。
㉓宋蔡襄〈乞留歐陽修脩箚子二道〉其一：「脩之資性善於議論乃其所長。」見《端明集》（景印文淵閣四庫全書，集部第29冊）卷26，頁1。朱熹〈考歐陽文忠公事跡〉：「老蘇父子自史中戰國策得之，故皆自小處起議論，歐公喜之。」
㉔元王若虛《滹南遺老集》（四部叢刊正編第65冊）卷36，頁6：「張九成云：『歐公五代史論多感歎，又多設疑。蓋感歎則動人，設疑則意廣，此作文之法也。』」
㉕杜師松柏《禪學與唐宋詩學》（黎明文化事業公司，民國65年12月版），頁492—頁493。
㉖宋邵伯溫《聞見錄》（景印文淵閣四庫全書，子部第344冊）卷8，頁10。
㉗宋寇準事蹟具見元脫脫等《宋史》（藝文印書館二十五史）卷281〈寇準傳〉。
㉘陳善《捫蝨新話》卷4。
㉙宋魏泰《東軒筆錄》（景印文淵閣四庫全書，子部第343冊）卷11，頁7。
㉚清秦朝釪《消寒詩話》論此事甚中肯，深契歐陽脩之翻案精神。其言曰：「時正值元昊鴟張西夏用兵也。晏公為宰相，當佐天子擇將帥，恤士卒，念及用兵，惻然傷心，天下有一夫不免饑寒，引為己罪，方得大臣體。乃已不能然，而人言之，而復惡之，斥曰作鬧，是何心也?豈所謂清客宰相乎?……。」
㉛歐陽脩雪中與客賦詩禁體物語一事，宋胡仔《苕溪漁隱叢話前集》卷29，清賀裳《載酒園詩話》卷1，清趙翼《甌北詩話》卷23並載其事。
㉜歐陽脩賦詩戲翻王安石「黃昏風雨」、「殘菊飄零」詩案，此事胡仔《苕溪漁隱叢話前集》卷34，宋王楙《野客叢書》卷16，清吳景旭《歷代詩話》卷57，清宋長白《柳亭詩

話》卷16，俱嘗論述。

㉝ 錢鍾書《宋詩選註》頁32，錄歐陽脩〈別滁〉詩：「花光濃爛柳輕明，酌酒花前送我行。我亦且如常日醉，莫叫絃管作離聲。」並謂：「黃庭堅〈夜發分甯寄杜澗叟〉：『我自只如常日醉，滿川風月替人愁』正從這首詩來。歐陽脩這兩句可以說是唐人張謂〈送盧舉使河源〉：『長路關山何日盡，滿堂絲管為君愁』；武元衡〈酬裴起居〉：『況是池塘風雨夜，不堪絃管盡離聲』；白居易〈及第後歸覲〉：『軒車動行色，絲管舉離聲』等的翻案。」

㉞ 曾鞏〈與王介甫第一書〉見曾鞏《元豐類稿》（四部叢刊正編第42冊）卷16，頁5－6。

㉟ 胡仔《苕溪漁隱叢話後集》卷23。

㊱ 明毛晉〈跋六一詩話〉（毛晉《隱湖題跋》，轉引自北京中華書局，洪本健編《歐陽脩資料彙編》）。

㊲ 羅大經《鶴林玉露》（景印文淵閣四庫全書，子部第171冊）卷3，頁9。

㊳ 歐陽脩《歐陽文忠公集》（四部叢刊正編，第44冊）卷6，頁6。

㊴ 蘇轍〈祭歐陽少師文〉，見《欒城集》（四部叢刊正編，第48冊），卷26，頁1。

㊵ 張耒〈上曾子固龍圖書〉（張耒《柯山集》卷12。）

㊶ 李綱〈讀四家詩選四首〉，見李綱《梁谿集》（景印文淵閣四庫全書，集部第64冊）卷9，頁17。

㊷ 謝伋《四六談塵·序》（景印文淵閣四庫全書，集部第419冊）頁1。

㊸ 歐陽脩〈與張秀才第二書〉釋「古」之義云：「君子之於學也務為道，為道必求知古，知古明道，而後履之以身，施之於事，而又見於文章而發之，以信後世。其道周公、孔子、孟軻之徒常履而行之者是也；其文章則六經所載，至今而取信者是也。……堯、禹之書皆曰：『若稽古。』傳說曰：『事不師古，匪說攸聞。』仲尼曰：『吾好古敏以求之者。』凡此所謂古者，其事乃君臣、上下、禮樂、刑法之事……此君子之所學也。」（歐陽脩《歐陽文忠公集》，四部叢刊正編，第44冊）卷66，頁5－頁7。

㊹ 「老辣」一詞，見清張伯行《唐宋八大家文鈔》卷5，評〈縱囚論〉語：「行文老辣，不肯放鬆一字，真酷吏斷獄手。」（轉引自洪本健《歐陽脩資料彙編》頁782。）

㊺ 陳曾則《古文比》評〈縱囚論〉云：「辨論透切，可為初學入手之法。」（轉引自洪本健《歐陽脩資料彙編》頁

㊻ 清蔡鑄《蔡氏古文評註補正全集》卷8，徵引龍翰臣〈縱囚論書後〉云：「王者之持政也平，惟求其當，而不示民以可悻之恩；慮患也深，而必守其常，而不望民以難得之事。太宗之事固有所不行，而歐陽子之說，亦有所不用矣。然則偶一行之，可乎？曰：偶一行之，是待今之縱者為寬，而視他日之行者為不恕也。故論處囚之道，必歸於無縱而後可……。」並謂龍氏持論可補歐公所不及。（轉引自洪本健《歐陽脩資料彙編》頁1254－頁1255。

㊼ 清唐介軒《古文翼》卷7。（轉引自洪本健《歐陽脩資料彙編》頁1217。）

㊽ 宋黃震《黃氏日鈔》卷50。

㊾ 清黃仁黼《古文筆法百篇》卷6。（轉引自洪本健《歐陽脩資料彙編》頁1286。

㊿ 清陳兆崙《陳太僕批選八大家文鈔·歐文》卷首。（轉引自洪本健《歐陽脩資料彙編》頁921。）

51 清謝有煇《古文賞音》卷9。（轉引自洪本健《歐陽脩資料彙編》頁775。）

52 清陳衍《石遺室論文》卷5。

53 清朱宗洛《古文一隅》卷下。（轉引自洪本健《歐陽脩資料彙編》頁1164。）

54 歐陽脩《五代史記》（藝文印書館，二十五史）卷63下，頁29—頁33，〈前蜀世家〉。

55 清孫琮《山曉閣選宋大家歐陽廬陵全集》卷1。（轉引自洪本健《歐陽脩資料彙編》頁704。）

56 清金人瑞《評註才子古文》卷12。

57 清方東樹《昭昧詹言》卷1。

58 明茅坤《唐宋八大家文鈔·歐陽文忠公文鈔》（景印文淵閣四庫全書，集部第322冊）卷42，頁14。

59 清沈德潛《唐宋八大家讀本》卷10：「〈春秋論中〉，總以書公為憑而斷其決非攝位。用筆之辣，何啻斧以斬之！」（轉引自洪本健《歐陽脩資料彙編》頁835。）

60 同㊿，卷首，評〈春秋論中〉：「此篇專發隱公非攝一事，三案皆翻。」宋呂祖謙《古文關鍵》卷首，評〈春秋論下〉：「此一篇是反題格，與韓文〈諫臣論〉相類排斥之辭。大抵要斥人，須多方説，教他無逃處。此前數段可見。」

61 歐陽脩《歐陽文忠公文集》卷47，頁341—342。

62 同61，頁474。

63 見錢鍾書《管錐篇》（香港太平圖書公司）頁464。

64 同38，卷18，頁15。

65 周裕鍇《中國禪宗與詩歌》（麗文文化事業公司，１９９４年７月初版）頁197。

66 宋黃徹《䂬溪詩話》（弘道文化事業公司，詩話叢刊本）卷4，頁271：「坡云：後生可畏吾衰矣，刀筆從來錯料堯。……而云錯料堯，亦以涉譏謗倒用爾。」

67 宋楊萬里《楊誠齋詩話》（弘道文化事業公司，詩話叢刊本）頁１３３６：「孔子程子相見傾蓋。鄒陽云：傾蓋如故。孫伜與東坡不相識，乃以詩寄坡。坡和云：與君蓋亦不須傾。……此……翻案法也。」

68 洪邁《容齋詩話》（廣文書局本）卷2，頁25：「自屈原辭賦假為漁父、日者問答之後，後人作者悉相規倣。司馬相如子虛、上林賦，以子虛、烏有先生、亡是公；楊子雲〈長楊賦〉以翰林主人、子墨客卿；班孟堅〈兩都賦〉以西都賓、東都主人……皆改名換字，蹈襲一律，無復超然新意，稍出於法度規矩者。……若東坡公作〈後杞菊賦〉，破題直云：『吁嗟先生，誰使汝坐堂上稱太守。』殆如飛龍摶鵬，騫翔扶搖於煙霄九萬里之外，不可搏詰，豈區區巢林翾羽所能窺其涯涘哉？……正采舊公案，而機杼一新，前無古人，於是為至。」成宗案：以上黃徹、楊萬里、洪邁三則詩話，皆指出蘇軾為文作詩，雅好翻案。

69 清馮班《鈍吟雜錄》卷2。（轉引自洪本健《歐陽脩資料匯編》頁650。）

70 清魏禧《魏叔子文集》卷8，〈八大家文鈔選序〉（轉引自洪本健《歐陽脩資料匯編》頁687。）

71 清秦篤輝《平書》卷5。（轉引自洪本健《歐陽脩資料匯編》頁1229。

※本文承東海大學楊承祖教授斧正，謹致謝忱。

歐陽修文學作品中的——易經思想

劉瀚平

壹・前言

歐陽修（1007—1072），是北宋著名的文學家、史學家、政治家。他是北宋古文運動的傑出領袖，同時也是易學家。❶

歐陽修在文學創作上展現多面的才華，無論詩、文、詞都卓有成就。他的詩學韓愈，內容充實，語言流暢，與梅堯臣共同革除了「西崑體」詩歌的流弊，因而兩人齊名，當時稱為「歐、梅」。他以文為詩，以議論為詩，為宋詩風格的開創者之一。詞作乃其「餘事」，上承「花間集」風氣，為宋代婉約派大家。與詩、詞相較，其散文成就最大。吳充說他「文備眾體」，「各極其工」，❷說的極為恰當。其現存的各類文章多達兩千餘篇，要中肯而全面地描述其特徵，頗為困難，再由於各人的視野不同，自然所見亦有差異，本篇擬就其文學作品的易經思想作一討論。

歐陽修的易學專著為《易童子問》凡三卷，計七、五二〇字。經他多方考證，用「童子問」的方式，提出三十七個問題，逐題作出解答，可說是其易學思想集大成者，其中大部分被清康熙皇帝「御纂」、「御序」的《周易折中》一書所收入。他闡述《易經》的經旨的專題論文有三篇，即《明用》（約四〇〇字），《易或問》（約一、一〇〇字）及《易或問三首》（約一、二八〇字），這三篇合計約二、八八〇字。歐陽修的易學思想，除了他研究《易經》的著作中集中的表現之外，在其他作品中也有顯著的反映，這一事實，無容推諉。

貳．歐陽修文學作品中的易經思想

《瀧岡阡表》是歐陽修為他父親歐陽觀墓前寫的碑文，宋後的歷代文選本和《古文觀止》均收入此文，此文開篇的「卜吉於瀧岡之六十年，其子修始克表於其阡；非敢緩也，蓋有待也。」是歐陽修用易經八卦方位定的「風水相口」，在「卜吉」後才安葬了他父親。這顯示出當時是鄭重其事，與該段全句鄭重、莊敬的情味相一致，這裡不是「大衍數」方法卜筮後安葬的，因為歐陽修不主張用「大衍數」。[3]

作者的父親死於宋真宗大中祥符三年，那年是「庚戌」，與《瀧》文中術者預測「歲行在戌將死」的話吻合，術者是用什麼方法真能預知死亡之年的我們無從得知，但作者要把「歲行在戌將死」的話敘錄下來，特別營造出事實與預測相應的用心極其明顯，怎麼證明呢？這不得不回歸到作者寫文的立意；這篇文章的「蓋有待也」。為什麼要等待？因為作者的母親說過「有待於汝」的話。母親的「有待於汝」不是漫無憑依的空希望，她根據作者父親的孝行與仁心兩大善端，知道這樣的人該會有好兒子，能夠具有同樣的善，並且能夠顯榮他的父母祖先。在父親下葬那年，作者才祇有五歲，當然不能作墓表。及長，有了「食祿」，列官於朝了，他還是不作，因為母所待尚未有著落，直到「天子推恩褒其三世」，三代都受了皇帝的封賜，作者覺得「是足以表見於後世而庇賴其子孫矣」；這種結局他認為是自己「幸全大節」的憑證，所謂「不辱其先」，真成了個好兒子。這裡有個中心旨意——即是「為善無不報」的「理之常」。這種「積善成德，宜享其隆……而庇賴其子孫矣」的思想，正是《易經．坤．文言》：「積善之家必有餘慶，積不善之家必有餘殃」的傳統倫理觀念。由此「善」的意念注入，其母預料父親「有後」，到後來果真「有後」，可見「為善無不報」作為全篇的線索；作者既表彰了父親，又不誇張自己，加重了「傳道」的作用。倘若我們這樣去理解作者的觀點和立場，才能得到較為客觀的評判，對作者的文字，對他為什麼這樣取材，這樣下筆，當有一番新的認識。[4]

《伶官傳序》是歐陽修撰著《新五代史》中《伶官傳》的序文，提筆開文便引出議論中心——盛衰之理。文章說：

> 盛衰之理，雖曰天命，豈非人事哉！
> 原莊宗之所以得天下，與其所以失之者，可以知之矣！

這裡的「天命」，作者像似採取了一種存而不論的態度，他運用了相當生動的歷史經驗來進行論證，圍繞後唐莊宗李存勗得天下與失天下的史實，呼籲「憂勞可以興國，逸豫可以亡身」、「禍患常積於忽微，而智勇多困於所溺」的盛衰之理，並提出了「成敗之跡」皆於「人事」的積極思想；另一面也隱含了破除帝王「受命於天」的迷信觀念。這與《易經》「彰往而察來，顯微而闡幽」的基本命題是一致的。❺

本篇行文語言內的對稱詞語運用，使全文照應緊密，有呼有應，諸如「雖曰天命，豈非人事」中的「天命」與「人事」對稱；「莊宗之所以得天下，與其所以失之者」中的「得」與「失」對稱；「豈得之難而失之易歟」中的「難」與「易」對稱；「憂勞可以興國，逸豫可以亡身」中的「興」與「亡」對稱；「其盛也，舉天下之豪傑莫能與之爭；及其衰也，教十伶人困之而身死國滅」中的「盛」與「衰」對稱，使得作者在議論事理過程中筆調曲折，起落頓挫，對比鮮明，這也符合了易經六十四卦中每一卦莫不有對的陰陽對應原理，❻促使讀者撫今追昔，也促使統治者注意總結歷史的經驗教訓。

歐陽修在文章中引用了「滿招損，謙得益」的道理，此原為《尚書·大禹謨》：「滿招損，謙受益」之語，他用此句其實涵蓋了《易經》中《損》、《益》、《謙》三卦的綜合闡釋。

在《易經》六十四卦中，《謙》的卦、爻辭都是吉利的，可見《謙》受到重視。「謙」與「盈」相對；《損》與《益》相反。《謙·象傳》說：「天道虧盈而益謙」，「人道惡盈而好謙」。因此，天道和人道對「謙」「盈」的好惡是一致的：對「盈」是虧之、惡之，對

「謙」是益之、好之。為何惡「盈」？因為它是事物發展的終極，是走向反面的開始。為何好「謙」？因為它可保持事物不斷向好的方面發展，損益得失的道理自在其中。

該文末段點出中心主旨在宣揚「憂勞興國」、「豫逸亡身」的觀點，用繁弦促節的句式把文章推向高潮起伏的變化，促使人們對「憂患意識」起了高度的啟發和教益。

《繫辭傳》云：「易之興也。其於中古乎！作易者其有憂患乎！」又云：「易之興也，其當殷之末世、周之盛德耶！是故其辭危。」在古人心目中，上古是隆盛之治世、中古走向衰途；由盛而衰，人們就會反思過去，引起戒懼，《易經》不是志得意滿，太平痲痺者的哲學，更不是頹廢沒落者的哲學。它從認識自然界日中則昃、日盈則縮，並經歷夏亡商繼、殷末周興的起落變遷之後，總結出盛衰循環、榮辱無常的規律性認識，《易經》首卦《乾》便教人「朝乾夕惕」，法天不息，《上九．象傳》說：「亢龍有悔，盈不可久也。」警戒人們崇高、盈滿是不可能長久保持的，《文言傳》說：「『亢』之為言也，知進而不知退，知存而不知亡，知得而不知喪。……知進退存亡而不失其正者，其唯聖人乎！」。六十四卦中講困難、艱險、混亂的卦占比較大的比重，即使在豐榮、圓滿、健壯的時候，也要戒慎恐懼。如「履虎尾」，警惕衰敗，防止跌落；在混亂、屈辱、危困、疲軟的時候，則要看到「無往不復、無平不陂」的前景，建立物窮則變、變則致通的信念，而不放棄改變境遇而努力。歐陽修此文發自憂君憂國的憂患意識無可否認。他之所憂所患不僅有國家君主的積溺積弱，同時考慮到了百姓的痛苦，他說：「一歲之耕，供公僅是，而民食不過數月。……不幸一水旱，則相枕為餓殍，此甚可嘆也。」（《原弊》，見《歐陽永叔集》、《居士外集》卷八）。

《畫舫齋記》是歐陽修在慶曆二年（一〇四二年）因反對首相呂夷簡薦富弼出使契丹，未被采納而貶官滑州通判時寫的文章；其中記有：「《周易》之象，至於履險蹈難，必曰涉川，蓋舟之為物，所以濟險難而非安居之用也，今予治齋於署，以為燕安，而反以舟名之，其不戾哉！」用來說明水與舟的關係，要自己能居安思危。

《與樂秀才第一書》是他給樂秀才寫的信，信中提到如何寫好文章的經驗，他舉《易·大畜》的繫辭為例說：「『剛健篤實，輝光日新』……故其文曰：『君子多識前言往行，以畜其德。』」告誡樂秀才要以品德、學問為基礎，才能寫好文章。當說到「古之學者非一家，其為道雖同，語言文章未嘗相似」時，他又舉了「孔子之繫《易》，周公之作《書》，奚斯之作《頌》」為例說明文章有不同風格。

《故霸州文安縣主簿蘇君墓志銘》這是他為蘇洵寫的墓志，其銘說蘇洵「蓋老而好《易》，曰：『易之道深矣，汩而不明者，諸儒以附會之說亂之也；去之，則聖人之旨見矣。』作《易傳》未成而卒。」著墨不多，但含意甚深，也點出歐陽修與蘇洵都好《易》且對《易經》的看法是一致的。歐陽修對「諸儒以附會之說亂之」的觀點在他《傳易傳圖序》（約一〇一〇字）中可以清楚的看見，至於「老而好《易》」，請看歐陽修的《讀易》詩（歐陽永叔集卷二）：

莫嫌白發擁朱輪，恩許東州養病臣。
飲酒橫琴銷永日，焚香讀易過殘春。
昔賢軒冕如遺屣，世路風波偶脱身。
寄語西家隱君子，奈何名字已驚人。

此詩作於宋神宗熙寧二年（一○六九年）當時歐陽修六十三歲，從詩中可見他頭生白髮，在「恩許養病」中除飲酒、撫琴外，便是讀《易經》度日了，猶似孔子晚年喜《易》。

參．《秋聲賦》中的易經思想

《秋聲賦》是一篇膾炙人口的文章，這篇文章，寫於宋仁宗嘉祐四年（一○五九年），當時歐陽修已五十三歲。題雖曰賦，實亦抒情説理的詩歌散文；❼唐宋古文運動的影響，波及辭賦領域，辭賦肇端於屈宋至此產生了新的變化，古文家向來鄙薄辭賦，而歐陽修引古文入賦頌，對它進行了改造，遂不乏名篇。《秋聲賦》是歐賦的代表作之一。《古賦辨體》卷八評曰：「此等賦實自《卜居》、《漁父》篇來，迨宋玉賦《風》，與《大言》、《小言》等，其體遂盛，然賦之本體猶存。及子雲《長楊》純因議論説理，遂失本真。歐公專以此為宗。其賦全是文體，以掃積代俳律之弊。然於三百五篇吟詠情性之流風遠矣。《後山談叢》云：「歐陽永叔不能賦。其謂不能者，不能進士律賦爾。……迂齋云：『此賦模寫工、轉折妙，悲壯頓挫，無一字塵浣，自是文中著翅者。』」當然，「以文為賦」並不為宋人完全理解，但它不能不說給賦體注入了新的生命力。有關《秋聲賦》的評論文章，不勝繁舉，本文只想談一下，《秋聲賦》中的易經思想。

在寫作方法上《秋聲賦》假託對話的形式，描摹難以名狀的秋聲，抒發對人生的感慨，即「設辭無事實」。這篇賦的開頭說：「歐陽子方夜讀書，聞有聲自西南來者。」不稱「余」或「吾」，而說「歐陽子」，這在辭賦中是常見的；然而以「歐陽子」為主，客呢？深夜裡只有一個書僮陪伴，作者以自己與「童子」的對話開拓下文，這和歐陽修的易學專著《易童子問》相同，用「童子問」的方式，提出三十七個問題，作者逐題作出解答的作法相同，「方夜讀書」，何以要寫「夜」呢？按易經的觀點，春夏和秋冬，晝和夜，各與陰陽相配，本文寫的是秋夜之聲；秋、夜皆屬陰，況且寫聲音的話，夜深人靜，聽得更清楚。作者在寫秋聲之後說：「予謂童子此何聲也？」童子回答並未說是秋聲，只答：「聲在樹間」，最後是作者自己抒發長篇的議論，「童子莫對，垂頭而睡」了，什麼也未答。原因何在呢？作者是用《易經》的哲學觀點寫的，童子當然回答不了，而越聽越困，以至垂頭而睡。該賦是以「陰陽反復，物無不變，變無不通，此天理之自然也」[8]的思想，貫穿文章的始終。

文章一開始就說：「聞有聲自西南來者」，認定風的方向，「西南方」在《易．說卦》

八卦方位配坤卦，西漢孟喜的卦氣説將西南坤卦方位的時序配在夏末秋初，同時漢代的象數易結合了五行、陰陽、卦氣、八卦，形成了規範化的系統❾將五官（司農、司馬、司營、司徒、司寇）、五德（仁、義、禮、智、信）、五事（貌、言、視、聽、思）、五聲（宮、商、角、徵、羽）等納入在象數易的框架裡，因此《秋聲賦》中的西方之音的方位：東為「角」，南為「徵」，西為「商」，北為「羽」，中央為「宮」；兵與刑官（即司寇）的象徵也與八卦方位「兑」配西方，五行屬金，於時為秋有關，文章從春夏（陽）的「豐草綠縟而爭茂，佳木蔥蘢而可悅。」（按：離卦位南，五行屬火，於為夏）過度到初秋，即陰曆六月末七月初的季節，「鏦鏦錚錚金鐵皆鳴，又如赴敵之兵」即兵與刑的具體描寫，再過渡到「草拂之而色變，木遭之而葉脱」的秋冬（陰）的景況，易卦氣説將陰曆五月生陰到十月六個月屬陰，十一月冬至「復」卦開始一陽生。「於時為陰」就是這個意思。「於行為金」，即是「東方甲乙木，南方丙丁火，中央戊己土，西方庚辛金，北方壬癸水」的五行天干方位的配置，也就是秋為西方屬金的根據。《漢書．五行志》說：「金，西方，萬物既成，殺氣之始也。」正因為金屬喻刑宮、兵象，它是凜冽肅殺的象徵，故以秋天作為決獄訟、征不義、誅暴慢的季節，來鋪張秋氣，也就是張揚「義」氣，西漢的董仲舒及東漢章帝的《白虎通義》已經「義」與五行中的金、時序中的秋匹配了，只是歐陽修以「天地之義氣，常以肅殺而為心」道出秋氣，有別於漢代之五常五德比喻人倫規範。至於「夷則」是十二律之一，《易經》在漢代也將音律納入自己的規範模式，以十二律配十二支及十二月，律曆並稱亦自漢代始，《史記·律書》：「七月也，律中夷則。夷則，言陰氣之賊萬物也。」，《漢書·律歷志》也借易數詳說「數」與樂律的密切關係，❿根據它的解釋：「夷則：則，法。」言陽氣正法度而使陰氣夷當傷之物也。故《秋聲賦》文中曰：「商聲主西方之音，夷則為七月之律。」「商，傷也」即是聲訓，引出下文「物既老而悲傷」。「夷，戮也」，是義訓，引出下文「物過盛而當殺」。其中都與《易經》象數學說有關。

在《秋聲賦》的第三段起，筆鋒一轉，從圖「物之狀」轉而寫「人之秋」，盡情抒發秋的哀歎，對人生的感歎，對物從「天之於物，春生秋實。」「物過盛而當殺」；說到「草木無情，有時飄零，人為動物，惟物之靈」，闡發了寫此賦的本意，並進而抒發了「百憂感其心，萬事勞其形，有動於中，必搖其精」的慨嘆；說明人之秋，朱顏變枯，黑髮變白，正如豐草之變色，佳木之葉脫，亦不是以人的意志為轉移的自然規律，人和其他動物一樣，有同樣的生長到衰亡的過程，這規律誰也抗拒不了，況且人還「思其力之所不及，憂其智之所不能」，才加快了「渥然丹者為槁木，黓然黑者為星星」而不能和金石變化慢的相提並論。歐陽修話到舌前留了半句，再未往下寫，而不像蘇東坡在《前赤壁賦》中說要「羽化而登仙」，也不像王羲之在《蘭亭集序》裡說的「修短隨化，終期於盡」，而僅用「四壁蟲聲唧唧，如助予之嘆息」而結束。這顯示了歐陽修散文美學上所重視的重神傾向，所謂「神」指文章的內在意蘊，相對於「形」，指文章的外在形相；在對繪畫的看法中，也有同樣的觀點：「古畫畫意不畫形，梅詩詠物無隱情，忘形得意知者寡，不若見詩如見畫。」（《盤車圖》），其中「畫意不畫形」、「忘形得意」用在散文創作上，見於《試筆繫辭說》：

> 「書不盡言，言不盡意」，然自古聖賢之意萬古得以推而求之者，豈非言之傳歟？聖人之意所以存者，得非書乎？然則書不盡言之煩而盡其要，言不盡意之委曲而盡其理，謂「書不盡言，言不盡意」者，非深明之論也。

「書不盡言，言不盡意」是《易．繫辭》中的一段話，歐陽修強調藝術創造中精神、內在意蘊的表現，對創作美文產生了很大的影響，他自己的散文富有「紆餘委備，往復百折」；[11]含蓄不盡；言約意遠，[12]被人譽為「六一風神」，實與其「重神」有關。像《秋聲賦》這種紆曲寓意，含而不吐的風格在《峴山亭記》也明顯看得出來。[13]

肆．結語

歐陽修在散文美與散文風格上的追求除了「重神」外，諸如文約尚簡、平易自然之美；文要真實地反映社會生活；重視革新與繼承，重視陰柔之美的特徵[14]，應可以在《易經》的古典美學中找到線索，這些原為我國古代的哲學概念，後被賦予美學意義，成為我國古典美學的重要範疇。除了本文所述，在其它篇章我們仍能找到佐證才是。歐陽修為研究《易經》

寫的《序》有兩篇，即《張令注周易序》（約一七〇字）和《傳易圖序》（約一〇一〇字）合計一一八〇字，其中可以看出他自己對《易經》的觀點，及歐陽修對青年人的勉勵。蘇轍說他「長於《易》……其所發明，多古人所未見。」並非誇大其辭，很值得我們重視，以便作進一步的研究。《易經》思想從先秦到漢代、唐宋其儒家思想基本一致，「陰極變陽，陽極變陰」，「易則易知，簡則易行；易知則有親，易行則有功，窮理盡性以至於命」的理論，在今天仍有較高的借鑒作用。歐陽修在其著作中雖指出《易傳》有的話不是孔子寫的，但他並不否認它不是孔子思想，在他的文章《經論》中，也說明他自己在儒家思想的基礎上學《易》、注《易》、論《易》的。他的《易》學思想反映在他的著作中，若不研究歐陽修的《易經》思想，也就不能全面的深刻的了解他的《易》學專著及其他作品。至今，仍有人一聽到《易經》就冒然說它是卜筮迷信書，這是無知的見解，它在我國歷史上對文史哲方面的貢獻無可爭議，研究歐陽修及其作品與《易經》的關係，當有所意義。

註釋：

❶ 清康熙五十四年（一七一五年），康熙皇帝「禦纂」的《周易折中》一書，將歐陽修的著作列入從漢到明的二百一十八人的易學家之中（其中宋代人居多，占九十八人）收入歐陽修作品《易童子問》。近年來，國內外的研究已注意到了歐陽修及其作品與《易經》的關係，一九六三年日本廣島大學文學部戶田豐三郎先生所著《歐陽修的易學》，（發表在《東方學》第二十五期），便是其中一例。

❷ 見吳充《歐陽公行狀》，《文忠集》附錄卷一。

❸ 對「大衍之數」的看法見於歐陽修的《易或問三首》，他提出了和前人不同的見解，否定了大衍數，可說是《易》研究上的新觀點。

❹ 歐陽修上承韓愈提倡古文，許多文人做他的門人，受他的提攜，他是當時文壇盟主。韓愈開始以文字為教，主張文須得傳堯舜禹湯文武之道，也就是漢朝以來我國的傳統倫理觀念，歐陽修在寫這個非常嚴肅的題目—要敍述自己的父親，若從來沒有傳道的作用，豈不是自己取消自己的主張？

❺ 《易》對天命人事的基本命題提出「易彰往而察來，顯微而闡幽」（《繫辭》），此一功能一方面依賴於對歷史經驗的彰明，另一方面依靠聖人的智慧，以確定人努力的方向，在「彰往而察來」的意義下，《周易》示人以吉凶，並非依賴於鬼神的法力，而是以過去經驗和天道變化考察盛衰的苗頭（即知幾）考察百姓的事情，為百姓解除憂患。天道即使幽微不明，但其肯定人在一定程度上能夠掌握歷史經驗和普遍法則，盡人事而趨吉避凶。

❻ 歐陽修《答李詡書》云：「《易》六十四卦不言性，其言者，動靜得失吉凶之常理也。」此文雖說不言性，非不言，而是不「事無用之空言」，認為「為君子者修身治人而已，性之善惡不必究也」，歐陽修對《易》六十四卦一言以蔽之是言「動靜得失吉凶之常理」，動靜、得失、吉凶皆為相對待。

❼ 有人認為無韻為文，有韻為賦，其實不然。姚鼐在《古文辭類纂序》中說：「辭賦類者，風雅之變化也。楚人最工為之，蓋非獨屈子而已。余嘗謂《漁父》及楚人以弋說襄王、宋玉對王問遺行，皆設辭無事實，皆辭賦類耳。太史公、劉子政不辨，而以事載之，蓋非是。辭賦固當有韻，然古人亦有無韻者。以義在托諷，亦謂之賦耳。」可見，是散文還是辭賦，不能單看有韻無韻。

❽ 此語引自歐陽修闡述《易經》經旨的文章《明用》（約四〇〇字），此文專論《易經》中「乾」、「坤」兩卦的「用九」、「用六」的文章，不但論述了「用九」、「用六」的含意，並講了陰陽對待轉化的道理，所謂「陽極則變而之他」，「物無不變，變無不通，此天理之自然也。」

❾ 此現象自春秋迄漢代逐漸完整並已然成為確立的系統，範圍涉及較廣另有專文討論，見《天癸說與象數易學》第三節。

❿ 自漢代始，律歷並稱，《漢書．律歷志》集其大成，律指樂律，歷指曆法，二者均被稱為術數之學，有共同特點是透過易象數學，進行複雜而精密的數學演算。而音律在《易》天人合一的思想體系的重要組成部分。這一方面是因為古代的音律學說本身是以陰陽五行的思想為基礎建立起來的，五聲、十二律本身就內在地包含著陰陽兩種成份並且是按照陰陽相生的規律變化的；另一方面，而是更主要的，是因為古人認為音律具有

溝通天人之際，調節陰陽變化的重要作用。

⑪ 引文見蘇洵《上歐陽內翰第一書》（《嘉祐集卷十一》）。

⑫ 朱熹評歐文，曾指出：「歐公不盡說，含蓄不盡。」（《朱子語類》卷一三九〈論文上〉）魏禧（一六二四—一六八〇）也說：「歐文之妙，只在說而不說，說而又說，是以極吞吐往復、參差離合之致。」（《魏叔子集·日錄》卷二〈雜說〉）。

⑬ 何焯評《峴山亭記》：「言外有規史君好名意……公蓋心非之，妙在微諷中有引而進之之意。」（《義門讀書記》卷三八）。

⑭ 姚鼐說：「其得於陰與柔之美者，則其文如升初日，如清風，如雲，如霞，如煙，如幽林曲澗，如淪、如漾，如珠玉之輝，如鴻鵠之鳴而入寥廓；其於人也，漻乎其如嘆，邈乎其如有思，暖乎其如喜，愀乎其如悲。……宋朝歐陽、曾公之文，其才皆偏於柔之美者也。」（《復魯絜非書》）。劉熙載也說：「昌黎文意思來得硬直，歐、曾來得柔婉。」（《藝概·文概》）。

蘇軾與莊子

簡光明

一、前言

魯迅（一八八一—一九三六）在《漢文學史綱》中認為莊子：「其文則汪洋辟闔，儀態萬方，晚周諸子之作，莫能先也。」❶莊子的散文不但有其獨特的風格，在中國文學史上佔有一席之地，對於後世的文學同樣具有深遠的影響❷。清人林雲銘所謂「古今能文之士，有不讀《莊子》乎?既讀，有不贊其神奇工妙者乎?」❸，文人讀《莊子》，可以從中吸收為文的資源，既「贊其神奇精妙」則應以之為效法的對象，在思想與創作上不免受到影響。

在古今能文之士中，蘇軾（一〇三六—一一〇一）便明確指出自己受到莊子的影響。蘇轍〈亡兄子瞻端明墓誌銘〉說：

（蘇軾）初好賈誼、陸贄書，論古今治亂，不爲空言。既而讀《莊子》，喟然歎曰：

「吾昔有見於中，口未能言，今見《莊子》，得吾心矣。」❹

蘇軾「比冠，學通經史，屬文日數千言」❺，卻仍有若干觀點無法以語言文字表達，而《莊子》在千年之前早已言之，可見《莊子》一書在蘇軾心中，確較經書、史書、賈誼書、陸贄書更能契合其心靈。換句話說，所謂「吾昔有見」是英雄所見略同，不過是莊子能言而蘇軾未能言；雖未能言，一但見其書，就能了解其意，彷彿是自己所言。心靈的契合消解千年的時空障礙，蘇軾自許為莊子知音，詩詞文賦中引莊子文句與思想之處甚多❻，對莊子的思想淵源及其書的真偽問題，亦敢於提出大異於前人的獨到的觀點。

蘇軾的詩集中，引用《莊子》寓言、詞匯的現象，據學者統計，遍及內外雜篇，約有三百六十餘處，「足見東坡不僅熟讀《莊子》，而且是深刻理解莊周的，所以運用自如，有如探取口袋中最心愛又是最熟悉的東西一樣。」❼詩作稱引極多，學者論之已詳，本文則以蘇軾的散文為論述對象，試著說明蘇軾與莊子之間的關聯性❽。

二、蘇軾與莊子

在莊子學史上，蘇軾是一位特殊的人物，他並未對《莊子》作完整的注釋，〈莊子祠堂記〉一文篇幅亦不算長，然而卻能提出重要的論點，較諸歷代數以百計的《莊子》注疏而言，影響更為深遠。

〈莊子祠堂記〉雖以「記」為題目名稱，內容卻不以敍事為主，而為評論莊子的議論文。文章分為三段，首段點明撰寫此記的緣由：

> 莊子，蒙人也，嘗爲漆園吏。沒千餘歲而蒙未有祠之者，縣令秘書丞王兢始作祠，求文以爲記。❾

據文末的標示，此文作於宋神宗元豐元年（一〇七八）十一月十九日。時蘇軾年四十三歲，在江蘇徐州。自熙寧十年（一〇七七）離開密州的職位，隨即改知徐州，蘇軾到徐州已第二年，期間對於學道求仙甚為熱衷❿。

莊子是蒙地（今河南商丘）人，曾經擔任宋國管理漆園的小官，雖為小官，對於後世的文學與思想的發展卻有深遠的影響，奇怪的是，莊子去世一千多年來，蒙地並未有人祭祀他，直到王兢（一〇三二—一〇九五）為縣令秘書丞才建造莊子祠堂。蘇軾名滿天下，對《莊子》又有深刻的體會與獨到的見解，而江蘇徐州與河南商丘距離並不遙遠，蘇軾自然成為撰文以為記的不二人選。

第二段切入主題直接議論，提出全文的論點：

謹按《史記》：「莊子與梁惠王、齊宣王同時，其學無所不窺，然要本歸於老子之言。故其著書十餘萬言，大抵率寓言也。作〈漁父〉、〈盜蹠〉、〈胠篋〉以詆訾孔子之徒，以明老子之術。」此知莊子之粗者，予以爲莊子蓋助孔子者，要不可以爲法耳。楚公子微服出亡而門者難之，其僕操箠而罵曰：隸也不力，門者出之。事固有倒行而逆施者，以僕爲不愛公子則不可。故莊子之言皆實予而文不予，陽擠而陰助之，其正言蓋無幾也。至於詆訾孔子，未嘗不微見其意。其論天下道術，自墨翟、禽滑釐、彭蒙、慎到、田駢、關尹、老聃之徒，以至於其身，皆以爲一家，而孔子不與，其尊之也至矣。

先秦書籍中，除《莊子》書的述評外（尤其是〈天下篇〉），提及《莊子》者不多，《荀子·解蔽》僅謂「莊子蔽於天而不知人」⑪，孟子甚至未嘗提及莊子⑫，司馬遷《史記·老莊申韓列傳》以正史的身份及精要的敍述成為士人理解莊子的主要依據。蘇軾的論點針對權威說法而發，便已不凡。《史記》對於莊子的時代、學問的駁雜、著書的方式的說明，蘇軾基本上無異辭；但是對於莊子思想「歸於老子之言」及「作〈漁父〉、〈道蹠〉、〈胠篋〉以詆訾孔子之徒，以明老子之術」之說卻不敢苟同。所謂「此知莊子之粗者」，即認為司馬遷了解莊子僅及皮毛，未能深入精髓，是對《史記》論點的否定。透過對權威常識性說法的否定，然後再提出自己獨創的論點：「莊子之言皆實予而文不予，陽擠而陰助之」，「莊子蓋助孔子者」則為結論。正因為莊子「正言蓋無幾」，所以「不可以為法」，就算是「詆訾孔子」的篇章，也「未嘗不微見其意」。

蘇軾用來說明莊子對孔子是「陽擠而陰助之」的第一個理由是「楚公子微服出亡」的故事。照理說，蘇軾既要推翻司馬遷的論斷，應該舉出實際的例子來證明自己的論點，故事雖以實就虛，以虛證實，然似欠妥當。「僕」所罵的人是「門者」而不是「公子」，雖然「以僕為不愛公子則不可」，畢竟事例不貼切，理由亦缺乏說服力。第二個理由是〈天下篇〉在論天下道術時，從墨翟到老聃，以至於莊子自己，各種學派都視為一家，卻沒有提到孔子，可見是對孔子推崇到極點。就現象的描述而言，〈天下篇〉確實評及諸家思想而不及孔子，問題是：何以「孔子不與」就必然是「其尊之也至矣」？蘇軾於此亦無充分的證據足資說明⑬。

第三段主要以「莊子蓋助孔子者」為依據，進行辨偽的工作：

予嘗疑〈盜蹠〉、〈漁父〉則若真詆孔子者，至於〈讓王〉、〈說劍〉皆淺陋而不入於道，反復觀之，得其寓言之意。終曰：陽子居西遊於秦，遇老子，老子曰：而睢睢而盱盱，而誰與居？大白若辱，盛德若不足，陽子居蹙然變容，其往也，舍者將迎，其家公執席，妻執巾櫛，舍者避席，煬者避灶；其返也，舍者與之爭席矣。去其〈讓王〉、〈說劍〉、〈漁父〉、〈盜蹠〉四篇，以合於〈列禦寇〉之篇曰：「列禦寇之齊，中道而返，曰：吾驚焉！吾食於十漿而五漿先饋。」然後悟而笑曰：「是故一章也。」莊子之言未終，而昧者勦之以入其言，不可以不辨。凡分章名篇，皆出於世俗，非莊子本意。元豐元年十一月十九日記。

要論證「莊子蓋助孔子者」，就必須面對莊子書中有批判孔子的文字的事實，斧底抽薪的辦法是用辨偽的方法判定那些真正攻擊孔子的篇章，如〈盜蹠〉、〈漁父〉二篇是昧之者竄入。如此一來，成了先有立場，而後以既定的立場來當作判別的標準，方法實不可取。判定〈讓王〉、〈説劍〉「皆淺陋而不入於道」是由「反復觀之」，就東坡而言，或許有此功力，然而未免太過主觀，恐怕缺乏充份的理由。至於將〈列禦寇〉的首段接上〈寓言〉篇的末段，就其文意而言，所見頗為精卓。經過後來學者後出轉精的辨偽分析，普遍認為東坡所舉的〈盜蹠〉等四篇確為偽作，然而，結論可靠並不代表推論正確，「陽擠」既是有目共睹，「陰助」卻需要深於莊子且反覆觀之才看得出來，「莊子蓋助孔子」的說法仍未能充分證明。

這樣的質疑以宋人晁公武為代表，《郡齋讀書志》說：

自熙寧原豐之後，學者用意過中，見其書末論天下之道術，雖老聃與其身皆列爲一家，而不及孔子，莫不以爲陽訾孔子而陰尊焉，遂引而内之。殊不察其言之指歸宗老氏邪？宗孔氏邪？既曰宗老氏矣，詎有陰助孔子之理？至論其道術而有是言，蓋不得已耳。夫盜之暴也，又何嘗不知主人之爲主人邪？顧可以其智及此，遂以爲尊我開關揖而進之乎？竊懼乎禍之過乎兩晉也⓮。

晁公武的恐懼實未免多慮，但其論蘇軾「莊子蓋助孔子」說法之不能成立，則一針見血。從思想根源上分別孔子與老子思想的基本差異，既宗老子則不宗孔子，其以儒家的本位去反對會通儒道的用心亦昭然若揭。莊子一書多為寓言，書中的孔子只是一個形象，真正的思想內容卻是道家的，不能因為莊子書中出現孔子與顏回就說莊子思想源於儒家，重要的是思想而不是形象。此一關鍵若不詳細辨明，則容易生出誤解。

從司馬遷《史記》只說莊子「著書十餘萬言」，而所舉篇名亦未標示曾經分章名篇；到班固《漢書·藝文志》說「《莊子》五十二篇」，再到魏晉時期的分為三十三篇，姑不論中間是否曾經劉向父子或淮南王劉安之手，亦不論三十三篇是否為郭象所定，都可以確定蘇軾在文末指出「凡分章名篇，皆出於世俗，非莊子本意。」為可信之言。

三、蘇軾散文對《莊子》的援用

蘇軾散文，取資於《莊子》者不少，或師其意亦用其辭，或取其辭而轉化其意，或師其意而不師其辭，或習其文法而取其氣，或效其寓言而用比喻，不一而足。這些援用的方式有時單獨運用，有時同時使用，為敍述的方便，以下將分別論之。

(一)師其意亦用其辭

蘇軾是一位才華洋溢的文學家，在詩、詞、古文、書法、繪畫等文學藝術領域中，都能取得極高的成就。能文能畫，故能道出他人畫作的精髓，〈書吳道子畫後〉云：

> 道子畫人物，如以燈取影，逆來順受，旁見側出，橫斜平直，各相乘除，得自然之數，不差毫末。出新意於法度之中，寄妙理於豪放之外。所謂遊刃餘地，運斤成風，蓋古今一人而已。

「遊刃餘地」一詞出於《莊子·養生主》，庖丁替文惠君（梁惠王）解牛，「以神遇而不以目視，官知止而神欲行」，故其刀雖用十九年之久，解牛數千之多，卻若新發於硎。「彼節者有間，而刀刃者無厚；以無厚入有間，恢恢乎其於遊刃必有餘地矣，是以十九年而刀若新發於硎。」而「運斤成風」一詞則出於《莊子·徐無鬼》。「郢人堊慢其鼻端若蠅翼，使匠石運斤成風，聽而斲之，盡堊而鼻不傷，郢人立不失容。」二者都在解消技術對心的制約，心與物不再對立，而後能由技術進乎藝術而熟練若此⑯。典故出於《莊子》，東坡在運用時不但用其語，在思想義理上亦師其意。

這類的例子不少，如〈九成臺銘〉云：「蓋常與日月寒暑晦明風雨並行於天地之間，世無南郭子綦，則耳未嘗聞地籟也，而況得聞其天？使耳聞天籟，則凡有形有聲者，皆吾羽旄千戚管磬匏弦。」用的是《莊子·齊物論》論「地籟」與「天籟」的文字，文句與意思皆未作轉化。〈睡鄉記〉說：「蒙漆園吏莊周者，知過之化為蝴蝶，翩翩其間，蒙人弗覺也。」直接用《齊物論》「莊周夢為蝴蝶」的故事；〈醉鄉記〉中的人，「吸風飲露，不食五穀，其寢于于，其行徐徐」亦直接引用《莊子·逍遙遊》等篇對真人的描寫，去刻劃其理想的社會。

(二)取其辭而轉化其意

蘇軾在〈與錢濟明〉一文中提到，有一天半夜突然發熱，牙齒出血像無數的蚯蚓，直到天亮才停止。仔細觀察，認為是熱毒根源不淺，於是用三味藥煮成濃汁，渴了就喝一些，並不吃其他的藥。他認為這種治病的態度就是莊子所謂的「在宥」：

> 莊生聞在宥天下，未聞治天下也。如此而不愈則天也。非吾過矣。

「聞在宥天下，未聞治天下也」是《莊子·在宥》的首二句，很能蓋括全篇的要義。郭象說：「宥使自在則治，治之則亂也。」〈在宥〉主張無為而治，使天下安其性命之情。東坡將「治病」比喻作「治天下」，「餘藥皆罷」就是「無為」，亦即是最好的態度。已順天而無為，若熱病沒有痊癒，則是天意而非己過。不想大費周章治病，卻引《莊子》「在宥」的思想來支持，語句的援用自然而生動，逸趣橫生，充份顯出東坡的幽默。

㈢師其意而不用其辭

元豐七年（一〇八四），蘇軾再次被貶至臨汝，途中與長子蘇邁同遊石鐘山，寫下〈石鐘山記〉。文中透過親自考察石鐘山的命名原因，而得到「事不目見耳聞而臆斷其有無可乎」的結論，不無藉題發揮，對元豐二年的「烏臺詩案」提出嚴正的質疑。蘇軾對於石鐘山命名的看法是否正確，歷來爭議仍多，惟其對於石鐘山的描寫，確實可觀：

> 余方心動欲還，而大聲發於水上，噌紘如鐘鼓不絕。舟人大恐。徐而察之，則山下皆石穴罅，不知其淺深，微波入焉，涵澹澎湃而爲此也。舟回至兩山間，將入港口，有大石當中流，可坐百人，空中而多竅，與風水相吞吐，有窾坎、蹚鞳之聲，與向之噌紘者相應，如樂作焉。

文章雖未明確引用莊子的文句，卻不難看出從《莊子．齊物論》中「天籟」變化而來。「空中而多竅，與風水相吞吐」數句，與〈齊物論〉以「大塊噫氣，其名為風。是唯無作，作則萬竅怒號」及「泠風則小和，飄風則大和，厲風則眾竅為虛」來寫天籟有異曲同工之妙。蘇軾〈跋石鐘山記後〉說：「自靈隱下天竺而上至上天竺，溪行兩山間，巨石磊磊如牛羊，其聲空冀然，真若鐘聲，乃知莊生所謂『天籟』者，蓋無所不在也。」可見東坡亦自承取法《莊子》，雖未用其辭，實取其意。鄭之惠《蘇長公合作》說：「千古文人，唯南華老仙、太史公、蘇長公字字挾飛鳴之勢。」⑰確為有見。

〈雪堂問潘分老〉中，東坡與潘分的對話，行文如莊子，論辯彷彿莊子有待無待之說⑱，辭句雖不同，意義則前有所承。

(四)習其文法而取其氣

熙寧七年（一〇七四）秋，蘇軾自杭州通判移知密州，〈超然臺記〉所謂「余自錢塘移守膠西」即指此事。文章從「始至之日」說到「處之期年」，故寫作時間應在熙寧八年（一〇七五）。超然臺的故址在今山東諸城縣北城上。臺名「超然」為子由所取，據蘇轍〈超然臺賦序〉指出，來源為《老子》「雖有榮觀，燕處超然。」蘇軾則認為，子由見子瞻「無所往而不樂者，遊於物外者」，因以為名。

〈超然臺記〉云：

> 凡物皆有可觀。苟有可觀，皆有可樂，非必怪奇偉麗者也。餔糟啜醨，皆可以醉；果蔬草木，皆可以飽。推此類也，吾安往而不樂。夫所爲求福而辭禍者，以福可喜而禍可悲也。人之所欲無窮，而物之可以足吾欲者有盡。美惡之辨戰乎中，而去取之擇交乎前，則可樂者常少，而可悲者常多。是謂求禍而辭福。夫求禍而辭福，豈人之情也

哉？物有以蓋之矣。彼游於物之內，而不游於物之外；物非有大小也，自其內而觀之，未有不高且大者也。彼且挾其高大以臨我，則我常眩亂反覆，如隙中觀鬥，又烏知勝負之所在？是以美惡橫生而憂樂出焉；可不大哀乎！

超越禍福、美惡、勝負、憂樂的相對觀念才能遊於物外，遊於物外就可以無往而不樂。「自其內而觀之」的句法，《莊子》中常用，如〈德充符〉「自其異者視之」，〈秋水〉「以道觀之」、「以物觀之」、「以俗觀之」、「以差觀之」、「以功觀之」、「以趣觀之」亦相類似；「是以美惡橫生而憂樂出焉；可不大哀乎」與〈齊物論〉「其形化，其心與之然，可不謂大哀乎」意同。而文中風俗淳樸的社會亦近於道家的理想社會的翻版。唐順之《文編》認為〈超然臺記〉「本之莊生」，確為卓見。

金聖歎《天下才子必讀書》認為〈超然臺記〉「文法超妙，全從《莊子．達生》、〈至樂〉等篇取氣來。」⑲從「文法」與「取氣」二方面說明東坡與莊子的關聯。〈達生〉主要論養生應「神全」、「全於天」，而後能與自然化合為一，所謂「游乎萬物之所終始，壹其性，養其氣，合其德，以通乎物之所造」即「遊於物外」之意；而〈至樂〉說：「夫富者苦身疾作，多積財而不得盡用，其為形也亦外矣！夫貴者夜以繼日，思慮善否，其為形也亦疏矣！」便說明「求福而辭禍」的結果往往變成「求禍而辭福」，所謂「至樂無樂」即「無所往而不樂」之意。二文相合，便是〈超然臺記〉的命名用意「無所往而不樂者，遊於物外者」。此外，林雲銘認為「遊物之外」的「遊」即《莊子·逍遙遊》，又以為「超然」二字出《莊子》，而有自樂其樂之意；林琴南則認為「物內、物外」的分別從《莊子》論「方內、方外」轉化而來⑳，皆能持之有故而言之成理。

蘇軾「以文為賦」，用散文的筆勢文法為賦體別開生面，前後〈赤壁賦〉實為代表作。〈前赤壁賦〉云：

> 蓋自其變者而觀之，則天地曾不能以一瞬；自其不變者而觀之，則物與我皆無盡也，又何羨乎！

這樣的句子顯然從《莊子》變化而來。〈德充符〉說：「自其異者視之，肝膽楚越也；自其同者視之，則物與我皆一也。」東坡在引用時已將原句加以變化，意思亦與《莊子》有所不同。謝枋得《文章軌範》也認為此賦的文法與莊子相同，卻無一字相似，「非超然之才，絕倫之識，不能為也」㉑這是從文法方面看。車若水則認為〈赤壁賦〉「見得東坡浩然之氣。是他胸中無累，吐出這般言語。卻又與孟子浩然之氣不同，孟子是集義所生。東坡是莊子來，人學不得。」㉒則從文氣著眼，指出兩者的源流。因此，林西仲說：「熟讀前後〈赤壁〉，勝讀《南華》一部。」㉓則謂其非但習其文法而取其氣，實已青出於藍而勝於藍矣。

此外，〈刑賞忠之至論〉一文中，宋人羅大經《鶴林玉靈》云：「莊子之文，以無為有，東坡生平極熟此書，故其為文駕空行危，惟意所到。其論刑賞也，曰『殺之，三』等議論，讀者皆知其所欲出，推者莫知其所自來，將無作有，是古今議論之傑然者。」㉔姚鼐《古文辭類纂》亦云：「東坡策論，其筆勢多取於《莊子》外篇。」㉕可見學者普遍認為東坡在文法與文氣二方面得自於《莊子》者不少。

㈤效其寓言而用比喻

〈日喻〉一文，據宋人朋九萬《東坡烏臺詩案》的說法，作元豐元年，時東坡知徐州。文章用「以譏諷近日科場之士，但求務進，不務積學，故皆空言而無所得。以譏諷朝廷更改科場新法不便也。」㉖諷譏的手法，不能不考慮到〈詩大序〉「主文而譎諫，言之者無罪，聞之者足以戒」的提醒，譬喻實為譏諷的最好選擇。東坡在〈日喻〉一文中便用了兩個寓言來作譬喻。第一個寓言是眇者欲識日，問於有目者，得到的回答是：「日之狀如銅盤」與「日之光如燭」，遂以鐘籥為日。雖有達者巧譬善導以告之，卻轉而相之而未致其道。第二個寓言說：

> 南方多沒人，日與水居也。七歲而能涉，十歲而能浮，十五而能沒矣。夫沒者豈苟然哉？必將有得於水之道者。日與水居，則十五而得其道。生不識水，則雖壯，見舟而畏之。故北方之勇者問於沒人，而求其所以沒，以其言試之河，未有不溺者也。故凡不學而務求道，皆北方之學沒者也。

透過這兩個寓言的妙喻，再導出「昔者以聲律取士，士雜學而不志於道；今也以經術取士，士知求道而不務學」的結論。「沒人」的寓言可能受到《莊子·達生》的啟發。〈達生〉中有兩則寓言與此相關，第一則是顏淵問：「操舟可學邪」？津人回答：「善泳者數能。若乃夫沒人，則未嘗見舟而便操之也。」顏淵不懂，孔子加以解釋：「善泳者數能，忘水也。若乃夫沒人之未嘗見舟而便操之也，彼視舟之覆猶其車卻也。」顏淵才大悟。另一則是孔子問披髮行歌的善泳者「蹈水有道乎」？泳者回答：「亡，吾無道，吾始乎故，長乎性，成乎命。與齊俱入，與汩偕出，從水之道而不為私焉。此吾所以道也。」孔子要求進一步解釋時，又答：「吾生於陵而安於陵，故也；長於水而安於水，性也；不知吾所以然而然，命也。」東坡「沒人」的寓言將《莊子》的兩個寓言融合為一，頗見巧思。

《莊子》一書「寓言十九」，可見莊子最善於用寓言來譬喻。東坡此篇用寓言以譬喻，可謂淵源有自，故沈德潛《唐宋八家文讀本》說：「未嘗見而求之人，是一意；不學而強求其得，是一意；前後兩意，俱用設喻成文，妙悟全得《莊子》。愈淺近言道愈明，所云每下愈況者耶？」㉗用「設喻成文」的觀點確能看出蘇軾與莊子運用寓言的關聯性。

四、蘇軾批判莊子

前文論述蘇軾與莊子的關聯性，著重指出蘇軾受到莊子的影響，必須說明的是，蘇軾對於莊子除了有「清詩健筆何足數，逍遙齊物追莊周」[28]、「此地他年頌遺愛，觀魚并記老莊周」[29]這類認同與接受的態度外，也有「萬里儻同歸，兩鰥當對稷。強歌非真達，何必師莊周」[30]這類的觀點。可見蘇軾對於莊子不是盲目而全盤的接受。

蘇軾〈居士集序〉云：

自漢以來，道術不出於孔氏，而亂天下者多矣。晉以老莊亡，梁以佛亡，莫或正之。五百餘年，而後得韓愈，學者以愈配孟子，蓋庶幾焉。[31]

將晉亡歸於老莊之過，可見蘇軾認為莊子思想中有消極的成份。所謂「莊子蓋助孔子者」在東坡看來雖是正理，但因莊子「正言蓋無幾」而「不可以為法」，後世士人不能從「詆訾孔子」的篇章中「微見其意」，因此產生流弊。東坡認為結束「亂天下」的辦法仍在於孔子的道術。〈議學校貢舉狀〉云：「昔王衍好老莊，天下皆師之，風俗陵夷，以至南渡」，而「今士大夫至以佛老為聖人，鬻書於市者，非莊老之書不售也。讀其文，浩然無當而不可窮；觀其貌，超然無著而不可挹，此豈真能然哉？」[32]今昔之間既有如許類同的地方，若要趨利避害，當然要實行孔之道。二文論調頗為一致。

在「晉以老莊亡」的論點之外，東坡也從道家思想的流變本身來說明莊子思想可能的流弊，〈韓非論〉云：

昔周之衰，有老聃、莊周、列禦寇之徒，更爲虛無淡泊之言，而治其猖狂浮游之說，紛紛顛倒，而卒歸於無有。由其道者，蕩然莫得其當。是以忘乎富貴之樂，而齊吾生死之分，此不得志於天下。……仁義之道起於夫婦父子兄弟相愛之間，而禮法刑政之原出於君臣上下相忌之際。相愛則有所不忍，相忌則有所不敢，不敢與不忍之心合，而後聖人之道得存乎其中。今老聃莊周論君臣父子之間，汎汎然若萍浮於江湖而適相值也，夫是以父不足愛，而君不足忌。不忌其君、不愛其父則仁不足以懷，義不足以勸，禮樂不足以化。此四者不足用，而欲置天下於無有，豈誠足以治哉。[33]

此段文字主要在論道家思想的缺點。道家由於不講求禮法刑政、仁義禮樂，影響所及，對於「高世遠舉之人」，「雖未聖人之道，而其用意固無惡於天下」；但是若為申、韓之徒，就會「得其所以輕天下而齊萬物之術，是以敢為殘忍而無疑」。東坡因而得到：「後世學者知申、韓之罪，而不知老聃、莊周使然」，「莊老之後，其禍為申、韓」的結論[34]。問題是：老子與莊子的思想容或有易於被利用的流弊，申不害與韓非對於老莊思想的錯誤引申卻不應該由老莊來負完全的責任，東坡如此說法未免持論太苛，未為的論。

五、評語

宋人林希逸說：「東坡一生文字，只從此（《莊子》）悟入。」[35]雖為有見，然揄揚太過，不免忽略東坡的文學才華。東坡一生顛沛流離，思想的發展頗為複雜，儒、釋、道各家思想都曾有深刻的影響，莊子思想影響東坡雖鉅，尚不足以籠罩其一生。

蘇軾對於莊子思想理解頗深刻，〈莊子祠堂記〉一文中以「陽擠而陰助」說明「莊子蓋助孔子者」的觀點，理由雖未必充分，然已指出一條朗朗大道，後代在論莊子與儒家的關係時，往往採納其說以為依據，加以補充，蘇軾實為「莊子思想源於儒家」之說的奠基者[36]；而文中以〈讓王〉、〈說劍〉、〈漁父〉、〈盜跖〉四篇為偽作，而將〈寓言〉與〈列禦寇〉合為一章的做法，開啟莊學史上辨偽的風潮，逐漸形成較為完整的理據去證實蘇軾的觀點為正確，辨偽的範圍更遍及內外雜篇，使蘇軾成為莊學辨偽史上的首倡者。一篇深刻的短文較諸一般篇幅龐雜的《莊子》注疏影響更深更遠，可見蘇軾對莊子的理解實非泛泛。然而蘇軾畢竟是宋人，宋代整個儒家思想的籠罩使他難以跳出站在儒家立場批判佛學與老莊的觀念，「晉以老莊亡」與「莊老之後，其禍為申、韓」兩種論點便是此一立場的產物，持論太過，難免有失。

正因為對《莊子》的熟悉與認識，使之成為蘇軾創作的來源之一。不論是文句或思想，也不論原句照用或加以轉化，都能呈現蘇軾得心應手地運用《莊子》。在文章的作法、文氣的開闔、寓言的運用上，蘇軾都能將莊子的文字自然地轉化而融入自家的風格中。東坡從二十五歲走進政壇，到六十六歲逝世，足跡從河南到陝西，從浙江到山東，從江蘇到湖北，從安徽到河北，從廣東到海南島，而成為一生顛沛流離卻始終如一的精神支柱的正是莊子思想[37]。

註釋：

❶ 魯迅《漢文學史綱》（台北：風雲時代出版公司，民國七九年十一月初版），第三篇老莊，頁八六。

❷ 一般文學史在提及莊子時，多如此表示，如劉大杰便說：「在諸子，莊子是一位偉大的散文家，他和孟子散文的風格不同，但對後代同樣具有很大的影響。」見《中國文學發展史》（台北：華正書局，民國七三年八月出版）頁八四。另外，陸欽更具體指出：「受莊周文學思想影響的，漢代有賈誼、司馬遷；魏晉有阮籍、稽康、陸機、陶淵明、劉勰；唐代有李白、韓愈、柳宗元、司空圖；宋代有王安石、蘇軾、陸游；明代有吳承恩、馮夢龍；清代有曹雪芹、劉熙載、龔自珍；現代有魯迅、郭沫若、聞一多、王蒙等等。」詳參〈莊周在我國文學史上的影響〉，附於陸欽《莊周思想研究》（河南：河南人民出版社，一九八三年十二月出版。本文出版年月的紀年概依原書所標示，不予統一）。

❸ 林雲銘《莊子因·序》（台北：廣文書局，民國五十七年一月初版），頁一。

❹ 蘇轍《欒城集》下冊（曾棗莊、馬德富校點，上海：上海古籍出版社，一九八七年三月第一版），頁一四二一。

❺ 蘇轍《欒城集》下冊，頁一四一一。

❻ 陸欽說：「蘇軾詩文揮灑自如，奔騰豪放，想像奇特，誇張巧妙，既有一洩千里之勢，又有文理自然之美，無不滲透莊周文風特點。他的作品大量引用《莊子》寓言和警句。他筆下的老農、村姑、幼童、漁、船夫，都淳樸可親，田園風光頗有泥土氣息。這和莊周作品的人物、景色，格調相近。」（〈莊周在我國文學史上的影響〉）說明雖稍欠具

體，然就「文風」與「格調」而言，確是相近的。

❼ 這是大陸學者陶白根據康熙年間文蔚堂版本《蘇東坡詩集注》探討蘇東坡受莊子影響的脈絡所得的結果，引用的篇章包括蘇軾認為是偽作的〈讓王〉、〈說劍〉、〈漁父〉、〈盜蹠〉等篇。見陶白〈蘇軾論莊子〉，《江海學刊》一九八五年第三期。

❽ 學者論蘇軾詩文出於莊子者甚多，如范溫《潛溪詩眼．坡文工於命意》認為：「（蘇軾）其源蓋出於莊子」，「善學莊子，無如老坡」；邵博《邵氏聞見後錄》說：「愚溪惜楊誨之用《莊子》太多，反累正氣。東坡早得文章之法於《莊子》，故於詩文多用其語。」參四川大學中文系編《蘇軾資料彙編》（北京：中華書局，一九九四年四月初版，共五冊）上編一。另，劉智濬《蘇軾與莊子》（輔仁中文所碩士論文，民國七十五年五月）副標題為「東坡文學作品中的莊子思想」，主要便在論東坡與莊子的關聯，惜詩文引用不夠全面，義理的引申又欠明確。

❾ 蘇軾《蘇東坡全集》上冊（台北：世界書局，民國七十四年九月五版），頁三九一。本文所引蘇軾詩文，俱與此同，不另標明。

❿ 鍾來因認為，蘇軾在徐州期間對政治越來越格格不入，自然促使它轉向學仙求道。蘇軾為學道，去終南山太平宮讀《道藏》，蘇轍的到來使蘇軾得到道教以口傳授的秘訣，易於學習道教長生術；身體的衰老更易感到生命短促，自然想到學道；結交張天驥父子、王仲素等精於道術的人，使蘇軾學道更為積極。見鍾來因《蘇軾與道家道教》（台北：學生書局，民國七十九年五月初版）第二章蘇軾一生崇道概況、第五節蘇軾在徐州，頁六一－七六。

⓫ 關於荀子對莊子的評論，可參胡楚生〈試析荀子對老莊思想的批評〉，《興大中文學

報》第五期，民國八十一年五月。收入胡楚生《老莊研究》（台北：學生書局，民國八十一年十一月出版）。

⑫ 朱子對於孟子未曾提及莊子提出的理由是：（一）莊子只在僻處自說，當時無人宗之。換句話說，莊子對後世產生影響力是後來的事，當時的莊子既缺乏影響力，當然不會引起孟子的注意。（二）孟子闢楊朱就等於闢莊子。朱子以為，莊子書的思想來自楊朱，楊朱來自老子，可見老子、楊朱、莊子在思想上屬同一系統，孟子當然選擇最具影響力的楊朱來批判；而且既是同一思想來源，批判楊朱，表面上未批判莊子，而實際上等於已批判莊子。朱子之說詳見黎靖德編《朱子語類》（台北：華世出版社，民國七六年元月台一版，共八冊）第八冊、第一百二十五卷。

⑬ 美國學者陳啟雲認為蘇軾的說法很有問題，他說：「〈天下篇〉論的是道術，篇中列舉的除了墨子和惠施以外都是道家中人（惠施著作已佚，遺說僅存《莊子》書中，《墨子》後來被收入道藏原因大概在此），其他先秦思想不與列的很多，不能說是極端尊崇孔子。」見陳啟雲〈從《莊子》書中有關儒家的材料看儒學的發展〉，收入湯一介編《中國文化與中國哲學》（北京：三聯書店，一九八七年）。

⑭ 引自曹礎基《莊子淺論》（廣東：人民出版社，一九八七年八月），頁一八一。

⑮ 蘇軾在詩文中往往會提出他對《莊子》的看法，如〈書晁說之所藏與可畫竹〉說：「與可畫竹時，見竹不見人。豈獨不見人，荅然遺其身。其身與竹化，無窮出清新。莊周世無有，誰知此疑神。」〈與晁君成〉也說：「苦寒審尊履佳勝，新文極為精妙。久不見之，甚慰喜。《莊子》『用志不分乃疑於神』，古語以疑為似耳，如《易》『陰疑於陽』，世俗不知，乃改作。不敢不告，人還草草。」便是對《莊子．達生》：「用志不

分，乃凝於神。」的辨正。這一問題學者頗有爭議，尚未有確解，如宋、張淏《雲谷雜記》卷三〈疑凝二字〉條：「東坡云：近世人經以意改書，……遂使古書日就訛舛。」「蜀本大字書皆善本，蜀本《莊子》云：『用志不分，乃疑於神』，此與《易》『陰疑于陽』、《禮》『使人疑汝于夫子』同。今四方本皆作『凝』。」張淏案云：「『用志不分，乃疑于神』之語，本出于《列子》。今《列子》皆作『疑』，則《莊子》之誤，于此是可證矣。何待引《易》、《禮》然後知其誤也。」問題是：《列子》一般被認為是魏晉時的偽書，時代晚於《莊子》，則此說就難以成立。然而，仍有不少注家均贊同蘇軾之說，如翁方綱《蘇軾補注》說：「乃疑于神，謂直與神一般耳，非謂見疑之疑也。坡公所引《易》、《禮》二語，其釋疑字最精。」當然，歷來的論點並非一面倒，也有持反對意見的，如元李治《敬齋古今黈》就說：「治曰：四注所援東坡之說，吾恐非蘇子之言也。信如蘇子之言，則蘇子之見厥亦偏也。所謂先輩不敢改書，是固有理，若斷凝神以為疑神則吾不知其說也。《莊子》所謂『用志不分，乃凝于神』正如《繫辭》所謂『精義入神以致其用也。今東坡以為與『使人疑汝于夫子』同，殆非也。何者？『陰疑于陽』，乃見疑于陽；『使人疑汝于夫子』，乃見疑于人，此『用志不分』亦見疑于神乎？凡人之心，以先入者為主。東坡入蜀，先見蜀本，因目生心，承文立義，皦如星月，牢如膠漆，久之又久，心與理化，忽覽別本，如睹怪物，矛盾前後，能無改乎？東坡以蜀本為善本，而四方本皆後人所改，又安知四方本不為善本而蜀本獨非前人之誤乎？」，詳見王水照《蘇軾選集》（台北：群玉堂出版公司，民國八十年十月初版）頁一八七。

⑯ 關於庖丁解牛的解說，可參考徐復觀《中國藝術精神》（台北：學生書局，民國七十三

年十月八版）第二章中國藝術精神主體之呈現——莊子的再發現。

⑰ 王水照選注《蘇軾選集》頁三九九。劉克莊〈坡公石鐘山記〉云：「坡公此記，議論，天下之名言也；筆力，天下之至文也；楷法，天下之妙畫也。夫水石相搏固有聲，然非風無以發之。蒙叟之言曰：是惟無作，作則萬竅怒號，雖大木之竅穴，似鼻似口似耳者，皆激謞叱吸譹叱咬。況山下皆石穴，又大石可坐百人，空中而多竅，其受風不愈多乎？公夜艤舟，其所聞噌紘者，又聞其鏜鞳聲，李似之侍郎云：亦嘗于此艤舟，止聞其吞吐者，疑水仙噌紘鏜鞳之聲私于坡公者。余謂蒙叟固云：冷風則小和，飄風則大和。竊意李是夕適值風恬浪靜耳。」（《後村先生大全》卷一一〇）可見劉後村亦以為〈石鐘山記〉有取於《莊子．齊物論》「天籟」之意。

⑱ 見劉少雄〈東坡黃州文散論〉，《中國文哲研究通訊》五卷三期，一九九五年九月。劉少雄又說：「《莊子．知北遊》有藻雪精神之說，東坡取雪之意，或出於此。」則為師其意亦用其辭。另，李治（一一九二—一二七九）《敬齋古今黈》說：「東坡〈後赤壁賦〉『劃然長嘯，草木振動。』『劃』之一字蓋出於《莊子．內篇．養生主》內，庖丁解牛『砉然嚮然，秦刀騞然』。『騞』、『劃』雖不同，而古自音聲相近者皆通用。」則是師其意而不用其辭。

⑲ 宋人吳氏《林下偶談．坡賦祖莊子》認為〈赤壁賦〉「蓋用《莊子》語意。」俱見王水照《蘇軾選集》（頁三八六—頁三八八）。又，郎擎霄《莊子學案》說：「蓋莊文尚虛，而東坡文亦善寫虛，如〈淩虛臺記〉、〈清風閣記〉、〈超然臺記〉、〈喜雨亭記〉、前後〈赤壁賦〉等篇之類是也。」（天津：古籍書店，一九九〇年七月）也是從筆勢文法著眼所作的說明。

⑳《蘇軾資料彙編》頁八二三。

㉑引自黃錦鋐〈莊子之文學〉，收入黃錦鋐《莊子其及文學》（台北：東大圖書公司，民國七十三年九月再版）

㉒見《蘇軾選集》頁三六〇。金聖歎「文法超妙」的意思是：「臺名超然，看他下筆便直取『凡物』二字，只是此二字以中題之要害。便以下橫說豎說，說自他見，無不縱心如意也。」又，〈達生〉與〈至樂〉皆有「以己養養鳥」的寓言，可以貫串二文的思想。此外，〈養生主〉所謂「安時而處順，哀樂不能入也」，〈大宗師〉說：「今一以天地為大爐，造化為大冶，惡乎往而不可哉？」皆為東坡「吾安往而不樂」意義與句型取法的來源，說見黃慶聲〈言談與論述──比歐陽修與蘇軾的亭台記為例試論古典散文的藝術情境〉，逢甲大學中文系所「中國文學理論與批評研究學術研討會」論文，民國八十三年五月二十一至二十二日。

㉓林西仲《古文析義》云：「臺名超然，作文不得不說入理路、凡小品文字，說到理路，最難透脫。此握定『無往不樂』一語，歸根於『遊物之外』，得《南華．逍遙遊》大旨。」林紓（一八五二—一九二四）《古今辭類纂選本》則說：「莊子于子桑子之死，托孔子之言答子貢，有方外、方內之別。方，區域也。方外忘死生，方內循禮法。今東坡之文變其說曰『物內、物外』，其意正同。」見《莊子資料彙編》。另，劉智濬《蘇軾與莊子》第三章第三節超然物外的追尋，黃惠菁《東坡文藝創作理論研究》（國立臺灣師範大學《國文研究所集刊》第三七七號，民國八十二年五月）第五章第四節物化，論之較詳，可參考。

㉔楊慎選、袁宏道參閱《三蘇文範》卷五亦引此文，此處引自王水照《蘇軾選集》頁三三

二。

㉕《蘇軾資料彙編》頁一三三二。

㉖《御選唐宋文醇》也說：「宋子王安慈始以經術取士，一時求士者皆改其妃青媲白；而談道德仁義乃致之于用，則茫然失據，亦與妃青媲白無二焉，此蘇軾〈日喻〉所以作也。」兩則俱引自王水照《蘇軾選集》頁三六三。

㉗林紓《春覺齋論文．忌虛枵》也說：「東坡雄傑，軼出凡近。吾讀其〈日喻〉一篇，亦不無可疑處。入手以鐘籥喻日，語妙天下。及歸宿，到言道處，宜有一番精實之言，乃曰『莫之求而自至』，則過於聰明，不必得道之綱要；大概類《莊子》所言『同乎無同，其德不離，同乎無欲，是謂樸素』者，非聖人之道也。」俱引自王水照《蘇軾選集》頁三六四。

㉘見〈送文與可出守陵州〉（《蘇東坡全集》上冊、頁五六）。

㉙見〈壽州李定少卿出餞成東龍潭上〉（《蘇東坡全集》上冊、頁五九）。

㉚見〈聞正輔表兄將至以詩迎之〉（《蘇東坡全集》上冊、頁五一一）。

㉛見《蘇東坡全集》上冊、頁三一五。

㉜〈議學校貢舉狀〉又云：「蓋中人之性，安於放而樂於誕耳。使天下之士能如莊周，齊死生，一毀譽，輕富貴，安貧賤，則人主之名器爵祿，所以礪世摩鈍者廢矣。」（見《蘇東坡全集》下冊、頁三九九）。可見蘇軾對莊子亦未必無微詞。

㉝見《蘇東坡全集》下冊、頁七七五。

㉞見〈韓非論〉。又，〈子思論〉云：「夫子之道，不幸而有老聃、莊周、楊朱、墨翟、田駢、慎到、申不害、韓非之徒，各持其私說以攻乎其外，天下方將惑之，而未知其所

適從；奈何其弟子門人又內自相攻而不決，千載之下，學者愈眾，而夫子之道益晦而不明者，由此之故。」（《蘇東坡全集》下冊、頁七七一）論點亦同。

㉟ 見林希逸《莊子口義·發題》（台北：弘道文化事業公司，民國六十年初版）。

㊱ 「莊子思想源於儒家」之說不始於蘇軾，唐朝的韓愈在〈送王塤秀才序〉一文中就曾提到：「子夏之學，其後有田子方，子方之後，流為莊子。故周之書，喜稱子方之為人」，然其說缺乏理據，難以成立。詳見簡光明〈莊子思想源於田子方說辨析〉，《鵝湖月刊》二二六期，一九九四年四月。所謂「奠基者」是指蘇軾為「莊子思想源於儒家」的學說提供了基本的說明。

㊲ 見陶白〈蘇軾論莊子〉。

論唐初官方文學意識的形成
——以史官文論為研究對象

陳志信

一、前言

眾所周知，東漢以降至魏晉南北六朝，是中國文學逐漸由儒學經術中脫開，而正式自成一特定領域的重要時期。隨之而起的，便是有關文學該往何處發展的各種思潮的湧現。而這種由文學獨立後而生的反思熱潮，至唐代依然無衰退的跡象。

然而值得我們注意的是，文學的發展在中國，始終與政治間存在著一定程度的關聯❶。這個事實也導致唐人對文學的種種反省，亦無法單在純文學的層面上進行。而對身負建構官方文學意識的初唐人來說，政治層面的思維，當然是在構擬該文學意識的過程中的必要考量。甚至即使我們說該文學意識主要是建立在政治層面的考量上，恐怕也是不為過的！這麼說來，所謂的唐初官方文學意識，可說是當時種種文學思維中，與政治關係最為密切的一支了。為了深入瞭解中國文學思潮中政治與文學間的相互關係，揭示如唐初官方文學意識般這種與政治尤為相關的思維的形成過程，相信是中國文學研究領域中的學人，所不能輕易忽略的課題。

一般說來，思想意識之所以為人所需要，是因為人們相信可以依憑它來解決所面臨的大小問題。而在思想意識形成的過程中，建構者對所面臨問題的性質的界定，是決定該思想意識將於何基點上建立的首要步驟。❷至於人們將以何途徑來形成一套思想意識，以解決他們所認定的核心問題，往往亦與建構者本身所持有的一套特定思維模式，有一定程度的關聯。而唐初的官方文學意識作為一種思想意識，當然亦具有以上所論的各種特性。是以在正文的進行中，我們所要分別解決的問題就是——唐初官方文學意識的建構者，在當時的文學環境中看到的是何種性質的問題？又這些建構者是依何種思路構擬出一套足以指引文學發展的官方文學意識，以解決他們心目中的文學問題？希望藉由這兩個相關問題的解答，能使我們明白地揭露唐初官方文學意識形成的完整過程，進而對與政治密切關聯的中國文學思潮，有更進一步的瞭解。

二、唐初史官所面臨的文學問題

一般說來，東漢乃至魏晉南北朝以來文學之所以能自經學範疇中獨立，乃與當時「人對自己生命的自覺」的思潮，有關鍵性的關聯。換句話說，人由對群體秩序的關懷（如兩漢儒者）轉向對自身生命價值的體悟，方使得適於抒發情志的文學獲得長足的發展。這種狀況反映在文論上，便有所謂「緣情說」的出現與流行。❸不過就本文的主題來說，我們所關切的倒不是緣情說本身的理論，而是因此說的盛行所延伸出的一些待後人解決的問題。

龔鵬程先生於〈論詩文之「法」〉一文中曾如是說道：

這種對抒情自我的強調，當然是漢魏南北朝文評的基本認定，但強調抒情自我、強調創作活動中「感物吟志，莫非自然」的一面，無疑又會使整個創作活動出現疑難。譬如說，文學創作只是情志的湧現，還是必須仰賴文字技巧的構作？文字如何有效地整理情志、表現心靈之所感？《文心雕龍．總術篇》反省的就是這個問題，……。其次，單只強調創作是作者抒情自我的發露，那麼同樣是表露情性，何以言有工拙？「工拙之數，如有可言」，則其術安在，沈約考慮的，主要即是這一問題，……。倘若我們沒有忘記《顏氏家訓．文章篇》曾說過：「自古文人，多陷輕薄……原其所積文章之體，標舉興會，發引性靈，使人矜伐，故忽於操持，果於進取。今世文人，此患彌切」，便當注意到諸如沈約劉勰這一類文論，均應看成是六朝後期整體反省活動的一環。在這種對緣情詩觀的反省中，可能導向道德性的要求，但更重要的，乃是導往規律的建立。❹

由此段文字中我們可以看出當時由於文學獨立與緣情說的盛行，大致延伸出兩方的課題有人們解決，那就是「如何發展文術以便呈現情志」（這是龔先生此文的論述重點）以及「文學創作是否得合於正道」這兩個課題。縱然這兩個課題產生於相同的文學環境中，且彼此間亦有某種程度的關聯，然而若站在歷史的角度上觀察，它們卻分別是由不同身份的人針對當時的文學環境所形構出相異性質課題。❺簡要地說，文人當時所看到的，是前一種文學性較重的問題；相對而言，政治興趣濃厚的士人所注意的，便是後頭這類聯繫於傳統政教觀的問題了。而第二個課題，便正是本文的研究對象——唐初官方文學意識的建構者於當時的文學環境中所面臨的問題了。

回到唐初的歷史時空中，我們發現負責構擬官方文學意識的，主要是當時（由高祖566—635朝至太宗598—649朝）一批由皇帝任命修史的史官。至於他們為何要以「文學創作是否得合於正道」為當時主要的文學問題，我們可以由修史的功用與史官的身份兩方面進行考察。有關修撰史書的功能，《舊唐書．令狐德棻傳》如是記載道：

德棻嘗從容言於高祖曰：「竊見近代以來，多無正史，梁、陳及齊，猶有文籍。至周、隋遭大業離亂，多有遺闕。當今耳目猶接，尚有可憑，如更十數年後，恐事跡湮沒。陛下既受禪於隋，復承周氏歷數，國家二祖功業，並在周時。如文史不存，何以貽鑑今古?如臣愚見,並請修之。」高祖然其奏,下詔曰:「司典序言,史官記事,考論得失,究盡變通,所以裁成義類,懲惡勸善,多識前古,貽鑑將來。……。」(蕭)瑀等受詔,歷數年,竟不能畫而就罷。貞觀三年,太宗復敕修撰,乃令德棻與秘書郎岑文本修周史,中書舍人李百藥修齊史,著作郎姚思廉修梁、陳史,秘書監魏徵修隋史,與尚書左僕射房玄齡總監諸代史。……德棻又奏引殿中侍郎史崔仁師佐修周史,德棻仍總知類會梁、陳、齊、隋諸史。武德已來創修撰之源,自德棻始也。……尋有詔改撰《晉書》,房玄齡奏德棻令預修撰,當時同修一十八人,並推德棻爲首,其體制多取決焉。❻

由此段記載我們可以看出,縱然撰修史書的建議者令狐德棻(583—666)以「陛下受禪於隋,隋承周,二祖功業多在周,今不論次,各為一王史,則先烈世庸不光明,後無傳焉」❼為理由(亦即藉由傳述高祖祖父李虎、父李昺二人之功績以為後世典範),來打動高祖支持修史。然而從君臣間問答來看,整個工作的用意與精神所在,亦在藉史書之完成以「貽鑑將來」這點上。是以諸史官在總述前朝文學發展成果並進行評論時,自然亦肩負有藉撰史以為今人、後世借鏡這政教層面的使命(當時此精神亦延續至太宗朝)。另外值得我們注意的,是這批史官的身份。當時參與此工程的,主要是姚思廉(557—637)、李百藥(565—648)、房玄齡(579—648)、魏徵(580—643)、令狐德棻等人。若就個人傳記看來,這批人的本質大多傾向於政治家，即使他們有論史、作史的興趣，基本上也是政治性格的延續。❽這種傾向也自然影響到他們修史的態度乃至對前代文學的批評上。故黃保真先生便如是說道：

他們之中多數人不是純粹的學者、文人，而是在當時的政治舞台上扮演著大小不等的角色。因此，他們的思想，既有強烈的現實性，又有透徹的歷史感，很重視從各個朝代的治亂興亡中，總結政治、思想、文化等方面的歷史經驗，作爲唐王朝制定方針大計的借鏡。❾

這麼說來，由於此項工作的預定功能，乃至修史者本身的性向，已經把評述前代文學成果的工程，限定在「總結政治、思想、文化等方面的歷經驗，作為唐王朝制定方針大計的借鏡」這種政教層面的特定格局中了！而這格局，便如實地反映在唐初史官對所面臨文學問題之性質的界定上。

明白地說，由於唐初史家是在政教層面的格局中來進行思考，所以他們在魏晉南北朝以來形成的文學環境中所看到的問題，亦與政教相關。是以在其文論中，首先讓我們感興趣的，便是他們對前代只策重形式一面而未聯繫於正道文風的不滿。故魏徵於〈群書治要序〉中便如是批評道：「近古皇王，時有撰述，並皆包括天地，牢籠群有，競採浮豔之詞，爭馳迂誕之說，騁末學之博聞，飾雕蟲之小伎，流宕忘反，殊塗同致。」❿可見當時文學創作只重文術而逐漸與正道脫離的狀況，顯然是他們深感憂心的問題。另一更值得我們注意的現象，則是唐初史官對梁、陳諸朝不僅未聯繫於正道、且表達淫靡之情的文學創作的強烈批評。且他們甚至直捷地將淫靡文風視為促成諸朝亡國的重要原因之一。⓫如魏徵於《隋書·經籍志》中云：

> 梁簡文帝在東宮，亦好篇什，清詞巧製，止乎衽席之間；雕琢蔓藻，思極閨闈之內。後生好事，遞相放習，朝野紛紛，號爲宮體，流蕩不已，訖于喪亡。陳氏因之，未能全變。其中原則兵亂積年，文章道盡。……古者陳詩觀風，斯亦所以關乎盛衰者也。⓬

又《隋書·文學傳序》云：

> 梁自大同之後，雅道淪缺，漸乖典則，爭馳新巧。簡文、湘東，啟其淫放，徐陵、庾信，分路揚鑣。其意淺而繁，其文匿而彩。詞尚輕險，情多哀思。格以延陵之聽，蓋亦亡國之音乎？⓭

姚思廉於《陳書·後主本紀》中亦云：「古人有言：『亡國之主，多有才藝。』」考之梁、陳及隋，信非虛論。然則不崇教義之本，偏向淫麗之文，徒長澆僞之風，無救亂亡之禍矣。」⑭又令狐德棻於《周書·庾信傳》中亦云：

然則子山之文，發源於宋末，盛行於梁季。其體以淫放爲本，其詞以輕險爲宗。故能誇目侈於紅紫，蕩心逾於鄭衛。昔楊子雲有言：「詩人之賦，麗以則；詞人之賦，麗以淫。」若以庾氏方之，斯又詞賦之罪人也。⑮

又李百藥於《北齊書·文苑傳序》中亦云：

江左梁末，彌尚輕險，始自儲宮，刑乎流俗，雜沾滯以成音，故雖悲而不雅。爰逮武平，政乖時蠹，唯藻思之美，雅道猶存，履柔順以成文，蒙大難而能正。原夫兩朝叔世，俱肆淫聲，而齊氏變風，屬諸絃管，梁時變雅，在夫篇什。莫非易俗所致，並爲亡國之音。⑯

這種種的批評能使我們明白地看出對深受政教思維制約的唐初史官來說，顯然當時最重要的文學問題，除了「文學創作是否可只偏於形式一面而與正道脫開」外，便在「表達與正道相違的淫靡情感的文學創作是否適當」這課題上了。而梁、陳等朝代亡國之史事，使他們在心目中認定淫靡文風與國家衰亡間有必然的聯繫，進而更加深這問題於當時的迫切性。

總結本章來講，唐初史官身為一朝官方文學意識的建構者，肩負著一個總結前代文學經驗，以為新王朝制定文學發展方針的使命。這種政教層面的使命，使得他們以為當時最迫切的文學危機，乃在文學創作逐漸與正道脱離、或相違（只策重形式一端，或表達淫靡之情），進而將有可能影響國運盛衰這點上。是以他們自然認定當時最重要的文學問題，便是「文學創作是否得合於正道」這政教層面的課題。而該種政教層面的思維不但影響唐初史官對所面臨文學問題性質的界定，基本上它也確定了唐初官方文學意識的內涵。又繼續探討這文學意識的形構過程，則是本文下章的課題了。

三、唐初官方文學意識的建立

在上文我們已經知道在政教層面思想格局的制約下，唐初官方文學意識的建構者（即諸史官）於漢魏以來文學迅速發展的環境中所形構出的問題，亦是「文學創作是否得合於正道」這種政教層面的問題。而本章所要進行的工作便是——考察唐初史官如何回應他們所認定當時最為迫切的文學問題，進而建構出一套指引文學發展的思想意識。

在討論唐初史官是依循何種思路來處理「文學創作是否得合於正道」這他們所認定最為迫切的時代問題之前，顯然我們有必要先弄清楚此問題的癥結所在——亦即此問題究竟具有何種特質，而促使唐初史官必得要針對該問題作出回應？一如前章所論，像唐初史官這類深受政教思維嚮的學者，大致皆以「文學創作是否得合於正道」為當時首重的文學問題。而這問題通常又可分為兩個子題：其一即是有關文術的高度發展，使文學創作逐漸脫離正道而只偏於形式一端的弊病；其二則是文學創作流於只表達淫靡之情的窘境。先就前者來說，其實早自緣情說逐漸盛行以後，便產生如何發展文術以適當抒發吾人情性的課題，而這工作主要落於文士之手。然而當文術發展至極盛狀態，竟使得創作者逐漸走向只偏於形式之表現而反丟棄文學之內容時，此刻所可能產生的爭議，便不光是文人所能因應的了。而政教思維傾向較重的學者尤其注意該狀況對一國政教所可能構成的負面影響，如李諤於〈上隋文帝書〉中便如是說道：

……降及後代，風教漸落，魏之三祖，更尚文詞，忽君人之大道，好雕蟲之小藝，下之從上，有同影響，競騁文華，遂成風俗。江左齊、梁，其弊彌甚，貴賤賢愚，唯務吟詠，遂復遺理存異，尋虛逐微，競一韻之奇，爭一字之巧。連篇累牘，不出月露之形；積案盈箱，唯是風雲之狀。世俗以此相高，朝廷據茲擢士，祿利之路既開，愛尚之情愈篤。於是閭里童昏，貴遊總角，未窺六甲，先製五言。至於羲皇、舜、禹之典，伊、傅、周、孔之說，不復關心，何嘗入耳。以傲誕爲清虛，以緣情爲勳績，指儒素爲古拙，用詞賦爲君子。故文筆日繁，其政日亂，良由棄大聖之軌模，構無用以爲用也。損本逐末，流遍華壤，遞相師祖，久而愈扇。[17]

是以在李諤這類學者的想法中，當文學完全被視為是形式、技巧之表現的觀點盛行後，將易導致學者全然不重視正道的弊端，進而影響國運盛衰。是以如何挽救此種弊病，也自然成為深受政教思維制約的學者所在意的問題。[18]而唐初史官身為此類學者中的一員，自然亦注意到此課題（如前所引魏徵於〈群書治要序〉中所云），且必須有所回應。這也是他們在形構官方文學意識的過程中，不約而同地以「文術如何與闡述正道之內容重新聯繫上」這課題為主要議題的緣由。

再就「文學創作流於表達淫靡情感是否合適」這第二個子題來講，我們今日或許很難理解淫靡之文風為何與國家之衰亡有必然的聯繫。然而就中國傳統的觀點而言，我們卻很容易發覺到如是的思維，那就是文學創作既是人們情志的體現，是以情志之正邪便如實地反映在文風上，而形成正邪等不同的風格。反過來說，若某個朝代盛行淫靡之文風，這自然也如實地反映著該社會民風淫邪的實況，而如是的朝代國勢當然無法興盛（而如果在位者喜好、甚至提倡那種淫靡文學，則更是自取滅亡）。回到歷史的角度來看，其實早在《左傳．襄公二十九年》所載季札觀樂的論詞中，[19]已可看出此種論點的雛形。而至《詩大序》標舉出「治世之音安以樂，其政和；亂世之音怨以怒，其政乖；亡國之音哀以思，其民困」[20]的論點時，此種觀念已正式成型，且深深制約著傳統學者的思維。而對身處離梁、陳亡國史事不遠的時代，且肩負制定一朝文學發展方針的唐初史官來說，相信他們應較其他人更能體會這種思維的正當性。㉑是以如何處理文學淪為純然表現淫靡之情所造成的弊病，亦成為唐初史官所必得回應的課題。

在交待完「文學創作是否得合於正道」這問題的癥結所在之後，我們便可分別由「文術與正道如何聯繫」、「緣情而發的文學如何能避免流於淫靡」兩方面，來觀察唐初史官是依循何種思路來解決他們所界定的文學問題，而建構出作為一朝文學指導原則的官方文學意識。

㈠文術與正道如何聯繫

唐初史官在處理文學之發展逐漸走向只重形式一端的弊病時，採取了一種有別於前代、或當代其它深受政教思維影響的文論的思路。

簡要地說，一般受到政教思維制約的學者在面對上述的文學弊病時，很容易便把漢魏以來文術的發展成果，視為與正道完全衝突；而主張唯有恢復古體方能使文學重新聯繫於正道。如北周蘇綽（498—546）於受宇文泰之命所作的《大誥》中，便以皇帝之口吻如是說道：

> 惟我有魏，承乎周之末流，接秦漢遺弊，襲魏晉之華誕，五代澆風，因而未格，將以穆俗興化，庸可暨乎。……克捐厥華，即厥實，背厥僞崇厥誠。勿⿱侃言勿望，一乎三代之彝典，歸於道德仁義，用保我祖宗之丕命。㉒

而該文完全仿《尚書》誥體，目的更是為了糾正「自有晉之季，文章競為浮華，遂成風俗」[23]之弊。然而唐初史官顯然並不贊同此種作法，如令狐德棻於《周書．庾信傳》中便批評道：「然綽建言務存質朴，遂糠粃魏、晉，憲章虞、夏。雖屬詞有師古之美，矯枉非適時之用，故莫能常行」。[24]可見他已能深切體認到主張盡復古體以求聯繫於正道的作法是「違背文學發展規律的，因而也是行不通的」[25]。既然如此，那唐初史官顯然得另尋它途以解決問題。

回到唐初史官的文論上來看，我們很明顯地看出他們是站在全然肯定後世文術發展成果的基點上，進而主張文術當與合於正道的內容配合。[26]故令狐德棻於《周書．庾信傳》中標舉出這樣的文學主張：

> ……考其殿最，定其區域，摭六經百氏之英華，探屈、宋、卿、雲之祕奧。其調也尚遠，其旨也在深，其理也貴當，其辭也欲巧。然後瑩金璧，播芝蘭，文質因其宜，繁約適其變，權衡輕重，斟酌古今，和而能壯，麗而能典，煥乎若五色之成章，紛乎猶八音之繁會。夫然，則魏文所謂通才足以備體矣，士衡所謂難能足以逮意矣。[27]

在此段論述中，我們發現令狐氏已將文術視為是某種客觀的東西，是以文術是否會與正道脫離，其實全然取決於創作者純然表現文術、或以文術來表達合於正道之內容。這麼說來，只要我們把握以文術表達正道的原則，文術不但不構成障礙，且有助正道於文學中的展現。又魏徵於《隋書·文學傳序》中亦藉由南北文學風貌的畫分，以對「文術與正道如何聯繫」這課題的作出回應。魏氏如是說道：

自漢魏以來，迄於晉宋，其體屢變，前哲論之詳矣。暨永明、天監之際，太和、天保之間，洛陽江左，文雅尤盛。于時作者，濟陽江淹、吴郡沈約、樂安任昉、濟陰温子昇、河間邢子才、鉅鹿魏伯起等，並學窮書圃，思極人文。縟綵鬱於雲霞，逸響振於金石，英華秀發，波瀾浩蕩，筆有餘力，詞無竭源，方諸張、蔡、曹、王，亦各一時之選也。聞其風者，聲馳景慕，然彼此好尚，互有不同。江左宮商發越，貴於清綺，河朔詞義貞剛，重乎氣質。氣質則理勝其詞；清綺則文過其意，理深者便於時用，文華者宜於詠歌，此其南北詞人得失之大較也。若能掇彼清音，簡茲累句，各去所短，合其兩長，則文質斌斌，盡善盡美矣。㉘

由此可見魏徵亦不否定漢魏以後文學發展的成果（主指文術方面），而主張合道之內容與外在的形代互相配合。又值得我們注意的是，其實此種南北文學風貌的區分，是不全然合於史實的。如龔鵬程先生經由史實考察，便如是說道：

……但事實上，並不是真有這樣的南北文學之分，而是唐初修史者多爲北方人士，他們持一種反文學的態度，把南朝文教視爲「亡國之音」，故刻意抬高北朝的文學地位，造成南方浮靡、北方貞剛的假象，以重質抑文。夷考史實，北朝文學貧乏，《隋志》所載北朝文集僅廿二家，南朝則計三百零六家數量上根本不成比例。風格方面，北魏頗爲浮靡，東魏北齊的魏收邢邵更曾偷襲江南任昉沈約之文。整個北朝文學，其實是南朝文學的仿擬發展，而不是南北地域分立形成兩個對比的文學傳統。[29]

而魏徵於《隋書．文學傳序》中也説道：「周氏呑併梁、荊，此風扇於關右，狂簡斐然成俗，流宕忘反，無所取裁。」[30]是以即使北朝曾有過「詞義貞剛、重乎氣質」的文學傳統，亦早被南方所同化而不復存在。不過就本文的論題而言，我們所關切的倒不是北朝的文學傳統是否存在，或維繫多久的問題，而是魏徵如是標舉北朝曾有如其所説的文學傳統的用意所在。當然我們亦承認一如龔先生所云，唐初史官的這種作為與崇北抑南的心理有關，然而在此我們較重視的，則是魏徵藉由北朝「理勝其詞」的文學傳統的樹立（即使它並不一定合於史實）以表達其對「文術與正道如何聯繫」這課題的回應態度——即主張應調和「理勝其詞」、「文過其意」這兩種偏於一端的文學創作，進而使文學形式與內容恰當配合，以達「文質斌斌，盡善盡美」的境地。

這麼說來，唐初史官在面臨文學創作逐漸流於只重形式一端，而忽略與正道之聯繫的問題時，大致是以「以文術發展的成果來體現正道」的思維重新將文學形式與合於正道的內容聯繫於一塊。而這種既遵循文學當表達正道的原則，又肯認漢魏以來文術發展的價值的主張，使唐初史官的觀點在當時尤具特殊性。㉛

(二) 緣情而發的文學如何能避免流於淫靡

當面臨緣情的文學創作逐漸淪為只表達不合正道的淫靡情感時，唐初史官亦是站在肯定漢魏以來文學發展的成果的基點上來解決問題。而不像某些政教思維傾向較重的學者輕易地將「緣情」與「淫靡」等同起來，且以為「緣情」與「正道」是衝突的，進而全然否定緣情理論的意義。㉜

詳細點說，由於唐初史官對後代文學的發展成果大體上是抱持著肯定的態度，是以為重新聯繫文學與正道而全然否定緣情說意義的文論，顯然因徹底瓦解了文學獨立之意義，而無法為唐初史官所接納。職是之故，唐初史官在處理「緣情而發的文學逐漸流於淫靡」這棘手的問題時，他們思考的主要問題，便集中於如何能在肯認文學之獨立地位與緣情理論之正當性的前提下，消融「緣情」與「正道」間所可能產生對立，進而避免文學走向淫靡之途這點上了。㉝

唐初史官究竟是依循著何種思路解決問題呢？我們可由魏徵於《隋書·文學傳》中的說法進行觀察。魏徵云：

《易》曰：「觀乎天文，以察時變，觀乎人文，以化成天下。」《傳》曰：「言，身之文也。言而不文，行之不遠。」故堯曰則天，表文明之稱；周云盛德，著煥乎之美。然則文之爲用，其大矣哉！上所以敷德教於下，下所以達情志於上，大則經緯天地，作訓垂範，次則風謠歌頌，匡正和民。或離讒放於逐之臣，塗窮後門之士，道轗軻而未遇，志鬱抑而不申，憤激委約之中，飛文魏闕之下，奮汎泥滓，自致青雲，振沈溺於一朝，流風聲於千載，往往而有。是以凡百君子，莫不用心焉。[34]

這段文字大體完整地表達了魏徵的文學觀，其中尤其令我們感興趣的是，藉由將個人情感聯繫於政教作用的方式，魏徵已能化解「緣情」與「正道」間原可能有的衝突。而其他唐初史官一方面既肯認緣情說的文學理論，另方面又強調文學本具政治教化功能的言論，便體現出他們對「緣情」與「正道」間關係的看法，亦與魏徵相當。[35]更值得我們注意的是，其實早在傳統儒家文論中，此種觀念便已現。唐初史官所作的，不過是回溯於傳統理論且重新詮釋之罷了（二者間最大的不同，乃是傳統儒家文論提出時，文學尚未獨立。而至唐初史家重新標舉此理論時，文學早已自成一領域，且此事實亦為諸史官所承認）關於此種現象，黃保真先生有如下詳細地說明。黃先生曰：

如果孤立地看這些論述（指唐初史官接納緣情說的文論），不僅基本觀念與陸機《文賦》、蕭子顯《南齊書·文學傳論》沒有多大差別，甚至有的字句都是照抄來的。他們不僅認爲文學是以情爲本，文學是人的精神世界的表現，而認爲文學的風格、體制、藝術構思的情狀、特點也都是由「情性」決定的，真是頗有點唯情論的樣子，好像與前面所説的文學的政治本質互相矛盾，或者説他們以爲，文學除社會政治本質之外，還有一個與之並列的人的精神本質存在，即把兩種對立的文學觀點，硬性拼湊在一起。其實不然。這是因爲文學的政治本質，與文學的精神本質，二者既是可以是矛盾的，也可以是統一的。關鍵在於怎樣去解釋情的涵義以及情與政治的關係。在他們之前《荀子·樂論》、《禮記·樂記》、《詩大序》等就曾把情性與政教統一起來，加以論述過。荀子説：「夫樂者，樂也，人情之所必不免也。……不爲道，則不能無亂，先王惡其亂也，故制雅頌之聲以道之。」《詩大序》也要求「發乎情，止乎禮義」。不過初唐史家論文，卻沒有停留在秦漢儒家所闡明的一般原則上，而是像劉勰、鍾嶸那樣，肯定、吸收並改造了六朝以來論文、情關係的理論成就，作爲自己的文學理論的有機部分。他們從根本上賦予情性、性靈以鮮明的政治內容，即把情、文與「化成天下」，「明天人之際」聯繫起來。因此他們必然反對「緣情綺靡」，而要求「歸於雅正」。……總之，文學之道與政通，人的情性的本質，和表現情性的文藝作品的本質，歸根結柢還是爲一定時代的政治決定的。因此，在初唐史家的文學理論中，文學爲政教服務與文學本於情性，不僅不相矛盾，而且後者是前者的深化與補充，只有把這兩方面統以起來，才算全面掌握了文學的文質、規律。[36]

也就是說，唐初史官是站在肯定漢魏以來緣情說的基礎上，以重新援引了傳統儒家文論的方式，將當時流行的緣情理論與儒家向來主張的文學政教功用結合在一起。[37]如是一來，則自然能避免因緣情說之興盛，而導致抒發淫靡情感的文學大為流行所帶來的種種弊病（尤其是對民情風俗乃至國運盛衰的負面影響）。

總之，唐初史官在解決文學創作逐漸走向淫靡之途的文學危機時，是以一種既肯認近代文學發展之成果，又於傳統文論中尋求資助的方式，作一整體考量以解決問題。作為一種史家文論來講，此種既尊重歷史流變的意義，又能吸取傳統精義的思維，確實是對史學有一定程度體認的學者方能說出的。

四、結　論

經由以上的討論，我們大致可以得到以下的結論：

第一，唐初官方文學意識的建構者（即諸史官）由於自身的政治性格，以及治史工作本身所預定的「貽鑑將來」這政教層面功能的交相影響，使他們於漢魏以來的文學環境中所看到的，亦是「文學創作是否得合於正道」這政教層面的問題。

第二，唐初史官認為當時最迫切的文學危機，便在文學逐漸脱開正道，而促使國運衰微這點上。又此危機於通常又分為「文學創作只偏於形式一端」、「文學創作流於只表達淫靡之情」這兩種狀況。而這兩者便成為唐初史官在建構一朝文學意識時，所要解決的兩個主要課題。

第三，在解決「文學創作只偏於形式一端」的弊病時，唐初史官是站在肯定漢魏以來文術發展意義的基點上，提出「以文術發展的成果來體現正道」這主張，以再次聯繫文學形式與合於正道的內容。又在面對「文學創作流於只表達淫靡之情」這足以造成民風淫邪後果的文學問題時，唐初史家並未因而否定緣情理論的正當性，而是以一種回溯傳統儒家文論並重新詮釋的方式，將緣情理論融於政教文論中，以避免因緣情理論之過分推衍將導致淫靡之情大為流行的弊端。而這兩種意見，基本上便成為唐初官方文學意識的主要內容。㊳

註釋：

❶ 如呂正惠先生便曾說道：「政治是中國知識階層唯一有『價值』的行為，其他任何活動，如果還值得做的話，也是因為和政治可以連繫得起來，至少知識分子『相信』可以連繫起來。」（呂正惠撰：〈中國詩人與政治〉，《抒情傳統與政治現實》〔臺北：大安出版社，1989年9月〕，頁223—236〔頁223處〕）是以呂先生認為文學創作之所以具有價值，也因與政治有某種連繫的緣故。而筆者以為這種判斷在大多數的情況中，應具有一定的效力。

❷ 有關本文對思想意識的功用，與建構者對問題性質之界定對思想意識形成的影響的論述，基本上是參考了Arthur F. Wright於〈隋代思想意識的形成〉一文中的意見。Wright在研究隋文帝用以治國的思想意識時曾如是說道：「一個政府所採用的思想意識大致暗示出掌權者所相信他們面對的問題層次，……。」又說：「我要分析他（隋文帝）的思想措施，目的在於獲得重要的社會集團的支持，同時在某些情形，明顯地是要解決其政權所面臨的問題。」（Arthur F. Wright撰．段昌國譯：〈隋代思想意識的形成〉，《中國思想與制度論集》〔臺北：聯經出版事業公司，1976年9月〕，頁77—122〔分見頁78、81處〕）

❸ 有關當時文學獨立與緣情理論出現的狀況，可參考蔡英俊撰：《比興物色與情景交融》（臺北：大安出版社，1986年5月）中第一章第二節「『抒情自我』的發現與情景要素的確立」，與呂正惠撰：〈物色論與緣情說——中國抒情美學在六朝的開展〉，《抒情傳統與政治現實》（出版狀況見❶），頁3—34。

❹ 龔鵬程撰:〈論詩文之「法」〉,《文化、文學與美學》(臺北:時報文化出版企業有限公司,1988年2月),頁37—70(頁47、48處)

❺ 有關本文進行歷史解釋的方式,基本上是順著「思想史」(The Intellectual History)這套方法論行在思考。簡單地說,此套方法論重點在由「人對所處環境所起的意識反應」以解決歷史上的種種課題。是以在此方法論的指引下,本文亦由當時人們對於所處的文學環境所起的意識反應(包括心目中所形成的問題與解決問題的途徑等)來進行思考。至於此方法論的詳細學說,請參考Benjamin Schwartz撰,張永堂譯:〈關於中國思想史的若干初步考察〉,《中國思想與制度論集》(出版狀況見❷,頁1—20)。

❻ 後晉劉昫等撰:《舊唐書(八)》(北京:中華書局,1986年5月),卷73,頁2597、2598。

❼ 宋歐陽修、宋祁撰:《新唐書(一三)·令狐德棻傳》(北京:中華書局,1986年3月)卷102,頁3983。

❽ 由上述數人的官職乃至行事,便多少能看出他們對政治事業的投入與興趣。如姚思廉於隋代時便作了代王侑侍讀,入唐後為秦王府王學,貞觀時官至散騎常侍,尤能直言無隱。李百藥於隋代則曾任三衛長、建安郡丞數職。隋末動亂時則為沈法興、李子通、杜伏威、輔公祏等所用。貞觀時拜中書舍人,上《封建論》打消太宗分封子弟功臣之用心,後授太子右庶子,以《贊道賦》諷勸太子不當嬉戲過度。之後,又行左庶子。至於房玄齡,是隋代的羽騎尉,後追隋太宗打天下並助其取得帝位,於朝中官至中書令、尚書左僕射等高位。而魏徵,本出身於建成太子門下,於太宗朝官拜諫議大夫、尚書右丞等職位,後並以秘書監參預朝政,亦以直言進諫顯名於世。又令狐德棻則在高祖時已肩

任大丞相府記室、起居舍人、秘書丞等官職。太宗時先後為禮部侍郎、雅州刺史與秘書少監。直至高宗朝，方以金紫光祿大夫致仕。其對唐初文史事業的推展乃至律令的撰定有相當大的貢獻。

❾ 成復旺等撰：《中國文學理論史（二）》（北京：北京出版社，１９９１年９月），頁34。在此要特別指出的是，黃先生主要是針對唐初的八部史書在立論。而所謂的八史，乃是在上述諸史外，再加上李延壽（598？—678？）所作的《南史》、《北史》。此二史本為李氏私撰，至高宗顯慶四年（659）方由政府批准流傳，而列居正史之位。由於此二史主要是在前六史的基礎上增損而成，故其於文學上的許多意見亦承襲諸史官之觀點而來。基於李氏本非朝廷所正式任命的史官，以及其文學主張多延續他人而來的事實，本文並不特別徵引其意見。因為李氏基本上可被視為是唐初官方文學意識的修飾、整理者，而與本文的主題——唐初官方文學意識的原創過程不那麼密切。

❿ 唐魏徵等撰：《群書治要（一）．序》（北京：中華書局，１９８５年），頁1。

⓫ 其實將淫靡文風與國運衰微聯繫上且深以為戒，根本上也是當時修史工作最重要的主導者——唐太宗一貫堅持的想法。故幾乎所有唐初史官將批評焦點集中於此，在一定程度上也應受到太宗該種以史為鑑態度的影響。有關太宗的想法，請參考羅宗強著：《隋唐五代文學思想史》（上海：上海古籍出版社，１９８６年８月），頁39—41。

⓬ 唐魏徵等撰：《隋書（四）》（北京：中華書局，１９８２年10月）卷35，頁１０９０、１０９１。

⓭ 同⓬，《隋書（六）》，卷76，頁１７３０。

⓮ 唐姚思廉撰：《陳書（一）》（北京：中華書局，１９８２年12月），卷6，頁119、

120。

⑮ 唐令狐德棻等撰：《周書（三）》（北京：中華書局，１９８３年10月），卷41，頁744。

⑯ 唐李百藥撰：《北齊書（二）》（北京：中華書局，１９８３年10月），卷45，頁602。

⑰ 同⑫，《隋書（五）．李諤傳》，卷66，頁１５４４、１５４５。

⑱ 如主張文學當與政治教化相配合的北朝學者顏之推（531—？），便注意到當時文壇只重形式的弊病，而主張重新結合形式與合於正道的內容。故其於《顏氏家訓．文章篇》中說道：「文章當以理致為心腎，氣調為筋骨，事義為皮膚，華麗為冠冕。今世相承，趨本棄末，率多浮豔。辭與理競，辭勝而理伏；事與才爭，事繁而才損。於逸者流宕而忘歸，穿鑿者補綴而不足。……古人之文，宏材逸氣，體度風格，去今實遠；但緝綴疏朴，未為密緻耳。今世音律諧靡，章句偶對，避諱精詳，賢於往昔多矣。宜以古之製裁為本，今之辭調為末，並須兩存，不可偏棄也。」（北齊顏之推撰．王利器集解：《顏氏家訓集解》〔上海：上海古籍出版社，１９８０年7月〕，頁249、250）。

⑲ 季札觀樂之論詞，請參閱唐孔穎達等撰：《春秋左傳正義．襄公二十九年》（臺北縣：藝文印書館，１９８９年1月，影印清嘉慶二十年南昌府學重刊宋版十三經注疏本），卷39，頁8下—19上。

⑳ 漢鄭玄箋：《毛詩鄭箋》（臺北：新興書局，１９９０年8月，影印校相臺岳氏本），卷1，頁1上、下。

㉑ 如上章所引魏徵《隋書．文學傳序》「格以延陵之聽，蓋亦亡國之音乎」、〈經籍志〉「古者陳詩觀風，斯亦所以關乎盛衰者也」數語，皆可看出季札觀樂的論點對他在此問

題上的影響。另外要補充的是，唐初史官亦有由風俗以外的觀點，來探討淫靡文風與國運衰亡間關係的思維。如姚思廉就注意到國君只重士人的文才，而任用無德之人把持政務，亦將導致國勢日衰，故其如是說道：「自魏正始、晉中朝以來，貴臣雖有識治者，皆以文學相處，罕關庶務，朝章大典，方參議焉，文案簿領，咸委小吏，浸以成俗，迄至于陳。後主因循，未遑改革，故施文慶、沈客卿之徒，專掌軍國要務，姦黠左道，以裒刻為功，自取身榮，不存國計。是以朝經墮廢，禍生鄰國，斯亦運鍾百六，鼎玉遷變，非唯人事不昌，蓋天意然也。」（唐姚田廉撰：《陳書（一）．後主本紀》『出版狀況見⓮』卷6，頁120）

㉒ 同⓯，《周書（二）．蘇綽傳》，卷23，頁393。縱然這些話主指禮俗而發，但應可包括文風，或至少可將此觀點移置文風上。

㉓ 同⓯，《周書（二）．蘇綽傳》，卷23，頁391。

㉔ 同⓯，《周書（三）》，卷41，頁744。

㉕ 成復旺等撰：《中國文學理論史（二）》（出版狀況見⑨），頁42。

㉖ 其實唐太宗除了反對淫靡文風外，也不排斥漢魏以來文學發展的成果，且甚至相當愛好文學，故諸史官肯定後代文學成績的態度，除了他們本身能掌握歷史流變之意義外（這是作為一個史家當必備的能力），在一定程度上亦可能受太宗心意的影響。有關太宗對文學的肯定態度，請參看羅宗強著：《隋唐五代文學思想史》（出版狀況見⓫），頁41－44。

㉗ 同⓯，《周書（三）》，卷41，頁745。

㉘ 同⑫，《隋書（六）》，卷76，頁1729、1730。

⑳ 龔鵬程撰：〈區域特性與文學傳統〉，《聯合文學》第九十六期（1992年10月），頁158—174（頁173，註七處）。

㉚ 同⑫，《隋書（六）》，卷76，頁1730。

㉛ 舊稱王通（584？—618）所撰《中說．天地篇》有如是一段記載：「李伯藥見子（王通）而論詩，子不答。伯藥退，謂薛收曰：『吾上陳應、劉，下述沈、謝，分四聲八病，剛柔清濁，久有端序，音若塤篪，而夫子不應我，其未達歟？』」薛收曰：「吾嘗聞夫子之論詩矣，上明三綱，下達五常。於是徵存亡，辯得失，故小人歌之以貢其俗，君子賦之以見其志，聖人采之以觀其變。今子營營馳聘乎末流，是夫子之所痛也，不答則有由矣。」（隋王通撰：《文中子中說》『臺北縣：藝文印書館，1967年，影印漢魏叢書本』，卷上，頁7下、8上）可見當時亦有另一套思路在求體現正道的前提下，進而排斥文術發展之成果的。

㉜ 如梁朝裴子野（469—530）便如是批評當時的文風道：「自是閭閻年少，貴游總角，罔不擯落六藝，吟詠情性。學者以博依為急務，謂章句為專魯。淫文破典，斐爾為功，無被於管弦，非止乎禮義。深心主卉木，遠致極風雲，其興浮，其志弱。巧而不要，隱而不深，討其宗途，亦有宋之風也。若季子聆音，則非興國，鯉也趨室，必有不敢。荀卿有言曰：『亂代之徵，文章匿而采。』斯豈近之乎。」（梁裴子野撰：〈雕蟲論〉，《全上古三代秦漢三國六朝文（四）．全梁文》『北京：中華書局，1987年3月』，卷53，頁16上、下）可見其已將「吟詠情性」與「止乎禮樂」對立起來。

㉝ 有關唐初史官肯認文學的獨立地位與緣情說的狀況，黃保真先生已有精闢的論述。請參

閱成復旺等撰：《中國文學理論史（二）》（出版狀況見❾），頁35－40。

㉞ 同⓬：《隋書（六）》，卷76，頁１７２９。

㉟ 唐初史官幾乎都是一方面既著重說明文學於政教層面的作用，另方面又談文學乃本於情性的，如房玄齡於《晉書．文苑傳》中既云：「既而書契之道聿興，鍾石之文逾廣，移風俗於王化，崇孝敬於人倫，經緯乾坤，彌綸中外，故知文之時義大哉遠矣。」又云：「夫賞好生於情，剛柔本於性。情之所適，發乎詠歌，而感召無象，風律殊製。」（唐房玄齡等撰：《晉書（八）》『北京：中華書局，１９８２年12月』，卷92，分見頁２３６９，頁２４０６）令狐德棻於《周書．庾信傳》亦中亦是既云：「是以曲阜多才多藝，鑑二代以正其本；闕里性與天道，修六經以維其末。故能範圍天地，綱紀人倫。窮神知化，稱首於千古；經邦緯俗，藏用於百代。」又云：「原夫文章之作，本乎情性，覃思則變化無方，形言則條流遂廣。雖詩賦與奏議異軫，銘誄與書論殊塗，而撮其指要，舉其大抵，莫若以氣為主，以文傳意。」（唐令狐德棻等撰：《周書（三）》『出版狀況見⓯』，卷41，分見頁742，頁744、745）李百藥於《北齊書．文苑傳》中亦是既云：「達幽顯之情，明天人之際，其在文乎？逖聽三古，彌綸百代，制禮作樂，騰實飛聲，若或言之不文，豈能行之遠也。」後又云：「然文之所起，情發於中。人有六情，稟五常之秀情感六氣，順四時之序。」（唐李百藥撰：《北齊書（二）》『出版狀況見⓰』，卷45，分頁601，頁602）

㊱ 同㉕，頁38－40。在此要補充的是，傳統對一個思考者的影響，不僅在它能提供我們解決現實問題的方式。我們甚至可如是講，正因為傳統中某些觀念的深入人心，方使得人們形構出某些有待解決的問題。回到唐初史官的身上，我們也可看到此種狀況——如果

不是傳統儒家文論將文學政教功用極度誇大的理論一直存在且有一定影響力，唐初史官大概也不會以「文學創作不合正道將導致國運衰亡」為當時最迫切的文學危機，而汲汲去解決了。

㊲ 我們今天或許很容易便將傳統儒家極力強調文學之政教功用的觀點視為是落伍的，然而該觀念其實亦具有一定的合理性。如張亨先生在詮釋《詩大序》的政教觀念時便如是說道：「（《詩大序》）雖然從道德教化的觀點把詩的功效推展到極致，卻並不抹煞詩的情感質素和必須的藝術技巧。尤其是完整的論及到詩的本身、讀者和作者三方面的問題，而擴及於整個的社會層面。並且注意到作品和時代社會變移的關係，以及作者在反映社會文化問題中所作的努力。倡導純文學的人當然會詬病它這種過份實用的立場，而它的說明也的確有點機械，不過它所指出的文學跟社會文化不能分離的關係，則是無可否認的事實。……從這一意義上說，如果我們能解除《詩大序》那些教條化的外貌，應該可以發現隱藏其下的文學見解自具有不容忽視的價值。」（張亨撰：〈論語論詩〉，《文學評論》第六集『１９８０年5月』，頁12－14）

㊳ 此篇論文於「第十五屆中國古典文學學術研討會」上報告時，特約討論人黃景進先生曾提出一個重要的批評。那就是由於本文基本上是在史學的角度上來觀察唐初官方文學意識的形成過程，是以對史官文論本身的掌握並不全面。也就是說，如果想從這篇以思想意識為中心的文章來瞭解史官們的文學論述，則必定將產生無法把握全貌的窘況。是以讀者若想對唐初史官的文學思想進行更深入的探索，參考其它相關著作是絕對必要的。如近年來王運熙、楊明著的《隋唐五代文學批評史》（上海：上海古籍出版社，１９９４年10月），與張少康、劉三富著的《中國文學理論批評發展史（上）》（北京：北京

大學出版社，1995年6月）二書，均對史官文論揉合傳統儒家理念與後代文學發展成果的努力與矛盾處作了進一步地剖析與討論。而在此，筆者也對黃先生的指正表達謝意。

參考文獻

一、基本材料

㈠文本

《周書》　唐令狐德棻等撰　北京　中華書局　1983
《北齊書》　唐李百藥撰　北京　中華書局　1983
《梁書》　唐姚思廉撰　北京　中華書局　1983
《陳書》　唐姚思廉撰　北京　中華書局　1982
《隋書》　唐魏徵等撰　北京　中華書局　1982
《晉書》　唐房玄齡等撰　北京　中華書局　1982
《群書治要》　唐魏徵等撰　北京　中華書局　1985

㈡文學理論書籍

《隋唐文學批評史》　羅根澤編著　臺北　臺灣商務印書館　1966
《比興物色與情景交融》　蔡英俊著　臺北　大安出版社　1995
《隋唐五代文學思想史》　羅宗強著　上海　上海古籍出版社　1986
《抒情傳統與政治現實》　呂正惠著　臺北　大安出版社　1989
《文化、文學與美學》　龔鵬程著　臺北　時報文化出版企業有限公司　1988

《中國文學理論（二）》 成復旺等著 北京 北京出版社 1991

㈢文集、文學資料彙編

《全上古三代秦漢三國六朝文》 清嚴可均校輯 北京 中華書局 1987

《隋唐五代文學批評資料彙編》 羅聯添編輯 臺北 成文出版社有限公司 1978

二、經部書籍

《毛詩鄭箋》 漢鄭玄箋 臺北 新興書局影印校相臺岳氏本 1990

《春秋左傳正義》 唐孔穎達等撰 臺北 藝文印書館影印清嘉慶二十年南昌府學重刊宋版十三經注疏本 1989

三、史部書籍

㈠正史

《舊唐書》 後晉劉昫等撰 北京 中華書局 1986

《新唐書》 宋陽修、宋祁撰 北京 中華書局 1986

(二)其它史籍

《中國思想與制度論集》　段昌國等譯　臺北　聯經出版事業公司　1976

四、子部書籍

《顏氏家訓集解》　北齊顏之推撰　王利器集解　上海　上海古籍出版社　1980
《中說》　隋王通撰　臺北縣　藝文印書館影印漢魏叢書本　1967

五、期刊論文

《論語論詩》　張亨著　文學評論　第六集　1980·5　頁1—30
《區域特性與文學傳統》　龔鵬程著　聯合文學　第九十六期　1992·10　頁158—174

虞通之《妒記》研究

林正三

前言：嫉妒——人類的天賦本能

培根（Francis Bacon，1561—1626）說：「嫉妒總是與人我的比較俱來的，沒有比較的地方就沒有嫉妒。」康德（Immanuel Kant，1724—1804）說：「嫉妒這種感情激動是人類天性中所固有的，而只有當嫉妒感情爆發出來時，才使人類天性成為一種惡習，成為一種不僅心情憂鬱、自尋煩惱，而且—至少按照本人意願說來—想要毀掉別人幸福的一種狂熱。」舍克（Helmut Schoeck，1922—1993）說：「嫉妒是一種專門針對人際關係的激情。」「嫉妒的能力，和對嫉妒的需要，同屬人的天賦本能。」❶

南朝劉宋時人虞通之所編撰的《妒婦記》，簡稱《妒記》，現存七則，內容都是婦人嫉妒丈夫，不容許丈夫別有異心，強烈要求一種獨佔的愛。謝勒（Max Scheler，1874—1928）指出，女人經常處於一種境地，她總是不得不和其他的女性進行競爭，以贏得男人的寵愛，因此女人也就更有「強烈的報復欲望」。❷由於懼怕女性嫉妒的力量，在中國古代一夫多妻的婚姻制度中，男人提倡「陽以博施為德，陰以不專為義」❸，女人嫉妒丈夫被視為惡行，「婦有七去」（七出），嫉妒就是其中之一。❹

《說文解字》：「嫉，介也。介，妒也。妒，婦妒夫也。媢，夫妒婦也。」嫉妒是人的本能，所以孔穎達說：「凡有情欲，莫不妒忌。」❺夫婦之間的吃醋是狹義的嫉妒。凡是看見別人（包括同性和異性）有比我更好的優點，因而感覺難過，不肯成人之美，存心成人之惡，則是廣義的嫉妒。

西漢褚少孫補《史記·外戚世家》，引傳曰：「女無美惡，入室見妒；士無賢不肖，入朝見嫉。」東漢王逸《離騷經章句》：「害賢為嫉，害色為妒。」西晉趙粲：「妒是婦人之情。」❻表面看來，「嫉」、「妒」有別，就行為的動機而言並無不同，都出自不欣賞與不寬容的心理。《尚書·秦誓》已指出嫉妒的心理：「人之有技，冒（媢）疾（嫉）以惡之；人之彥聖，而違之，俾不達：是不能容。」《德語詞典》為嫉妒所下的定義，類似中國人的看法：「嫉妒特別用來表達出那種敵意和在內心裡折磨人的看法，那種人們用來察覺別人的幸福和優勢的不愉快心情，由於有這樣的看法和心情，就對別人的幸福和優勢感到不屑一顧，而且還常常同時出現消滅它們或由自己去佔有它們的意願。」❼

在中國文學史上，屈原可能是第一位直接表達「嫉妒」主題的文學家，因為他深受嫉妒之害，對嫉妒心理有充分的了解。例如《離騷》：「羌內恕己以量人兮，各興心而嫉妒。」

「眾女嫉余之蛾眉兮，謠諑謂余以善淫。」「世溷濁而嫉賢兮，好蔽美而稱惡。」「惟此黨人之不諒兮，恐嫉妒而折之。」《九章》：「忠湛湛而願進兮，妒被離而障之。」「心純厖而不泄兮，遭讒人而嫉之。」「自前世之嫉賢兮，謂蕙若其不可佩。妒娃冶之芬芳兮，嫫母姣而自好。雖有西施之美容兮，讒妒入以自代。」因為女性的「害色」與男性的「害賢」本質相同，在屈原的作品中「嫉」與「妒」可以組成同義複詞，可以類比，也可以互換。

虞通之的《妒記》不是虛構的小說，而是取材於真人真事，加以潤飾，有意教訓女性讀者，鼓吹「不妒為婦女之德」，所以《新唐書·藝文志》將《妒記》列入史部雜傳記類。本文將簡要考證虞通之的生平，探討虞通之編撰《妒記》的目的，分析現存《妒記》七則的涵義，於結論提出批評和展望。

壹、虞通之的生平與著作

虞通之是南朝宋明帝的文學侍從之臣，南齊之時官至步兵校尉，正史無傳，最原始的記載見於沈約《宋書·后妃傳》：

宋世諸主，莫不嚴妒，太宗（宋明帝，465—472在位）每疾之。湖熟令袁慆妻以妒忌賜死，使近臣虞通之撰《妒婦記》。左光祿大夫江湛孫斅當尚世祖女，上乃使人爲斅作表讓婚，曰：……

《隋書·經籍志四》「宋黃門郎虞通之集十五卷」，可知虞通之的官職為黃門郎。《宋書·百官志下》：「給事黃門侍郎，四人。……掌侍從左右……黃門郎給事黃闥之內，故曰黃門郎也。魏、晉以來員四人，秩六百石。」虞通之是宋明帝的近臣，奉命編撰《妒婦記》，那篇情采並茂的〈讓婚表〉極可能也是虞通之的作品。❽《宋書·明帝本紀》曰：「才學之士，多蒙引進，參侍文籍，應對左右。於華林園含芳堂講《周易》，常自臨聽。」與虞通之同時的丘巨源歷仕宋、齊兩朝，《南齊書·丘巨源傳》曰：「明帝即位，使參詔誥，引在左右。」丘巨源與虞通之共事宋明帝，兩人也都卒於齊代，所以《南史·丘巨源傳》補敘：

> 時又有會稽孔廣、孔逭皆才學知名。……又時有虞通之、虞龢、司馬憲、袁仲明、孫詵等，皆有學行，與廣埒名。通之、龢皆會稽餘姚人。通之善言《易》，至步兵校尉。龢位中書郎、廷尉……。

虞通之顯然是在華林園含芳堂講《周易》的學者之一，「步兵校尉」是他在齊代的最後官職❾，因此，《餘姚縣志》卷十七藝文上、卷二十三列傳二，都將虞通之編入南齊。❿南朝會稽餘姚虞姓乃一大世族，在《隋書·經籍志二》裴松之的《裴氏家傳》四卷之後，有虞覽的《虞氏家記》五卷，若能看到《虞氏家記》，或許就可知悉虞通之的身世背景。虞玩之是會稽餘姚人，他在齊武帝永明末年上表告退：「臣生於晉，長於宋，老於齊，世歷三代，朝市再易。……大功兄弟，四十有二人，通塞壽夭，唯臣獨存。」⑪虞愿也是餘姚人，嘗事宋明帝，其父名「望之」，早卒。⑫我推想虞通之、虞玩之、虞望之三人可能是同宗。虞通之的著作目錄如下：

一、《隋書經籍志》（四）：宋黄門郎虞通之集十五卷。
二、《舊唐書經籍志》（下）：宋虞通之集五卷。
三、《新唐書藝文志》史部雜傳記類：虞通之《后妃記》四卷，《妒記》二卷。子部雜家類：虞通之《善諫》二卷。別集類：宋虞通之集五卷。

以上四種著作均已亡佚，其中《妒記》僅存七則，故事集中在晉代，且多發生於士大夫及世族的家庭。劉孝標注《世說新語》引用《妒記》二則，可知《妒婦記》在梁代已經簡稱《妒記》。初唐歐陽詢主編的《藝文類聚》卷十八〈美婦人部〉引《妒記》一則，卷三十五〈妒部〉引《妒記》五則，卷八十六〈果部〉引《妒女記》（武歷陽女）一則，總共七則。⑬魯迅《古小說鉤沉》⑭所輯七則，主要的出處是《世說新語注》和《藝文類聚》，另外參考《六帖》、《太平御覽》、《事類賦注》。

貳、《妒記》成書的年代與編撰的目的

一、《妒記》成書的年代：宋明帝泰始初年。

《宋書·后妃傳》：（王偃）長子藻，位至東陽太守。尚太祖（宋文帝）第六女臨川長公主諱英媛。公主性妒，而藻別愛左右人吳崇祖，前廢帝景和中（465）⑮，主讒之於廢帝，藻坐下獄死，主與王氏離婚。泰始初，以主適豫章太守庾沖遠，未及成禮而沖遠卒。宋世諸主，莫不嚴妒，太宗每疾之。湖熟令袁慆妻以妒忌賜死，使近臣虞通之撰《妒婦記》。

〈讓尚公主表〉曰：「王藻雖復強很，頗經學涉，戲笑之事，遂為冤魂。」王藻與吳崇祖或許有同性戀的傾向？臨川長公主利用皇家的勢力，揑造罪名，置王藻於死地，可見嫉妒之性必有殘忍之行。王偃尚宋武帝第二女吳興長公主，公主個性亦殘忍，近似虐待狂：「常裸偃，縛諸庭樹，時天夜雪，噤凍久之。偃兄恢排閤詬主，乃免。」（《南史》卷二十三）王偃的女兒王憲嫄嫁給宋孝武帝，有名的山陰公主就是王皇后所生，山陰公主淫恣過度，駙

馬一人無法滿足她，竟然向前廢帝要求「男女平等」，結果得到面首三十人！（《宋書》卷七）她的駙馬可能是當代最沒有尊嚴的男人。宋武帝劉裕為一武人，以詐力得天下，無暇顧及家教，這可能是宋世公主淫妒蠻橫的原因之一。⑯在一般的婚姻關係中，夫婦較能相敬如賓，公主與駙馬則不然，他們的政治地位、出身背景極不平等，公主仗勢壓制駙馬，必然造成女尊男卑的結果。宋明帝雖然非常不滿宋世公主嚴酷與嫉妒的作風，卻不敢明正典型，僅能請侍臣作〈讓尚公主表〉，「遍示諸公主以愧厲之」。但是對士大夫的妒妻，宋明帝就動用專制權力將她們賜死，袁慆之妻便是死者之一。事實上，士大夫之妻有可能因為效法公主的妒行，以致有恃無恐，變本加厲，所以虞通之於泰始初年（465年）所撰的《妒婦記》，教訓的對象應是包括士大夫之妻與公主們，現存《妒記》有一則敍述桓溫之妻南康長公主，可以為證。

二、編撰《妒記》的目的：勸誡妒婦止妒，以維護夫綱。

個性強悍是妒婦的人格特徵，與傳統所期許的婦女形象截然不同。《禮記》曰：「婦人，從人者也。幼從父兄，嫁從夫，夫死從子。」（鄭玄注：從，謂順其教令。）「婦順者，順於舅姑，和於室人，而后當於夫。」⑰孟子也說：「以順為正者，妾婦之道也。」（〈滕文公篇〉）班昭《女誡》曰：「陰陽殊性，男女異行。陽以剛為德，陰以柔為用，男以彊為貴，女以弱為美。」（《後漢書》卷八十四）妒婦個性剛強，儼然為一家之主，必然導致夫綱不振，使男人難以維持「傳統尊嚴」，宋明帝是當時最有權力的男人，力挽狂瀾，捍衛夫權，憑其權威將妒婦賜死、體罰或公開羞辱⑱，顯然有重振夫綱的用意。

宋明帝性無能，卻掩飾為虛榮的「大男人主義」：「帝素肥，痿不能御內，諸王妓妾懷孕，使密獻入宮，生子之後，閉其母於幽房，前後十數。」⑲宋明帝可能認為繁衍後代是男人的天職，所以男人的應該多多納妾，然而妒婦必定嚴禁丈夫納妾，甚至寧可讓丈夫絕後，這種嫉妒心在小說中可以強到「雖死不變」。⑳宋明帝指示近臣所撰的〈讓尚公主表〉，形容駙馬的處境非常悲慘：「制勒甚於僕隸，防閑過於婢妾……姆㜷敢恃耆舊，唯贊妒忌……夫螽斯之德，實致克昌；專妒之行，有妨繁衍。是以尚主之門，往往絕嗣；駙馬之身，通離釁咎。」「有妨繁衍」、「往往絕嗣」，正是古代男人最痛心之事！而「螽斯之德」便成為女性的美德，使男人縱欲有了合理的藉口。㉑《顏氏家訓．治家》透露「鄴下風俗，專以婦持門戶」，可知北朝的婦女是比較強悍的。與南朝劉宋時期的風氣相同，北朝也是妒婦橫行，男權式微。北魏臨淮王孝友奏表曰：

> 將相多尚公主，王侯娶后族，故無妾媵，習以爲常。婦人多幸，生逢今世，舉朝略是無妾，天下殆皆一妻。……凡今之人，通無準節。父母嫁女，則教之以妒；姑姊逢迎，必相勸以忌。持制夫爲婦德，以能妒爲女工。㉒

宋明帝以〈讓尚公主表〉遍示公主們，妒害丈夫的臨川長公主感動懺悔，上表曰：「特乞還身王族，守養弱嗣。」顯然達成了勸誡的目的。㉓宋明帝指示虞通之編撰《妒婦記》，當然有勸誡的用意：妒婦須及時悔改，否則將有嚴刑峻法伺候。

參、《妒記》七則析論

一、桓溫之妻（南康長公主）

〈讓婚表〉曰：「自晉世以來，配尚王姬者，雖累經美胄，亟有才名，至如王敦懾氣，桓溫斂威，真長佯狂以求免……。」可知桓溫也是怕太太的「大丈夫」之一。我們先看《世說·賢媛》二十一則：

> 桓宣武平蜀，以李勢妹為妾，甚有寵，常著齋後。主始不知，既聞，與數十婢拔白刃襲之。正值李梳頭，髮委藉地，膚色玉曜，不為動容，徐曰：「國破家亡，無心至此，今日若能見殺，乃是本懷。」主慚而退。㉔

劉義慶卒於宋文帝元嘉二十一年（444），《世說新語》成於《妒記》之前，我認為《世說新語》的記載比《妒記》更接近原始的情境。大陸學者認為，李勢妹「以絕世的容貌和視死如歸的安閑神態，征服了情敵。」㉕公主本欲襲殺情敵，情敵的美貌與風度反而使她在瞬間產生自卑感，嫉妒者的怒火因心理變化而消弱，既然下不了手，只好慚愧而退。劉孝標注引《妒記》曰：

温平蜀，以李勢女爲妾。郡主兇妒，不即知之。後知，乃拔刃往李所，因欲砍之。見李在窗梳頭，姿貌端麗，徐徐結髮，斂手向主，神色閑正，辭甚悽惋。主於是擲刀前抱之，曰：「阿子！我見汝亦憐，何況老奴！」遂善之。

《藝文類聚》卷十八所引《妒記》，在「斂手向主」與「神色閑正」之間有四句：「國破家亡，無心以至今日；若能見殺，實猶生之年。」被劉孝標刪除。《妒記》此則的意趣與《世說》顯然不同，在《妒記》中，李勢女（妹）的神韻與悽惋的言辭，激起公主的惻隱之心，瞬間變化公主兇妒的氣質，公主丟掉屠刀，以愛憐之心包容這位國破家亡的女子，這樣的轉變很有感人的戲劇效果。公主既能表現偉大的人格，當然不必「慚愧而退」了。敦煌本《殘類書》第二種亦載此事，內容承襲《藝文類聚》，僅少數文字有所不同。㉖我推測南康公主之事有兩種傳説，《世説》與《妒記》各取一説，結局大異其趣：《世説》中的公主狼狽而逃，《妒記》中兇妒的公主樂意和李勢女（妹）共事一夫。《妒記》的結局如此理想化，也可能是虞通之改寫、潤飾的結果。

二、王導之妻曹淑

《世說・輕詆》第六則劉孝標注引《妒記》曰：

> 丞相曹夫人性甚忌[27]，禁制丞相不得有侍御，乃至左右小人亦被檢簡，時有妍妙，皆加誚責。王公不能久堪，乃密營別館，衆妾羅列，兒女成行。後元會日，夫人於青疏臺中望見兩三兒騎羊，皆端正可念。夫人遙見，甚憐愛之，語婢：「汝出問，是誰家兒？」給使不達旨，乃答云：「是第四、五等諸郎。」曹氏聞，驚愕大恚，命車駕，將黃門及婢二十人，人持食刀，自出尋討。王公亦遽命駕，飛轡出門，猶患牛遲，乃以左手攀車蘭，右手捉麈尾，以柄助御者打牛，狼狽奔馳，劣得先至。蔡司徒聞而笑之，乃故詣王公，謂曰：「朝廷欲加公九錫，公知不？」王謂信然，自敍謙志。蔡曰：「不聞餘物，唯聞有短轅犢車，長柄麈尾。」王大愧。後貶蔡曰：「吾昔與安期、千里共在洛水集處，不聞天下有蔡充兒！」正忿蔡前戲言耳。

王導「簡素寡欲」，物質欲望雖然很少，性欲卻旺盛，依照佛洛伊德的觀點：「性慾是一種癢，而性滿足則是把癢移除。」[28]古代男人一有地位，就要置妾，既配合身份，又可滿足性欲，所以他們的元配不能不防丈夫，但總是防不勝防。[29]王導既懷「冥冥之志」，當然有志竟成，而且成果豐碩。妻子最不能容忍丈夫讓別的女人懷孕生子，難怪曹淑義憤填膺，下達「必殺令」。王導狼狽奔馳的模樣既可憐又可笑，也因為他「先馳得點」，才消弭了一

場極可能發生的殘殺。蔡謨與王導性情不合，相輕互損，早有積怨，現在難得逮到王導的把柄，蔡謨當然要大大羞辱一番。㉚

三、謝安之妻劉夫人

在《世說新語》的婦女群像中，劉夫人被歸類為「御夫有術型」。㉛

謝安性好音樂，隱居東山之時，遊山玩水「必以妓女從」。（《晉書．謝安傳》）劉夫人亦知謝安愛好女樂，但僅准他淺嘗即止，不准縱欲。《世說．賢媛》第二十三則：

> 謝公夫人幃諸婢，使在前作伎，使太傅暫見便下幃。太傅索更開，夫人云：「恐傷盛德。」

一句「恐傷盛德」，名正言順，冠冕堂皇，謝安雖不過癮，卻無法反駁。《世說．賢媛》第六則，許允被新婦指責：「夫百行以德為首，君好色不好德，何謂皆備？」劉夫人很有才學，所以也能用「重言」壓制丈夫，使謝安無法為所欲為。《藝文類聚》卷三十五引《妒記》曰：

> 謝太傅劉夫人，不令公有別房。公既深好聲樂，後遂頗欲立妓妾。兄子、外生等微達此旨，共問訊劉夫人，因方便稱〈關雎〉、〈螽斯〉有不忌之德。夫人知諷己，乃

問：「誰撰此詩？」答云：「周公。」夫人曰：「周公是男子，相爲爾！若使『周姥撰詩』，當無此也。」

〈詩序〉以為〈關雎〉、〈螽斯〉的詩教乃是贊美女性有不忌之德，自漢朝以來，詩教的權威成為男性多納妓妾的護身符。劉夫人極有膽識，敢駁詩教。「若使周姥撰詩，當無此也。」這種女性主義的觀點，正如古代一位女豪傑所說：「當時若使周婆制禮，斷不敢如此。」㉜我們可代下一轉語：「如果在一妻多夫制的時代，由女強人撰詩主張男人應有不忌之德，後代男性能否接受這種詩教？」余嘉錫案語：

自古未聞有以〈關雎〉、〈螽斯〉爲周公撰者。謝氏子弟不應發此無稽之言。且夫人爲真長之妹，孫綽就謝公宿，言至欵雜，夫人謂「亡兄門未有此客」（見〈輕詆篇〉）。何至出辭鄙倍如此？疑是時人造作此言，以爲戲笑耳。然亦可見其以妒得名，乃有此等傳說矣。㉝

周南之詩採自周王朝所直轄的南方之國，約北抵黃河，南及汝漢，並無岐周之詩，而且時代已至西周末年，〈關雎〉、〈螽斯〉當然不是周公所作。㉞謝安的侄兒和外甥說周公作〈關雎〉、〈螽斯〉，乃是「想當然爾」，他們有意提出周公的大名使劉夫人信服，反而掉入劉夫人預設的陷阱之中，劉夫人反脣相譏，這些男生終於無法答辯。所以，劉夫人之辭並非鄙陋，乃是極為真實而有機智的日常語言；故事也未必是時人捏造，極可能是真人真事。讀者須有點幽默感，才能欣賞此則故事的趣味，余先生的案語就太嚴肅了。虞通之奉命編撰《妒記》，是為了維護夫綱，他對劉夫人究竟是褒？或貶？我想這是一個有趣的問題。

四、阮宣子之妻

武歷陽女嫁阮宣子，無道妒忌，禁婢：甌覆槃蓋，不得相合。家有一株桃樹，華葉灼耀，宣歎美之，即便大怒，使婢取刀斫樹，摧折其華。（《古小說鉤沉》）

阮宣子之妻顯然有嚴重的疑心病。她禁止婢女在丈夫面前合上器皿的蓋子，唯恐丈夫因此而產生「交配苟合」的性聯想。丈夫歎美桃花，她立即吃醋，認定丈夫有「精神外遇」，正在想像某位美如桃花的異性，所以她馬上派人摧毀桃樹，以中斷丈夫的邪念。至於阮宣子是否「思有邪」？大概是「莫須有」吧！[35]如果陶淵明之妻也有這種猜忌心理，當她看見陶淵明寫出極為纏綿肉感的「願在衣而為領、願在裳而為帶、願在髮而為澤、願在眉而為黛、願在莞而為席……」，很可能當場撕碎原稿，後人就讀不到〈閑情賦〉了。西晉武帝泰始（265－274）年間有妒婦段氏，其夫劉伯玉常在她面前朗誦〈洛神賦〉，並且刺激她：「娶婦得如此，吾無憾矣！」段氏當天晚上跳水自殺，如其本願成為水神，美女渡河必風浪暴發，醜女渡河則水波不興，這一則妒婦的神話很有想像力和幽默感，妒婦成神，其妒不朽。[36]

五、京邑士人婦

京邑有士人婦，大妒忌；於夫小則罵詈，大必捶打。常以長繩繫夫腳，且喚便牽繩。士人密與巫嫗爲計：因婦眠，士人入廁，以繩繫羊，士人緣牆走避。婦覺，牽繩而羊至，大驚怪，召問巫。巫曰：「娘積惡，先人怪責，故郎君變成羊。若能悔改，乃可祈請。」婦因悲號，抱羊慟哭，自咎悔誓師。嫗乃令七日齋，舉家大小悉避於室中，祭鬼神師，祝羊還復本形。婿徐徐還。婦見婿，啼問曰：「多日作羊，不乃辛苦耶？」婿曰：「猶憶啖草不美，腹中痛爾。」婦愈悲哀。後復妒忌，婿因伏地作羊鳴；婦驚起，徒跣呼先人爲誓，不復敢爾。於此不復妒忌。（《藝文類聚》卷三十五）

京邑士人婦是虐待狂兼控制狂。妒婦多有侮夫之心，以打罵的方式痛其體膚，貶其人格㊲；隨時牽制，夫如家畜，更是勞其筋骨。這位士人身心的痛苦，應類似東漢馮衍的控訴：「遭遇嫉妒，家道崩壞……妒嫉之情，不憚喪身……既無婦道，又無母儀。忿見侵犯，恨見狼藉……。」㊳懦夫休不了悍婦，但是士人畢竟有其智慧，他利用神道迷信欺騙愚婦，嚇得她「抱羊痛哭」，發誓悔改，這真是一段幽默文章。丈夫說他由人變羊，口味不合，吃草腹痛，後來又伏地作羊鳴，以恐嚇妒忌復發的愚婦，竟能奏效，也是幽默的笑話。丈夫變羊，當然是笑話；後代傳說妒婦死後轉世投胎為母羊，卻是恐怖的因果報應。㊴

六、荀某之婦庾氏

泰元中（東晉孝武帝376—396），有人姓荀，婦庾氏，大妒忌。荀嘗宿行，遂殺二兒。為屋不立齋室，唯有廳事，不作後壁，令在堂上，泠然望見外事。凡無鬚人不得入門；送書之人若以手近荀手，無不痛打；客若共床坐，亦賓主俱敗。鄰近有年少，徑突前詣荀，接膝共坐，便聞大罵，推求刀杖。荀謂客曰：「僕狂婦行，君之所聞；君不去，必誤君事。」客曰：「僕不畏此。」乃前捉荀手，婦便持杖直前向客，客既大健，又有短杖在衣裏，便與婦，老嫗無力，即倒地，客打垂死。荀走叛不敢還。婦密令覓荀云：「近遭狂人，非君之過，君便可還。」荀然後敢出。婦兄來就荀，共方床臥，而婦不知，便來捉兄頭，曳著地，欲殺，方知是兄，慚懼入內。兄稱父命，與杖數百，亦無改悔。〔《古小說鉤沉》〕

荀某曾經在外過夜，庾氏懷疑丈夫對她不忠，親手殺二兒以示報復，居心之狠毒猶過於賈充後妻郭氏。郭氏「酷妒」，妒殺乳母，兒悲啼絕食而死，這是間接殺子，庾氏卻直接殺子，存心使丈夫絕後。房屋不隔間，方便她一覽無遺。來賓要有鬍鬚，驗明正身才可以進門。任何人不得與丈夫有授受之親，否則必遭毆打。庾氏的變態心理，亦如〈霍小玉傳〉中得了疑心病的李益：「心懷疑惡，猜忌萬端，夫妻之間，無聊生矣。」鄰居少年乃是一位俠客，他看不慣妒婦囂張，有意招惹庾氏，趁機揍她一頓。㊵庾氏皮韌，差點被打死，卻不求饒。庚氏幾乎誤殺其兄，故事極似《俗說》〈車武子婦大妒〉，然結局不同。庚氏慚愧而退，其兄假借父命追打數百杖，庚氏還是不悔改。這種妒婦，給她吃《山海經》之中的不妒之藥，為她念四十九天的「化妒神咒」，恐怕完全無效。[41]唐代任及房玄齡之妻，都不怕唐太宗的權威，寧願飲鴆而死，不願放棄嫉妒的本性，她們和《妒記》的庾氏一樣，都是讓男性害怕的女人。[42]

七、諸葛元直妻劉氏

諸葛元直妻劉氏，大妒忌，恆與元直杖。不勝痛，纔得一兩，仍以手摸，婦誤打指節腫。從此作制：每與杖，輒令兩手各捉　踋。元直遇見婦捉　踋欲成衣，謂當與己杖，失色怖。婦曰：「不也！捉此自欲成衣耳。」乃欣然。（《古小說鉤沉》）

諸葛元直，一個怕挨打的懦夫，常常被太太體罰，為了避免打到手指的關節，劉氏規定：體罰之時，諸葛元直的手指要套上頂針[43]。可見劉氏對丈夫仍有疼惜之心。諺云：「一朝被蛇咬，十年怕井繩。」諸葛元直既被劉氏制約，下次看見頂針，立即聯想挨打，嚇得臉色突變。劉氏好像在哄小孩：「不要怕！媽媽只是要縫衣服。」他就放心了。幼稚園有一條父母守則：「常被打罵的小孩，會養成畏縮的個性。」從諸葛元直身上，我們看不到大丈夫的氣概，好像看到一個畏縮的小孩。

肆、結論

古代中國社會重視傳宗接代，男人可以妻妾成群，要求女性實踐「不妒之德」，暴露了男性的自私心理和「兩面標準」的問題。[44]若想減輕女人的嫉妒心，一夫多妻制改為一夫一妻制應是最起碼的條件。[45]《鏡花緣》第五十一回，大盜的夫人說：「假如我要討個男妾，日日把你冷淡，你可歡喜？」「總而言之，你不討妾則已；若要討妾，必須替我先討男妾，我纔依哩。」如果這就是「女男平等」，這種平等必然造成淫亂的世界。

人類的嫉妒行為，源自黑暗及殘忍之心。在《舊約．創世紀》第四章，亞當夏娃的長子該隱殺了弟弟亞伯，基督教的神話似乎想告訴我們：人類的嫉妒心根深柢固，源遠流長。在佛教徒的神話中，唯有仰賴佛力才能拔除「妒根」，妒根是一種東西：「黑如漆，似蛇兩頭，似蝎兩尾。」總之，妒根象徵最黑暗、最惡毒的力量，靠自力消滅不了。

《新約．哥林多前書》：「有愛就不嫉妒。」[46]因為：「嫉妒、野心、以及任何種類的貪婪都是激情；愛則是一種『行為』，是人性力量之實踐，它只能在自由之中才能實踐，而永不可能是一種被驅迫所成的結果。」[47]在《妒記》七則之中，妒婦以暴力、猜忌、監控的方式表現嫉妒的激情，她們摧毀了人性中最可貴的自由，也就失落了真正的愛。

《新唐書．藝文志二》雜傳記類，武后時人王方慶有《王氏女記》十卷、《王氏王嬪傳》五卷、《續妒記》五卷，他是追隨虞通之的一位作家。[48]《藝文類聚》卷三十五（人部十九）特立「妒部」，徵引《妒記》，顯然受到虞通之的啟發。宋代王績有《補妒記》八卷

[49]，明代楊若曾有《妒記》十卷，清代陳元龍有《妒律》一卷，都有待探究。[50]如能匯編虞通之《妒記》以後有關女性嫉妒的資料，比而觀之，深入發掘，我相信對中國古代女性心理的研究，必有相當大的貢獻。

註釋：

❶ 引自舍克《嫉妒與社會》，197、184、349、357頁。王祖望、張田英翻譯，時報文化公司，1995年。

❷ 引同前書，101頁。

❸ 東漢順帝梁皇后之言，見《後漢書·皇后紀》。

❹ 《大戴禮·本命》「婦有七去」，第四「妒去」。《儀禮·喪服》賈公彥疏引「七出」之說，第六「妒忌」。

❺ 藝文印書館《詩經注疏》20頁。

❻ 《晉書·后妃傳上》。

❼ 引自《嫉妒與社會》18頁。

❽ 〈讓尚公主表〉亦收入《南史·王藻傳》，未題作者姓名。《初學記》卷十節引此表，始題作者為「宋虞通之」，卷十三收「宋虞通之〈明堂頌〉」，見臺灣商務印書館景印文淵閣四庫全書第890冊，175頁、225頁。嚴可均依《初學記》，見《全宋文》卷五十五，中文出版社。

❾ 南齊有屯騎、步兵、射聲、越騎、長水五校尉，見《南齊書·百官志》。

❿ 光緒二十五年《餘姚縣志》，張元傑影印，1974年。

⓫ 《南齊書》卷三十四，〈虞玩之傳〉。

⓬ 《南齊書》卷五十三，〈虞愿傳〉。

⓭ 臺灣商務印書館景印文淵閣四庫全書第887冊，分見440頁、701—702頁、732頁。卷八十六獨稱《妒女記》，「女」可能是抄書者誤加，造成書名不統一。

⑭ 收入《魯迅全集》第二卷，唐山出版社，１９８９年。

⑮ 宋．前廢帝在位僅一年，即西元465年，元月改元「永光」，八月改元「景和」，至十一月二十九日夜被殺，同年十二月為宋明帝「泰始」元年。

⑯ 趙翼《二十二史箚記》卷十一，〈宋世閨門無禮〉，世界書局。

⑰ 藝文印書館《禮記注疏》506頁、１００１頁。

⑱ 帝憎婦人妒。尚書右丞榮彥遠以善棋見親，婦妒傷其面，帝曰：「我為卿治之，何如？」彥遠率爾應曰：「聽聖旨。」其夕，遂賜藥殺其妻。休妻王氏亦妒，帝聞之，賜休妾，敕與王氏二十杖。令休於宅後開小店，使王氏親賣掃帚皂莢以辱之。見《南齊書．劉休傳》。

⑲ 引同前注。

⑳ 《異苑》有一則「妒鬼」的傳說。吳興桑乞妻，臨終執乞手云：「我死，為當婚否？」乞言不忍也。服竟，更娶。白日見其死婦語之云：「君先結誓，云何負言？」因以刀割其陽道，雖不致死，人性永廢。轉引自《藝文類聚》卷三十五。《太平廣記》卷272「蜀功臣之妻」也是類似的傳說，妒鬼作怪，使變心的丈夫「因驚成疾而死」。

㉑ 〈螽斯．詩序〉：「言若螽斯不妒忌，則子孫眾多也。」《正義》曰：「以其不妒忌，則嬪妾俱進，所生亦后妃之子孫，故得眾多也。」見藝文印書館《詩經注疏》35頁。

㉒ 引自《北史》卷十六。參考胡適〈讀北史雜記〉，收入《胡適作品集》第十四冊，遠流出版公司，１９８８年。

㉓ 《南史》卷二十三〈王藻傳〉：「帝以此表遍示諸主以諷切之，并為戲笑。」這篇文章以誇張、悲慘的筆調揭露公主的妒行，公主們閱讀之後會心一笑。「并為戲笑」不知是

否可以這樣解釋？

㉔ 本文所引《世說新語》及劉孝標注，均依據徐震堮《世說新語校箋》，文史哲出版社，１９８９年。

㉕ 蕭艾，《世說探幽》286頁，湖南出版社，１９９２年。

㉖ 見余嘉錫《世說新語箋疏》694頁，華正書局，１９８９年。文長不引。余嘉錫案：「《類書》蓋別有所本，非採自《世說》也。然其敘事詳贍，過於《世說》及《妒記》矣。」

㉗ 《晉書．王導傳》引用《妒記》的資料，改寫為「曹氏性妒，導甚憚之。」「猜忌」主要是指自己佔有的東西害怕被別人奪去，見《嫉妒與社會》89頁譯註〔14〕。

㉘ E．佛洛姆《愛的藝術》49頁，孟祥森譯，志文出版社，１９７４年。

㉙ 《藝文類聚》卷三十五引《典論》：上洛都尉王琰以功封，其妻哭於家，為琰富貴更娶妾故也。

㉚ 蔡謨與王導的交往，見《世說．方正》第40則、〈排調〉第29則、〈惑溺〉第7則。

㉛ 廖麗鳳，《世說新語之人物群與描寫技巧研究》90—91頁，１９９０年5月臺灣師大國研所碩士論文。

㉜ 胡適：「這句話，千古以來，傳為笑話，那曉得這句話，真正是千古名言。」見《胡適早年文存》143頁，周師質平主編，遠流出版公司，１９９５年。

㉝ 《世說新語箋疏》695—696頁。

㉞ 參考傅斯年〈詩經講義稿〉，收入《傅斯年全集》第一冊，聯經出版公司，１９８０年。屈萬里《詩經釋義》１—２頁，華岡出版部，１９７４年。錢穆有折中之說：「縱

謂〈關雎〉非周公親作，亦必是周公采之於南國之風。其所采恐亦以音節為主，而其文字，則必有潤飾，或所特製，而建以為風始也。」錢先生事實上仍主張周公作〈關雎〉。見〈讀詩經〉，收入《中國學術思想史論叢》第一冊，東大圖書公司，1976年。

㉟ 黃永武先生：「灼灼的桃花，變成女性美的代表，引而下之，桃花的開放與情欲的爆發，實際上具有同樣的含義。」〈古典詩中的桃與柳〉，收入《中國詩學—思想篇》，巨流圖書公司，1979年。舍克的分析值得參考，他說：「嫉妒過程一旦開始，嫉妒者就把他經歷的事情極力加以歪曲，使之符合他的想像力，或者甚至符合他的感覺行為，以便表明他心懷嫉妒總是有道理的。」見《嫉妒與社會》82頁。

㊱ 唐·段成式《酉陽雜俎》前集卷十四，第554則〈臨清有妒婦津〉，源流出版社，1983年。清·褚人穫《堅瓠八集》卷四，有沈去矜〈擬美人祭妒婦津文〉，新興書局，筆記小說大觀第二十三編。

㊲ 班昭《女誡》：「縱恣既作，則侮夫之心生矣。……侮夫不節，譴呵從之；忿怒不止，楚撻從之。夫為夫婦者，義以和親，恩以好合，楚撻既行，何義之存？譴呵既宣，何恩之有？恩義俱廢，夫婦離矣。」引自《後漢書》卷八十四。

㊳ 《後漢書·馮衍傳》，注引馮衍〈與婦弟任武達書〉。

㊴ 見《堅瓠廣集》卷五〈妒報〉，《堅瓠續集》卷二〈妒虐之報〉。

㊵ 《堅瓠廣集》卷四〈女俠止妒〉：「用腳一踢…坐其身上，捶打罵詈…婦求饒命，且發誓任從再娶。」

㊶ 《山海經》：「類，食者不妒。」「黃鳥，食之不妒。」「栯木，服者不妒。」分見

〈南山經〉、〈北山經〉、〈中山經〉。《堅瓠四集》〈鶬鶊止妒〉，《堅瓠十集》〈化妒神咒〉。

㊷ 《太平廣記》卷272，〈任瓌妻〉。

㊸ 「頂針」原為刺繡或縫衣時中指所戴之金屬指環，銅環上滿布小凹點，俾推針穿布。見沈謙《修辭學》552頁，國立空中大學，1995年。「緦跗」是否為頂針？我沒有十分的把握。《廣韻》：「緦，連針。」《中文大辭典》第二十五冊418頁，於「緦」之下有二則解釋：1、鉥緦，針也。2、秤綒也。第三十二冊215頁，解釋「跗」為「足上也。足趾也。足背也。」

㊹ 胡適：「男子期待妻子守貞操，而自己卻可以納妾嫖娼；男子多妻是禮法許可的，而婦人多夫卻是絕大罪惡；婦人和別的男子有愛情，自己的丈夫若寬恕了他們，社會上便要給他『烏龜』的尊號；然而丈夫納妾，妻子卻『應該』寬恕不妒，妒是婦人的惡德，社會上便要給她『妒婦』『母夜叉』等等尊號。這叫作『兩面標準的貞操』。」見〈《鏡花源》的引論〉，《胡適作品集》第十冊111頁，遠流出版公司，1988年。

㊺ 一夫多妻制的丈夫，縱使「對他的所有妻子嚴格地平等分攤寵愛」，也不能排除性的猜忌。見《嫉妒與社會》94—95頁。

㊻ 現代中文譯本《聖經》，香港聖經公會，1985年。

㊼ 《愛的藝術》33頁，佛洛姆詮釋斯賓諾莎的倫理學。

㊽ 《舊唐書．王方慶傳》：「方慶博學好著述，所撰雜書凡二百餘卷。尤精《三禮》……。」《新唐書．藝文志》所錄王方慶的著作極多，《諫林》二十卷可能也是受到虞通之《善諫》二卷的影響，現存《魏鄭公諫錄》五卷，見景印文淵閣四庫全書第446

冊。

㊾ 晁公武《郡齋讀書志》卷三下，《補妒記》一卷：「古有《妒記》，久已亡之，不知何人輯傳記中婦人嚴妒事以補亡，自商周至于唐初。」由於故事的時代下限是唐初，我推想此書與王方慶有關。《郡齋讀書志》，見《書目類編》69冊，嚴靈峰編，成文出版社，1978年。陳振孫《直齋書錄解題》卷十一，《補妒記》八卷：「稱京兆王績編，不知何時人。古有虞通之《妒記》等，今不傳，故補之。自商周而下，迄於五代史傳，所有妒婦皆載之。末及神怪、雜說、文論等。最後有治妒二方，尤可笑也。八卷本」《補妒記》的編者王績可能是宋朝人。《直齋書錄解題》，見景印文淵閣四庫全書第674冊。感謝王師國良提示以上兩條資料。

㊿ 《中國文言小說書目》320頁、365頁，袁行霈、侯忠義編，北京大學出版社，1981年。楊若曾《妒記》十卷已亡佚，陳元龍《妒律》（懲治妒婦之刑律）一卷收入《香豔叢書》第一輯卷三。

從《太平廣記》「神仙類」、「女仙類」看唐人仙道傳奇中的成仙理論與條件

段莉芬

前言

唐代是一個佛道並盛的時代，佛道思想相當程度的反映在文學作品中。就小說而言，保存了相當數量的佛道故事，刊刻於宋初的《太平廣記》開首就有七十卷的神仙、女仙類，其中以唐人的作品佔主要部分，不得不令人深思唐代神仙道教與小說之間的關係。魯迅曾說：「中國根柢全在道教」「以此讀史，有多種問題可以迎刃而解。」❶本文希望從唐人的傳奇小說來歸納出唐人的某些神仙思想，特別是對成仙理論與條件方面的看法，將來據此進一步探究唐代仙道類傳奇的特色。

本文取樣的範圍以《太平廣記》為主，❷因為其中已收集了大部分的唐人小說，在反映唐人的仙道觀念上，應具有相當的代表性。

在方法上，本文將《廣記》前七十卷中屬唐人的作品部分，依不同的小主題整理為表格

形式，作為分析歸納的依據。每一表格均列出《廣記》的卷數、篇名、出處，以供查考。

唐人仙道傳奇中所反映的仙道思想，基本上是前有所承的。一般而言，成仙理論有其體系，如神仙可學，明師指引，修養心性，積功累德，修煉服食等等，不可偏廢；但在仙道的小說中，往往表現了理論之一隅，或重修養心性，或重修煉服食，或僅只是一種成仙的機緣，因此，部分的作品所表現出來的成仙理論甚至是彼此矛盾的。這一方面是與作者的創作背景有關，一方面或和有各篇小說創作的主旨有關。本文在此嘗試抽繹出唐代仙道小說中的仙道思想，暫時不做作者與作品的寫作背景與主旨的分析。

唐人仙道小說中所反映的成仙理論，有以下幾點：一方面主張我命在我，神仙可學，另一方面又有許多因仙骨與仙緣而成仙的例子，其中含有定命的色彩，並雜有佛教果業的思想；再者，由於修道過程是一種經驗的累積，如能得明師指引，傳授經訣，得賜仙食，亦是成仙與否的關鍵條件。此外，道徒往往要選擇名山福地，以利於修煉，這種注重世外名山修煉的理論形成了洞天福地諸說，這也是唐人承繼前人的說法而反映在小說中成仙理論之一。

一、成仙的理論：神仙可學，立志勤求

神仙道教的最高目標就是長生不死，成為逍遙自在的神仙。自秦漢方仙道主張肉身成仙，致力於成仙方術以來，東漢道教諸經基本上也都認為神仙可學，❸而集仙道理論之大成

的葛洪《抱朴子》，更反復申述神仙可學的理論。❹葛洪認為「長生之可得，仙人之無種」（〈至理〉），又引《龜甲文》之言「我命在我不在天，還丹成金億萬年」（〈黃白〉）。既然神仙可學，則立志勤求便是修仙求道的最重要的態度了，所以說「求長仙，修至道，訣在於志，不在於富貴也。」（〈論仙〉）❺

在唐人仙道小說中有許多成仙的事例，在在都表明了唐人承繼漢魏以來神仙可學的觀點，又在修仙成功或失敗的故事中宣揚立志勤求的修道態度。題為〈韓愈外甥〉一則故事中，❻韓愈問其甥曰：「神仙可致乎？至道可求乎？」答曰：「得之在心，失之亦心。」即表明求仙首在立志。〈陳惠虛〉中寫僧人陳惠虛由僧入道而成仙的故事❼。故事中陳惠虛問仙人張老：「神仙可學之否？」張老曰：「積功累德，肉身昇天，在於立志堅久耳」。另一則遊歷仙境的故事〈嵩岳嫁女〉，❽有田璆、鄧韶二人遊歷仙境之後，仙人謂二人曰：「夫人白日上昇，驂鸞駕鶴，在積習而已。」這幾則故事都明示凡人可以成仙，只要立志勤習。

至於通篇在闡揚恆心勤求的修道精神的故事，則有〈薛尊師〉一則，❾敍述薛尊師立志求道，通過試鍊終於得道。文中薛尊師與唐臣同往嵩山，尋仙境以求長生之道。在山口遇陳山人，陳山人囑二人在山口相待，將為二人入山求之，期以五日。然陳山人過期不至，二人於是自行前往，入谷三、四十里，忽於路側見一死人，虎食其半，乃陳山人也。唐子謂尊師曰：「本入山為求長生，今反為虎狼之飡。陳山人尚如此，我獨何人？不如歸人世以終天年耳。」而薛尊師則認為「蓋陳山人所以激吾志也，汝歸，吾當終至，必也不幸而死，終無恨焉。」其後果於山中又遇陳山人，陳山人笑謂薛曰：「子之志可教也。」於是指授道要。薛尊師道成後，百餘歲時，告門人：「天帝召我為八威觀主。」最後無疾而終，且死後顏色不變，暗示薛已成仙而去。故事中，薛、唐二人代表二種求道的態度，而以堅定者得道成仙作結。唐人仙道小說中有一「求道對比型」的成仙故事，與此一題旨相類，都在強調神仙可學而致，必須立志勤求方可。

唐人傳奇中成仙的故事很多，本文將《太平廣記》中有關唐人傳奇中成仙的故事列成〔表1－1《廣記》中唐傳奇成仙事例〕。這些事例一方面可作為唐人「神仙可學觀」的具體例證，另一方面從表中也可觀察唐人的成仙觀中，有些表現了「立志勤求」主動修道精神，有些則反映了被動悟道成仙的情形。

〔表1—1・《廣記》中唐人小說成仙事例〕

序號	篇名	卷數	好道	修鍊	結果說明	出處
1	李筌	14	+	+	入名山訪道，不知所終。	神仙感遇傳
2	裴諶	17	+	+	成仙。	續玄怪錄
3	盧李二生	17	+	+	成仙。	逸史
4	薛肇	17	+	+	成仙。	仙傳拾遺
5	楊通幽	20	+	+	一旦與群真俱去。	仙傳拾遺
6	孫思邈①	21	+	+	舉尸就木，空衣而已(尸解仙)。	仙傳拾遺
7	(童子)②		+	–	乘空而飛。	
8	司馬承禎	21	+	+	若蟬蛻解化，弟子葬其衣冠。	大唐新語
9	王遠知	23	+	+	自言「今見召為少室山伯，將行在即。」翌日，沐浴加冠衣，焚香而卒。	談賓錄
10	張李二公	23	+	+	成仙。	廣異記
11	蕭靜之	24	+	+	有道士謂其食肉芝，將壽同龜鶴，後捨家雲水，不知所之。	神仙感遇傳
12	朱孺子	24	+	+	飛昇。	續神仙傳
13	葉法善	26	+	+	(卒)異香芬郁，仙樂繽紛。	仙傳拾遺
14	唐若山	27	+	+	成仙。	仙傳拾遺
15	司命君	27	+	+	成仙。	仙傳拾遺
16	玄真子	27	+	+	白日上昇	續仙傳
17	翟乾祐	30	+	+	得道而去。	酉陽雜俎、仙傳拾遺
18	李玨	31	+	+	尸解。	續仙傳
19	顏真卿	32	+	+	尸解。	仙傳拾遺、戎幕閑譚、玉堂閑話

20	馬自然	33	+	+	尸解。		續仙傳
21	柏葉仙人	35	+	+	臨終異香滿室，空中聞音樂聲，乃造青都，赴仙約耳。		原化記
22	韋丹	35	+		無疾而卒，皆言黑老迎韋公上仙矣。		會昌解頤錄
23	李清	36	+	+	往泰山觀封禪，自此莫知所往。		集異記
24	李泌	38	+	+	成仙(死後，人於他處見之)。		鄴侯外傳
25	石巨	40	+	+	化鶴成仙。		廣異記
26	薛尊師	41	+	+	無病而坐亡，顏色不變。		原化記
27	劉無名	41	+	+	築室修鍊，三年乃成，後入青城，不知所終。		仙傳拾遺
28	夏侯隱者	42	+	+	時號睡仙，後不知所終。		仙傳拾遺
29	王子芝	46	+	+	地仙。		神仙感遇傳
30	劉商	46	+	+	地仙。		續仙傳
31	宋玄白	47	+	+	白日上昇。		續神仙傳
32	許棲巖	47	+	+	入太白山去。		傳奇
33	鄭冊	49	+	+	少時而逝，形體柔軟，顏色不改。		原化記
34	侯道華	51	+	+	成仙。		宣室志
35	宜君王老	51	+	+	全家雞犬昇天。		續仙傳
36	李筌	14	+	+	不知所終。		神仙感遇傳
37	王法進	53	+	+	昇天。		仙傳拾遺
38	金可記	53	+	+	昇天。		續仙傳
39	劉瞖	54	+	+	成仙。		續仙傳
40	盧鈞	54	+	+	既終之後，異香盈室。		神仙感遇傳

41	謝自然	66	+	+	白日昇天，…五色雲遮亙一川，天樂異香，散漫彌久。		墉城集仙錄
42	盧眉娘	66	+	+	尸解成仙。(香氣滿堂)		杜陽雜編
43	楊敬真[10]	68	+	-	成仙。(異香滿室)		續玄怪錄
44	裴玄靜	70	+	+	仙女奏樂，白鳳載玄靜昇天。		續仙傳
45	戚玄符	70	+	+	昇天。		墉城集仙錄
46	王氏女	70	+	+	尸解(香氣異常)。		墉城集仙錄
47	薛玄同	70	+	+	尸解(香氣)。		墉城集仙錄
48	戚逍遙	70	+	+	成仙。		續仙傳
49	採藥民	25	*	+	入山，不知所之。	ab	原化記
50	元柳二公	25	*	+	得道成仙。	a	續仙傳
51	僧契虛	28	*	+	不知所在。	a	宣室志
52	李球	47	*	+	老而復壯，與其子入王屋山去。	a	仙傳拾遺
53	陳惠虛	49	*	+	昇天而去。	a	仙傳拾遺
54	陰隱客	20	*	*	莫知所在。	a	博異志
55	嵩山叟	14	*	-	不知所之。	a	神仙拾遺
56	元藏幾	18	*	-	成仙。	a	杜陽編
57	崔煒	34	*		煒因在穴飲龍餘沫，肌膚少嫩，後，挈室往羅浮，竟不知所適。	a	傳奇
58	嵩岳嫁女	50	*		捐棄家室，同入少室山，今不知所在。	a	纂異記
59	麒麟客	53	*		棄官遊名山，後，不知所在也。	a	續玄怪錄
60	裴航	50	*	+	成仙。	b	傳奇
61	劉清真	24	*	+	通身生綠毛，乘雲上昇。	c	廣異記
62	劉白雲	27	*	+	樂真人授金液九丹之經，謂其千日可登仙。	c	仙傳拾遺

63	王可交	20	*	-	入四明山，不復出。	c	續仙傳
64	姚泓	29		+	食松柏成仙。	c	逸史
65	陶尹二君	40		+	得道成仙。	c	傳奇
66	楊正見	64		+	白日昇天。	c	墉城集仙錄
67	瞿道士	45			乘五色雲去，隱隱有樂音。		逸史
68	張卓	52			娶仙女成仙。	b	會昌解頤錄
69	董上仙	64			尸解。		墉城集仙錄
70	韋蒙妻	69			昇天。		仙傳拾遺
71	何二娘	62		-	成仙。		廣異記
72	馬周	19	-	-	群仙迎歸，無疾而終。		神仙拾遺
73	崔生	23	-	-	入仙境，娶仙女。成仙。	b c	逸史

說明：

1. 選擇的事例，以《廣記》一至七十卷神仙女仙類中，求仙成功者爲限。如人物本身在故事中出現時已爲仙真者，便不列入；而故事中人物非唐人者亦不收入。
2. 表中「好道」一欄以三個符號表示三種情況：
「＋」：表示人物一開始即具有好道求仙的主動意願。
「*」：表示人物一開始可能沒有修仙的意願，後來因際遇之故，如遊歷仙境、遇見仙真指引等等，因而悟道，才有了修仙的意願與或行動。
「－」：表示人物自始至終都沒有明顯的修道意願，卻依然成仙。
3. 在「修鍊」一欄裡的符號意義如下：
「＋」：表示人物有明確的修仙方法和一段修鍊過程。
「*」：表示文中沒有明確顯示人物修仙的方法和修鍊過程，
「－」：表示人物似無修鍊的經歷。

4. 在「說明」一欄中的符號意義如下：
「a」：該則事例有遊歷仙境的故事情節。
「b」：該則事有人仙婚配的故事情節。
「c」：該則事例有遇仙真道人指引的故事情節。

5. 「結果」一欄出註明原文是飛昇、尸解、不知所至或卒而有異香盈室者。因爲在仙道小說中人物結果如爲「不知所在」「（卒）異香盈室」，都有暗示人物成仙的意味；而在求仙失敗的事例中，往往明言人物死亡，故本表將這些有成仙暗示意味的事例收入，以作參考。

6. 以上事例編排，以類相從，次則依《廣記》卷數。

以上74則事例中，以1—48為好道求仙而成仙的事例，具有主動積極的修道精神；49—63共十四則事例，其求道修仙的欲望與行動是後起的，多數是遊歷仙境，或遇見仙真指引後，方悟道而求仙；64—73十則事例中，文中對人物好道與否，沒有明確的敍述。

總之，在比例上，唐人仍煥發著積極主動的求仙精神，肯定神仙可學而致，唯要立志勤求。

二、成仙的條件：仙骨說與宿命論

雖然唐人仙道小說秉持了「我命在我」「神仙可學」的積極思想，但另一方面，又有所謂的仙骨宿緣的成仙說法，也就是一個人是否能成仙，除了努力以外，還要看自身是否有仙骨、宿緣。

仙骨與宿緣之說，可能與唐前流傳的仙命說、骨籙說有關。東漢造構的道教經典《太平經》，既主力為又承認命運。⓫它認為神、真、仙、道、聖、賢，「六人生各自有命」「命貴不能為賤，命賤不能為貴」「有天命者，可學之必得大度；中賢學之，亦可得大壽；下愚為之，可得小壽」。⓬各人在其命定的範圍內得到最好的結果，是力為與命運說的揉合。而《老子想爾注》完全反對命定之說，認為所謂「仙自有骨籙，非行所臻」是罪大惡極的說法。⓭從其反對之言，也可見有所謂骨籙之說，而主張骨籙之說者，便不注重後天求仙的修為與努力。然而仙命與骨籙的說法依然流傳下來。東晉葛洪《抱朴子》也一方面認為神仙可學，另一方面主張「仙命說」。所謂仙命指一個人在「結胎受氣之日，皆上得列宿之精」「值壽宿則壽，值仙宿則仙」「為人生本有定命」。⓮但人如何知道自己是否稟受了仙命？葛洪從是否有好道求仙之心來逆推之：

> 苟不受神仙之命，則必無好仙之心。（〈辯問〉）⓯
> 命屬生星，則其人必好仙道。好仙道者，求之亦必得也。命屬死星，則其人亦不信仙道。不信仙道，則亦不自修其事也。（〈塞難〉）⓰

如此，人之好道必因其先天稟受神仙之氣，有神仙之氣又好道勤學，再加以明師指引，必能成仙。葛洪認為有仙命者必能遇明師指點，「有仙命者，要自當與之（師）相值也」（〈勤求〉），⑰而明師之選擇弟子以傳授成仙的丹法經訣時，也要視該人有否仙骨，「無神仙之骨，亦不可得見此道也。」（〈金丹〉）⑱

在唐人仙道傳奇中，當某人遇見仙師（神仙或道士）指點成仙之道時，有二種情形。其一，為被指點者本身即好道之人，被指點的原因是其自身具有仙骨，參見〔表1—2．仙骨宿緣事例〕4—8條；其二，為被指點者原先非好道之人，而由仙師指出其具有仙骨，所以加以指引，被指點者經此而悟道求仙，終亦成仙而去，如1—3條。由此可見一種遇仙的宿命論。

因此，唐人仙骨說與葛洪之說仙命略有差異。葛洪由人之是否好道來判別該人是否有仙命；唐人則有不論本身是否好道，但問其人是否有仙骨，定命的色彩更濃。此外，葛洪的「仙命說」是承襲了漢人的星命說，⑲而唐人仙道小說中的仙骨說在此之外，又與道士善於相術有關，而骨相便是相術中非常重要的一環。由骨相是否合仙，推而廣之，凡形貌之相均可含是否成仙的判斷之中。

以〔表1—2仙骨宿緣事例〕2〈王可交〉一則為例。王可交以耕釣自業，年三十餘，莫知有真道。一日，於江上遇花舫道士七人，謂可交「好骨相，合仙。」並賜仙食，可交食後，從此絕穀，且不復耕釣，入四明山，不復出，暗示可交可能成仙作結。這是一則本無求道之心，因骨相合仙而受到仙真指引的例子。相對的8〈韋丹〉一則，故事中主角韋丹為西臺御史，因求道而禮遇瓜園黑老，黑老於是告以：「汝似好道，吾亦愛之，大抵骨格不成就。且須向人間富貴，待合得時，吾當來迎汝。」二十年後，黑老復來，韋丹無疾而卒，人皆言黑老迎韋公上仙矣。這一則故事在濃厚的定命色彩的骨相之說中，肯定了人的好道精神或可超越先天的命相限制。

這種具有定命色彩的成仙條件，也成為遊歷仙境的前定機緣，使得遊歷仙境的情節中亦含有濃厚的宿命色彩，如〈表1－2〉中9－15條皆是。9〈張老〉一則故事中，韋義方訪妹遊仙境一節，仙人張老曰：「然此地神仙之府，非俗人得遊，以兄宿命，合得到此。」又如15〈麒麟客〉一則，寫張茂實應其傭僕王夐之邀，得遊仙境，仙境主人曰：「此乃仙居，非世人所到，以君宿緣，合一到此。」而13〈李球〉中記凡人李球誤入仙境，引之者遭仙人責備：「吾至道之要，當授有骨相之士，習道之人，汝何妄引凡庸，入吾仙府耶？」可見得遊仙境之人，亦需有仙骨、宿命方可。

同樣的在服食仙說中，何人得食成仙之物，亦往往因為仙骨與宿命，表16－20五條皆為服食宿命論。如17〈薛逢〉一則，寫一僧食洞中仙食化為石，是因為服食仙食者一「須累積陰功」，二要「天仙挺仙骨」，否則「若常人啗之必化而為石矣」。又如16〈何諷〉一則，認為書生不能把握機會服食成仙，是因為書生之命也，如果書生能把握此服食良機，則可將換「俗骨」而為仙。又如18、19二條寫服用人參、人形茯苓以成仙之事，食之與否，皆與宿命、定分有關，表現了服食的定命觀。

由骨相之說引用到史實人物身上，便為成仙與富貴之間的一個選擇點，如表20—21二條。以20〈齊映〉、21〈李吉甫〉二則故事為例，〈李吉甫〉一條中，記山南節師相國王起在富貴與升仙之間的抉擇。⑳文中王鍊師問王起：「判官有仙骨，學道必白日上昇，如何？」王起良久無言，顯然選擇了人間富貴，後亦果然富貴。〈齊映〉一條中亦有類似的情節。齊映為唐大曆四年狀元，㉑後為宰相。㉒故事中齊映應進士舉，至省訪消息，遇一老人，老人謂齊映曰：「郎君有奇表，要作宰相耶？白日上昇耶？」齊思之良久，曰：「宰相。」

以上這二條故事中的人物都沒有什麼好道心志的表現，考察二人在史書本傳的記載，亦皆無好道的事蹟。然而故事中二人都可在富貴與升仙之間自由選擇，只因為二人有好骨相，這與葛洪的仙命好道之論已有相當距離，也無勸人好道求仙的立意，其中心思想已由「仙骨→好道→成仙」的單一命題，轉為「成仙」或「富貴」的選擇題，表現出唐人的人生觀的一個面相，同時也可見唐人思想中有濃厚的定命色彩。

這種成仙的定命觀、宿命論，亦雜有佛教的宿世前緣的思想在其中。例如㉓〈閭丘子〉一則，寫名家子鄭又玄好黃老之道，然而性驕侮人，幼時侮慢鄰舍閭丘子，閭丘子後病死；十年後，又羞辱友人仇生，仇生亦病卒。又十五年，鄭又玄遇一童兒，貌秀而慧，又玄自謂不能及，童兒謂又玄：「我與君故人有年矣，君省之乎？」原來此童前生先為閭丘子，後為仇生。又玄驚而拜謝，並問：「然子非聖人，安得知三生之事乎？」童兒曰：「我太清真人。上帝以汝有道氣，故生我于人間，與汝為友，將授真仙之訣。而汝性驕傲，終不能得其道，悲乎！」這則故事，固然在諷刺修道之人要涵養心性，不可驕傲侮人，文中「因有道氣」故得仙真指引的說法，亦與仙骨說相應，是作者揉合了道教仙命說、佛教前世思想，用以鋪陳諷刺之旨。

總之，唐人仙道小說一方面繼承了神仙可學的積極思想，一方面繼承仙命之說而有更加濃厚的定命色彩，因有仙骨宿命所以能遇仙指引、服食仙藥、遊歷仙境，而在成仙與富貴的抉擇上，亦有仙骨宿命之說。

〔表1—2‧《廣記》中仙骨宿緣事例〕

序號	篇名	卷數	好道	遇仙	遊歷仙境	內容	結果	出處
1	薛肇	17		+		子有骨籙，值此吾藥，不唯愈疾，兼可得道矣。	成仙	仙傳拾遺
2	王可交	20		+		好骨相，合仙。	飛昇	續仙傳
3	元柳二公	25		+	+	子有道骨，歸乃不難。…子但宿分自有師。	成仙	續仙傳
4	唐若山	27	+	+		子有道骨，法當度世。	成仙	仙傳拾遺
5	劉白雲	27		+		子有仙籙天骨。	成仙	仙傳拾遺
6	王法進	53	+	+		上帝以汝夙禀仙骨，歸心精誠，不忘於道，敕我迎汝受事於上京也。	飛昇	仙傳拾遺
7	驪山老母[23]	63	+	+		受此符者，當需名列仙籍，骨相應仙，而後可以語至道之幽妙。	不知所終	墉城集仙錄
8	韋丹	35	+	+		汝似好道，吾亦愛之，大抵骨格不成就。	可能成仙	會昌解頤錄
9	張老	16			+	然此地神仙之府，非俗人得遊，以兄宿命，合得到此。		續玄怪錄
10	採藥民	25		+	+	汝世人，不知有此仙境，汝得至此，當是合有仙分。	得五千歲	原化記
11	韋弇	33		+	+	然子已至此(仙境)，亦道分使然。		神仙感遇傳

12	嚴士則	37		+	+	汝得至此(仙境)，當由宿分。	修道	劇談錄
13	李球	47		+	+	(誤入仙境)二仙責引者曰：吾至道之要，當授有骨相之士，習道之人，汝何妄引凡庸，入吾仙府耶？	得食仙藥，入山修道	仙傳拾遺
14	許棲巖	47	+	+	+	先言許有仙相，後言「子有仙骨，故得值之，不然，此太白洞天，瑤華上宮，何由而至也？」	入山修道	傳奇
15	麒麟客	53		+	+	此乃仙居，非世人所到，以君宿緣，合一到此。	不知所終	續玄怪錄
16	何諷	42				君固俗骨，遇此不能羽化，命也。據仙經曰：蠹魚三食神仙字，則化為此物，名曰『脈望』，夜以規映當天中星，星使立降，可求還丹，取此水和而服之，即時換骨上昇。	不知把握，未能成仙。	原化記
17	薛逢	54			+	王烈石髓，張華龍膏，得食之者，亦須累積陰功，天挺仙骨，然可上登仙品，若常人啗之，必化而為石矣。	食僧化為石。	神仙感遇傳

18	維楊十友	53	+			此所食者，千歲人參也，頗甚難求，不可一遇。吾得此物，感諸公延遇之恩，聊欲相報，且食之者，白日昇天，眾既不食，其命也夫！	同上	神仙感遇傳
19	楊正見	64	+	+	+	正見服食人形茯苓，女冠聞而歎曰：「神仙固當有定分。」	成仙	集仙錄
20	齊映	35		+		郎君有奇表，要作宰相耶，白日上昇耶？	宰相	逸史
21	李吉甫	48		+		判官有仙骨，學道必白日上昇，如何？	不願學道	逸史
22	太陰夫人	64		+	+	(女仙)遣人間自求匹偶耳，君有仙相，故遣麻婆傳意。問盧杞要作地仙、或做人間宰相？	選擇人間宰相	逸史
23	閭丘子	52	+			三生之事：道氣：真人降生為友，欲授真仙之訣。	因性驕失之	宣室志

三、成仙的條件：明師指引，傳經授訣

成仙非一蹴可躋，需要通過學習與實踐；因此透過仙真的指引，取得正確的修仙方法，是修仙成功與否的關鍵。其次，以煉丹為修仙的手段而言，更需要明師的指引，因為丹經中有許多隱語，不能就字面意義去了解。葛洪在《抱朴子》中就十分強調明師指引的重要性。他認為劉向作金不成的原因就在於「非為師授」而「不知口訣」。因為劉向雖得道書，但「雖有其文，然皆秘其要文，必須口訣，臨文指解，然後可為耳。」其次，「其所用藥，復多改本名，不可按之便用也。」[24]

在唐人仙道小說中，也反映了修道成仙過程中對明師指引的重視。一則，經訣多隱語，需要有人說明；二則明師指引在小說中成為一個重要情節單元，指引者以智慧老人的姿態出現在小說故事中，[25]促進小說情節的推衍。以經訣多隱語而言，以〈表1－3．明師與經訣〉中9〈王子芝〉、10〈劉商〉、15〈趙旭〉三則為例。王子芝因樵仙別傳修鍊之訣而成為地仙；劉商依道士口訣服藥而為地仙；而趙旭之仙妻嫦娥臨別告以〈仙樞龍席隱訣〉，「內多隱語，亦指驗於旭，旭洞曉之。」可見如無仙真指點，則成仙不易。

以仙道傳奇中的智慧老人而言，「遇仙」是小說中一個普遍而重要的情節單元。人物因遇仙而受啟悟、獲贈仙食等等的例子，不勝枚舉，在此以〈元柳二公〉一則為例。[26]元徹、

柳實二人越海而誤入海外仙境，得見仙人南溟夫人與玉虛尊師，尊師告以二人有道骨，且其宿分中自有仙師太極真人指引。二人自海外而歸中國，自此悟而求道，周遊雲水以訪太極先生；一日，大雪中見一樵叟，心生憐憫而飲之以酒，方知樵叟即是太極真人，二子因隨詣祝融峰，自此而得道。故事中，人物有二次遇仙，第一次遊仙境遇仙，因之感悟求道，並獲指引；第二次遇仙，即太極真人，以之為師，因之得道。

但仙真在傳經授訣之前，師徒關係的建立亦是很慎重的，往往透過試煉觀察和機緣。㉗就前者而言，成為仙道小說中的一個有趣的情節單元，如第一節〈薛尊師〉的求道過程，透過試煉以見其是否有立志勤求之心；就後者而言，所謂師徒的「機緣」往往以所謂「仙骨」「仙相」「宿緣」「道分」等等宿命論來作解釋，如第二節所論。

而在傳經授訣的同時，往往對弟子有所要求，以示慎重。㉘如2〈李筌〉一則，李筌在嵩山虎口巖得《黃帝陰符經》後，又遇驪山老姥傳授其法，驪山老姥傳授之前，先是認定李筌有仙相，其次命其吞丹書符一通，最後又誡以「如傳同好，必清齋而授之」。又，6〈劉無名〉一則中，青城山人傳丹經之訣給劉無名之前，要求他要「齋心七日」。以上這些都可見道經傳授過程中的神秘色彩，這是基於道教中巫術、方術的傳統，具有濃厚的秘傳性格所致。㉙以下將《廣記》中唐人遇仙真得授經訣的故事列為一表，以作參考。

〔表1─3．明師與經訣〕

序號	篇名	卷數	仙真道人	經訣名稱	說明	出處
1	李筌	14	驪山老母	黃帝陰符經	入名山訪道，不知其終。	神仙感傳
2	楊通幽	20	西城王君 青城真人	檄召之術，三皇天文	先習法術以輔君王，然後方飛昇之道。	仙傳拾遺
3	張殖	24	道士姜玄辨	六丁驅役之術	術之與道，相須而行。	仙傳拾遺
4	唐若山	27	太上真人	(黃白術)	真人以黃白術示之，若山遂師之，後成仙。	仙傳拾遺
5	劉白雲	27	樂子長	(變化法術)、金液九丹之經	先學變化之術，再授丹經，選名山福地鍊而服之，千日可登仙。	仙傳拾遺
6	劉無名	41	青城真人	示其陽鑪陰鼎，柔金鍊化水玉之方，伏汞鍊鉛朱髓之訣，亦名金液九丹之經。	後於霧中山修鍊，三年乃成。	仙傳拾遺
7	房建	44	道士	六甲符、九章真籙	好玄元之教。	宣室志
8	王太虛	46	東極真人	黃庭寶經	真人以二十年相約，意為若勉而行之，將得道成仙。	仙傳拾遺
9	王子芝	46	樵仙	(別傳修鍊之訣)	為地仙。	神仙感遇錄
10	劉商	46	賣藥道士	(依道士口訣吞藥)	為地仙。	續仙傳

11	許棲巖	47	太乙真君(賜食石髓)、穎陽尊師		可壽千歲。	傳奇
12	閭丘子	52	太清真人(授真仙之訣)		閭丘子因性驕而未得仙人授訣。	宣室志
13	王法進	53	三青童	靈寶清齋告謝天地儀(即清齋天公告謝之法)	悔罪之法，可除宿罪，為致豐衍。法進勸民有功，後昇天。	仙傳拾遺
14	姚氏三子	65	(天上)夫人	玄女符、玉璜秘訣	修習之而靈巧，因泄秘而愚頑如昔。	神仙感遇傳
15	趙旭	65	嫦娥	仙樞龍席隱訣	嫦娥勉其「努力修持，當速相見」，暗示成仙的希望。	通幽記
16	謝自然	66	道士程太虛	五千文紫靈籙	成仙。	集仙錄

四、修道求仙的環境：名山洞天福地說

道士修行往往在名山之中，一則因山區野地遠離塵囂，有助於專心修煉，如〈閭丘子〉中所言：「子既慕神仙，當且居山林，無為汲汲於塵俗間耳。」㉚二則也利於採藥煉丹的取材；三則就宗教層面而言，山中修煉與「洞天福地」的仙境信仰有密切的關係。如〈劉白雲〉條中，劉白雲得仙人授金液九丹之經，仙人囑之曰：「可選名岳福地鍊而服之，千日之外，可以登雲天矣。」㉛又如〈許碏〉條，寫許碏「晚學道於王屋山，周遊五岳名山洞府，後從峨嵋山經兩京，復自襄汴來抵江淮，茅山天台、四明仙都、委羽武夷、霍桐羅浮，無不遍歷。」㉜前者可見修鍊與名岳福地相連，後者亦可見學道者周遊天下名山洞天福地的情形。

神仙所居之地為仙境，大致有天上、海外與山中之別，本節專就與山有關的洞天福地之說而言。因為洞天福地一方面是神仙之居，一方面也是道士實際修煉之所，與道教成仙的理論相關。

天上、海外諸仙境多在虛無飄渺中，只有地上的洞天福地少數未詳所在外，皆有實處，因此，道士多立足於洞天福地諸名山中修煉，而以海外仙境和天上仙境作為得道成真的最後歸宿。

所謂「洞天福地」含有十大洞天、三十六小洞天、七十二福地。東晉時葛洪的《抱朴子》中已提出入名山合藥的說法，並列舉可修道的名山三十座左右，為後來洞天福地說的雛形；㉝唐人司馬承禎有《天地宮府圖》列出十大洞天、三十六小洞天、七十二福地，並認為洞天福地均在諸名山之中，洞天為群仙所統治，而福地為次一級的真人所治理，且其間「多得道之所」。司馬承禎此圖已是洞天福地集大成之作。㉞

本節將《廣記》中唐人於山中隱居修道、採藥鍊丹、尋師遇仙以及仙境之在名山者，列為〔表1—4·唐人修道諸名山〕，本表置於本節末。由表中可以歸納出下列諸端：

一·唐人入山修道之風極盛，遍及全國，在小說中也完全反映出這一點。從仙道小說中修道地點的區域分佈而言，分布於華北、華中與華南，且大約呈現南北並榮的局面：

華北：表中1—36，共十七座山。

陝西：華山、藍田山、太白山、終南山、驪山、隔仙山。

山西：恒山、條山、五臺山、鴈門山、晉山。

河南：嵩山、少室山、王屋山、王房山。

山東：泰山、雲門山。

華中：表中37—78，共十八座山。

四川：岷山（岷嶺）、霧中山、青城山、峨眉山、後城山、黃鶴山。

湖北：孤星山。
湖南：衡山、九疑。
安徽：城陽山、九華山。
江西：廬山。
江蘇：茅山。
浙江：白鹿山、天台山、四明山、括蒼山、大若巖。
廣東：羅浮山。

華南：表中79—81。一座山。

二·其中包含了許多洞天福地（見表中「洞天福地」一欄所列），而五岳全部包含在內：西岳華山，表1—6；北岳恆山，表17；中岳嵩山，表23—27，東岳泰山，表35；南岳衡山，表51—53。

以五岳而言，至唐時早已非一地理概念，更且是一個文化概念。㉟自秦漢以來，帝王對五岳奉祀，歷代相沿；魏晉南北朝時，五岳成為傳授道書和煉丹之地，《抱朴子·遐覽》謂道書藏於名山五岳；唐人故事中，如表中27〈李筌〉一則，道士李筌便是在中岳嵩山的虎口巖獲致《黃帝陰符經》，又如杜子春隨老人煉丹於華山。

至於唐帝王追隨前代對五岳的奉祀，有唐玄宗用司馬承禎之言，將五岳定為國家公認的道教靈場，此事可見於《舊唐書》卷一九二司馬承禎本傳；[36]而在唐人傳奇中則出之以神話，如《廣記》卷二十一〈司馬承禎〉一則，[37]寫玄宗泰山封禪而歸，問承禎：「五嶽何神主之？」承禎對曰：「嶽者山之巨，能出雲雨，潛儲神仙，國之望者為之。然山林之神，亦有仙官主之。」玄宗於是詔五嶽於山頂列仙官廟。同一事在《廣記》卷二十九〈九天使者〉一條中，[38]則是因玄宗夢神仙九天使者欲於廬山置宮觀，請玄宗派人協助，玄宗因召承禎問此事，承禎奏曰：「今名山岳瀆血食之神，以主祭祠。太上慮其妄作威福，以害蒸黎，分命上真，監莅川岳，有五岳真君焉。又青城丈人為五岳之長，潛山九天司命主九天生，廬山九天使者執三天之符，彈劾萬神，皆為五嶽上司。盍各置廟，以齋食為饗？」由此可知五岳的崇拜已由受五行說影響與大山崇拜的觀念轉為道教化的神仙敬拜，[39]這個轉化在唐代完成了。

關於《廣記》中的福地洞天的說法，多集中在晚唐五代道士杜光庭所著的《仙傳拾遺》一書中。如表中55〈薛玄真〉一條，薛玄真好道，喜遨遊雲泉，認為：

> 九疑五嶺，神仙之墟。祝融棲神於衡阜，虞舜登仙於蒼梧，赫胥耀跡於潛峰，黃帝飛輪於鼎湖，其餘高真列仙，人臣輔相，騰翥逍遙者，無山無之。其故何哉？山幽而靈，水深而清，松竹交映，雲蘿杳冥，固非凡骨塵心之所愛也；況邃洞之中，別開天地，瑤膏滴乳，靈草秀

芝，豈塵目能窺，凡屣可履也？

文中的衡阜、蒼梧、灊峰、鼎湖皆洞天福地；❹⓿而山中有仙人，洞中別有天地，又有諸仙藥，完全繼承了葛洪的入山修道合藥的說法。❹❶又如表72〈陳惠虛〉一條，寫陳惠虛於天台山入石壁仙境事，天台山中含第十大洞天及第十七、六十福地，乃神仙窟宅薈萃之地。文中對該石壁仙境細加解釋：

此真仙之福庭，天帝之下都，號曰「金庭不死之鄉，養真之靈境」，週迴百六十里，神仙右弼桐上真王君主之，列仙三千人，仙王力士、天童玉女各萬人，爲小都會之所，校定天下學道之人品第。

《仙傳拾遺》之所以對福地洞天諸說引用繁細，是因為作者杜光庭本身亦有整理福地洞天之作《洞天福地岳瀆名山記》。❹❷由杜光庭對福地洞天之熟稔，反映於其所整理的神仙筆記小說中，也可代表唐人對名山修道的觀念。

在名山洞府說之外，又有所謂的「二十四化」，也與洞府修仙之說有關。《廣記》卷三十七〈陽平謫仙〉一條，❹❸人問陽平洞中仙人「洞府大小，與人間城闕相類否？」仙人曰：

二十四化各有一大洞，或方千里、五百里、三百里，其中皆有日月飛精，謂之伏晨之根，下照洞中，與世間無異。其中皆有仙王仙官，如世之職司，有得道之人，及積功遷神返生之士，皆居其中，以爲民庶。每年三元大節，諸天各有上真，下遊洞天，以觀其所爲善惡，人世生死興廢，水旱風雨，預關於洞中焉，龍神祠廟，血食之司，皆爲洞府所統。二十四化之外，青城峨嵋，益登慈母，繁陽嶓冢，皆亦有洞，不在十大洞天三十六小洞天之數。洞中仙曹，如人間郡縣聚落耳，不可一一詳記也。

所謂二十四化即上承東漢張陵在蜀境創建五斗米道時，所設立的二十四處道教活動或教區，原稱「二十四治」，唐代因避高宗李治諱而改，稱「靈化二十四」或「二十四化」。[44]杜光庭的《洞天福地岳瀆名山記》中說明了二十四化的名稱、所屬五行、相配的節氣與上應的星宿，以及有關的仙跡傳說，把人的性命魂神與二十四化相連，從而增強人們對道教神仙的敬畏與信仰，唐代出現這種二十四化為神仙住地之說，反映了二十四治作為早期道教活動場所與組織實體，轉向神話傳說的歷史變化。[45]

總之，名山福地洞天是唐人的修道場，遍及華北、華中與華南；修道者於其間隱居修道、採藥鍊丹、尋師遇仙或遊歷仙境而體悟真道；而洞天福地之說中的五岳，在唐代已完全具有道教的文化意涵；而二十四化也由道教的組織實體轉為神仙居住的洞府之說了。

〔1－4．修道諸名山〕

序號	篇名	卷數	原因	山名	洞天福地	補充資料	出處
1	杜子春	16	鍊丹	華山雲臺峰	西岳，第4小洞天，含第4大洞天：西峰西元山。	陝西華陰	續玄怪錄
2	劉法師	18	修道	華陰雲臺觀蓮花峰			續玄怪錄
3	陶尹二君	40	採藥遇仙	(華山)芙蓉峰、蓮花峰雲臺觀			傳奇
4	唐若山	27	遇仙	華山			仙傳拾遺
5	柏葉仙人	35	求長生術	華山			原化記
6	韋仙翁	37	遇仙	西嶽太華山(華山)	因西有少華山，故又稱太華山。		異聞集
7	僧契虛	28	尋稚川仙境	藍田山(玉山)46	第54．55福地。	陝西藍田	宣室志
8	盧李二生	17	修道	太白山	第11小洞天。	陝西眉縣	逸史
9	許棲巖	47	修道、穴中仙境	太白山	秦嶺主峰。		傳奇
10	李吉甫	48	修道	太白山			逸史
11	裴氏子	34	石壁仙境	大(太)白山			原化記
12	嚴士則	37	採藥遇仙	終南山	秦嶺主峰之一。	陝西西安	劇談錄
13	陳惠虛	49	修道	終南山			仙傳拾遺
14	陸生	72	遊歷仙境	終南山			原化記
15	李筌	14	遇仙授經	驪山		陝西潼關	集仙傳

16	張卓	52	遊歷仙境	隔仙山		洋州西六十里，即今陝西西鄉	會昌解頤錄
17	郗鑒	28	修道尋仙境	恆山	北岳，第5小洞天。	山西渾源	記聞
18	張果	30	隱居	條山(中條山)	第62福地，因西有華岳，東有太行，故名中條。	山西西南	明皇雜錄、宣室志、續神仙傳
19	姚氏三子	65	娶仙妻	條山	含第56福地玉峰(靈峰)。		神仙感遇傳
20	李球	47	穴中仙境	五臺山紫府洞		山西五臺	仙傳拾遺
21	秦時婦人	62	洞中仙境	鴈門山		山西代縣	廣異記
22	尹君	21	隱居修道	晉山		山西太原	宣室志
23	薛尊師	41	修道求仙境	嵩山	中岳，第6小洞天。	河南登封	原化記
24	李元	48	隱居遇仙	嵩山			逸史
25	潘尊師	49	修道	嵩山			廣異記
26	嵩岳嫁女	50	遊歷仙境	嵩山			纂異記
27	李筌	14	獲仙經	嵩山			集仙傳
28	嵩岳嫁女	50	修道	少室山	為嵩山西支，亦為第6小洞天範圍。	河南登封	纂異記

29	薛逢	54	仙境仙食	少室山			神仙感遇傳
30	蕭洞玄	44	煉丹	王屋山	第1大洞天。	河南濟源	河東記
31	王太虛	46	修道求洞天	王屋山			仙傳拾遺
32	李球	47	修道	王屋山			仙傳拾遺
33	張老	16	神仙之府	王屋山天壇山南	天壇為王屋山山頂。		續玄怪錄
34	張鎬妻	64	隱居娶仙妻	王房山		河南南陽	神仙感遇傳
35	張李二公	23	修道	泰山	東岳，第2小洞天。	山東濟南泰安歷城長清之間	廣異記
36	李清	36	修道求仙境	雲門山		山東青州	集異記
37	馮大亮	35	仙真之約	岷嶺巨人宮(岷山)		四川灌縣	仙傳拾遺
38	劉無名	41	訪師求道	岷山			仙傳拾遺
39	同右			霧中山		四川	
40	同右			青城山	第5大洞天，含第50福地大面山。	四川灌縣	
41	崔生	23	由洞入仙境	青城山			逸史

42	採藥民	25	墮穴入仙境	青城山			原化記
43	劉無名	41	訪師求道	峨眉山	第7小洞天。	四川眉縣	仙傳拾遺
44	孫思邈	21	隱居	峨眉山			仙傳拾遺、宣室志
45	蕭靜之	24	修道	峨眉山			仙傳拾遺
46	許老翁	31	隱居	峨眉山			仙傳拾遺
47	楊正見	64	服食	眉州山間			集仙錄
48	楊通幽	20	從師修道	後城山		四川	仙傳拾遺
49	翟乾祐	30	修道	黃鶴山		四川奉節	酉陽雜俎、仙傳拾遺
50	陰隱客	20	穴中仙境	孤星山		房州北三十里，即今湖北縣	博異志
51	姚泓	29	遇仙	南岳(衡山)	南岳，第3小洞天。衡山中又含洞真墟、青玉壇、光天壇、洞靈源等諸福地。		逸史衡山
52	元柳二公	25	隨師入山	祝融峰(衡山72峰最高峰)			續仙傳
53	緱仙姑	70	入道隱居	衡山			墉城集仙錄
54	同右			九疑	第23小洞天。	湖南寧遠	

55	薛玄真	43	修道	九疑五嶺			仙傳拾遺
56	柳歸舜	18	仙境遊歷	君山	第11福地。	湖南岳陽	
57	許宣平	24	隱居	城陽山		安徽歙縣	續仙傳
58	費冠卿	54	卜居	九華山		安徽青陽	神仙感遇傳
59	薛肇	17	修道	廬山	第8小洞天。	江西九江	仙傳拾遺
60	劉清真	24	服食	廬山			廣異記
61	王遠知	23	修道	茅山太平觀	第8大洞天、第1福地。原名句曲山、地肺山。	江蘇句容	談賓錄
62	呂生	23	修道	茅山			逸史
63	黃尊師47	42	修道	茅山			逸史
64	夏候隱者	42	修道	茅山			仙傳拾遺
65	劉商	46	修道	茅山			續仙傳
66	宋玄白	47	修道	茅山			續神仙傳
67	裴諶	17	修道	白鹿山	第64福地大滌山之舊名。	浙江餘杭	續玄怪錄
68	王可交	20	遇仙後修道	天台山	道教神仙窟宅薈萃之地：含第10大洞天赤城山、第14福地靈墟洞、第60福地司馬悔山。	浙江天台	續神仙傳
69	司馬承禎	21	隱居修道	天台山玉霄峰			宣室志

70	葉法善	26	修黃籙齋	天台山			集異記、仙傳拾遺
71	夏侯隱者	42	修道	天台山			仙傳拾遺
72	陳惠虛	49	石壁仙境	天台山			仙傳拾遺
73	薛逢	54	仙境仙食	天台山			神仙感遇傳
74	寒山子	55	隱居	天台翠屏山			仙傳拾遺
75	王可交	20	遇仙後修道	四明山	第9小洞天，含第63福地芟湖漁澄洞。	浙江鄞縣奉化之間	續神仙傳
76	章全棄	31	鍊丹	四明山			宣室志
77	宋玄白	47	修道	括蒼山	第10大洞天。	浙江麗水、青田之間	續神仙傳
78	朱孺子	24	修道採藥	大若巖	第12福地。	浙江永嘉	續神傳
79	崔煒	34	遊歷仙境後入山修道	羅浮山		第7大洞天朱明洞，又為第34福地	傳奇
80	軒轅先生	48	歸隱	羅浮山			杜陽篇
81	劉	54	修道	羅浮山			續仙傳

說明：

1.以上諸山所在地，皆是據原文中所述方位，對照以下諸書《中國道教洞天福地攬勝》（李曉實，香港：海峰出版社，1993）、《中國道教》第四冊第九編〈仙境宮觀〉部分（卿希泰主編，上海：知識出版社，1994）、《中華道教大辭典》第十四類〈洞天福地及宮觀〉部分（胡孚琛主編，北京：中國社會科學出版社，1995）。

2.表中諸山如爲洞天福地者，皆不難查證，其餘凡山或有經過一番檢索者，如表22「晉山」，原文亦未詳其方位，考文中「有唐故尚書李公詵，鎮北門時，有道士尹君者，隱晉山」，查《唐五代五十二種筆記小說人名索引》頁248註3、4云：「《廣記》《宣室》謂〝李詵〞鎮北門，嚴綬爲從事。檢《唐方鎮年表》卷四《河東》，北門帥（即河東節度使）有李說而無李詵，……蓋「說」、「詵」形近誤」，據此，則河東節度使即鎮太原，故晉山在太原附近。其他類此檢索者，不再一一表出。

小結

由《廣記》中唐人的仙道小說中，歸納唐人的成仙理論與條件如下：

一·唐人普遍相信神仙可求，但必須立志勤求。

二·但，是否能夠成仙則有賴於二個條件，一為仙師的指引；二為是否有仙骨定命。而前一條件往往亦與在第二點相結合。這種成仙的定命觀，相當程度的反映了唐人的宿命觀：遊仙、服食、得遇明師甚而人間富貴都與仙骨仙相仙緣有關。在仙命說的前題下，又要人立志勤求以成仙，二者之間似乎存在一種矛盾，然而唐人小說中卻表現得自然合理。那麼如何適當的詮釋二者之間的矛盾，以探析唐人的深層意識？是一個有趣的課題。

三·唐人相信修道須入山，名山中有神仙，是助人得道的福地；洞天福地一方面是仙境之一，一方面也與修道需明師仙真以指引、有仙骨者得入仙境等思想配合。從唐人仙道小說中出現的修道之山的分佈而言，遍佈大江南北，其中多有所謂的福地洞天，可見唐人修道的地域分布廣闊，而福地洞天之說在唐人心中已是一普遍的概念了。

註釋：

❶ 1918年8月20日〈致許壽裳〉，《魯迅書信集》上卷，（人民文學出版社，1976）。

❷ 本文使用文史哲出版社1987年再版所印行的《太平廣記》點校本，是以談愷刻本為底本，用陳鱣校宋本、明沈氏野竹齋鈔本校勘，並參酌了明許自昌刻本和清黃晟刻本。

❸ 王明編，《太平經合校》（北京：中華書局，1960）：「善人好學得成賢人；賢人好學不止，次聖人；聖人學不止，知天道門戶，入道不止，成不死之事，更仙」（222頁）。饒宗頤《老子想爾注校箋》（收在《選堂叢書本》，自印本，香港：1954）：「不勸民真道可得仙壽，修善自懃，反云仙自有骨籙，非行所臻，云無生道，道書欺人，此乃罪盈三千，善人好善人為大惡人。」（頁25）而《周易參同契》以易理釋煉丹修仙之道，三書基本上都認定神仙可學而致。

❹ 參見李豐楙《不死的探求：抱朴子》（台北：時報出版，1983）「抱朴子神仙說的論辯與建立」一節，其說甚詳。

❺ （晉）葛洪著，王明校釋，《抱朴子內篇校釋》（北京：中華書局1985．3二版），以上所引〈至理〉〈黃白〉〈論仙〉等篇文句，分別出自頁110、287、17。

❻ 《廣記》卷54，注出《仙傳拾遺》。

❼ 《廣記》卷49，注出《仙傳拾遺》。

❽ 《廣記》卷50，注出《纂異記》。

❾ 《廣記》卷41，注出《原化記》。

❿《逸史．吳清妻》與本則相類而事略，見《廣記》卷67。
⓫參見任繼愈主編《中國道教史》（台北：桂冠圖書，1991年10月），頁25。
⓬參見前❸，《太平經合校》289頁。
⓭參見❸，《老子想爾注校箋》25頁。
⓮參見❺，葛洪在此引用古道經《玉鈐經》之說。（頁226）
⓯同❺，頁226。
⓰同❺，頁136。
⓱同❺，頁252。
⓲同❺，頁74。
⓳參見前❹，李豐楙《不死的探求：抱朴子》頁182—187。
⓴王起，貞元十四年擢進士第，見本傳，在《舊唐書》（北京：中華書局1975．5一版，1991．12第4刷）164卷。
㉑據《登科記考》（〔清〕徐松，北京：中華書局，1984年8月）頁371。
㉒見齊映本傳，在《舊唐書》136卷，《新唐書》（北京：中華書局1975．2一版，1991．12第4刷）卷150．
㉓本則記李筌驪山老姥受經之事，同事亦載《神仙感遇傳．李筌》，見《廣記》卷14。
㉔同❺，《抱朴子．論仙》頁21—22。
㉕所謂「智慧老人」指在故事中幫助人物脫離困境，解決主角人物由於內在或外在原因而力有未逮之處，參見康韻梅〈唐人小說中「智慧老人」之探析〉一文，（《中外文學》23卷4期，1994．9）。

㉖ 參見《廣記》卷25，注「出《續仙傳》」。

㉗ 同❹，頁230。

㉘ 同❺，如《抱朴子．勤求》所言：「故血盟乃傳，傳非其人，戒在天罰。」（頁252），〈明本〉；「豈況金簡玉札，神仙之經，至要之言，又多不書。登壇歃血，乃傳口訣，苟非其人，雖裂地連城，金璧滿堂，不妄以示之。」（頁189）。

㉙ 參見前❹，李豐楙《不死的探求：抱朴子》頁229。

㉚ 《廣記》卷52，注「出《宣室志》」

㉛ 《廣記》卷27，注「出《仙傳拾遺》」

㉜ 《廣記》卷40，注「出《續神仙傳》」

㉝ 同❺，《抱朴子．金丹》：「古之道士，合作神藥，必入名山，不止凡山之中」，一則「不與俗人相見，爾乃可作大藥」，一則「（名山）皆是正神在其山中，其中或有地仙之人，上皆生芝草，可以避大兵大難，不但於中以合藥也。若有道登之，則此山神必助之為福，藥必成。」（頁85）

㉞ 參見《雲笈七籤》（北京：書目文獻出版社，1992．7一版）卷27，頁208—213。

㉟ 參見熊建偉，〈道家、道教在五岳定位中的作用〉，（《中國道教》1993年第2期）頁36—41。

㊱ 《舊唐書》卷192「（開元十五年）承禎因上言：『今五岳神祠，山林之神，非正真之神也。五岳皆有洞府，有上清真人降任其職，山川風雨陰陽氣序，是所理焉，冠冕章服，佐從神仙，皆有名數，請別立齋祠之所。』玄宗從其言，因敕五嶽各置真君祠一所。」（頁5128）。《唐會要》（〔宋〕王溥，北京：中華書局，1990）卷三十，事

同，而以為事在開元九年十二月（頁879）。〔日〕池田溫《唐代詔敕目錄》（陝西：三秦出版社，1991）中將唐玄宗〈五嶽各置真君祠一所敕〉事，據此二書分立在開元十五年及開元九年，但據《廣記》卷二十九引《錄異記》事在玄宗封禪泰山之後，《唐書》玄宗本紀中，泰山封禪事在開元十三年，則司馬承禎上言五嶽各置真君祠之事，當在玄宗開元十五年，以《舊唐書》所記為是。

㊲ 《廣記》卷21注「出《大唐新語》」。

㊳ 《廣記》卷29注「出《錄異記》」。

㊴ 五岳崇拜與五行說的關係，參見㉟，熊建偉〈道家、道教在五岳定位中的作用〉。

㊵ 衡阜即衡山，為三十六小洞天之第三，其主峰為祝融峰，潛峰即潛山（天柱山），為三十六小洞天之第十四。蒼梧即在九疑山，是第二十三小洞天。

㊶ 參見前㉝引文。

㊷ 關於司馬承禎《天地宮府圖》與杜光庭《洞天福地岳瀆名山記》二書之間的關係，卿希泰主編《中國道教史》第二卷（四川人民出版社，1992·7一版）比較二書，認為十大洞天基本相同，個別名稱有異地點有異；三十六洞天亦大致相同，兩者可能同出一源；但在七十二福地方面，二者的差別較為複雜，因此「道教關於洞天福地的具體說法，可能不只一種」，司馬承禎與杜光庭的資料來源有異（頁457－464）。

㊸ 《廣記》37注「出《仙傳拾遺》」。

㊹ 同㊷，卿希泰主編《中國道教史》第二卷，頁464。

㊺ 同㊷，以上說法，是參考了卿希泰主編《中國道教史》第二卷，頁464－473。

㊻ 該條文中有「至藍田上，治具，其夕即登玉山」。按，藍田山屬秦嶺東麓，在陝西藍田

縣東南。山中藍田谷為藍水的發源地，谷中昔產美玉，因名之。文中玉山即是藍田山。道書中稱藍田山為高溪藍水山，為第54福地，山中的藍水為第55福地·

(47) 《廣記》卷45〈瞿道士〉一則，亦提及黃尊師修道於茅山。

《鏡花緣》中的醫藥

王瓊玲

前言

歷來讀書人在鑽研經史百家之餘，往往兼涉岐黃醫術，小則治病強身，大則濟世救人。如：杜甫在四川草堂時。即「種藥扶衰病」；又足跡遍山野的「採藥山北谷」、「洗藥浣花溪」。蘇東坡任知杭州時，曾籌設「病坊」❶，又以「聖散子」藥方救活疫民無數❷。而陸游詩云：「肩驢每帶藥囊行，村巷歡欣夾道迎。共說向來曾活我，生兒多以陸為名。」(〈山村徑行因施藥〉二首之一)更可看出其醫術醫德的崇高。劉禹錫曾廣求民間藥方，編成《傳信方》一書。甚至貴為九五之尊的宋徽宗，亦曾撰寫《聖濟經》，以發明《黃帝內經》之妙❸。

至於小說作者，大都為博學廣聞之人，醫、卜、星、算，往往精通。既嫻熟於醫學，故作品中常有意、無意地展現此方面的才華。如《西遊記》第六十八回「孫行者施為三折肱」，強調「四診合參」的重要❹。蒲松齡運用其生花妙筆，以生、旦、淨、末、丑等角色，將藥物人性化，編寫了《草木傳》。《紅樓夢》第十回，秦可卿「寅卯之間，必然自汗」的症狀，正符合中醫「子午流注法」氣血運行十二經脈的規律；而太醫張友士無論是診病的時間，按脈的態度、引述的醫理、判斷的病情，及所開列的「益氣養榮補脾和肝湯」，莫不切合醫書醫理，絲絲入扣❺。諸如此類，不遑枚舉。

然而明清小說中，載錄醫方藥帖最多者，則非《鏡花緣》莫屬。其不只數量多，且頗具醫療實效。清末．定一《小說叢話》即云《鏡花緣》「其中所載醫方，皆發人之所未發，屢試屢效。浙人沈氏所刊《經驗方》一書，多采之。」❻

計李汝珍在《鏡花緣》所開列的正式藥方約十五種；所言及的小秘方或常識亦十餘種。茲就以上資料，探討李氏論述醫藥的本衷，分析其醫方來源及醫療成效於下：

壹　創作用心——炫耀博學兼傳方濟世

才學小說《鏡花緣》，本是李汝珍展現其文才、博學、識見、技藝之作❼。蓋李汝珍乃「讀書不屑章句帖括之學，以其暇旁及雜流」（余集〈《李氏音鑑》序〉）的知識份子，自能跳脫科舉之枷鎖；又因其多才多藝，故有餘力及興趣去蒐集各種醫方。而搦筆和墨創作《鏡花緣》時，將所知醫方列入其中，以炫耀博學多識，乃是自然之事。故李汝珍何以在小說中侈列醫方？論其用心，主要仍在炫耀博學。

然而，炫學之外，李汝珍仍有一番行善濟世之仁心。《鏡花緣》第二十七回，唐敖罹患痢疾，經由多九公治癒後。唐敖建議其將藥方流傳後世：

唐敖道：「……此妙方，既這等神效，九公何不刊刻流傳，使天下人皆免此患，共登壽域。豈不是件好事？」

多九公卻推辭道：

我家人丁向來指此爲生，若刊刻流傳，人得此方，誰還來買？老夫原知傳方是件好事，但一經通行，家中缺乏養贍，豈非自討苦吃麼？

家有祖傳秘方，子孫賴以為家計，故秘而不宣。此雖是人之常情，無可厚非。但多少秘方良劑，卻因此而不能廣為流傳，或湮沒消失，甚為可惜。因此，在《鏡花緣》中，李汝珍借唐敖之口，鼓起彈簧之舌，以行善必得善報之說，遊說多九公廣傳藥方：

唐敖搖頭道：「那有此事？世間行善的，自有天地神明鑑察。若把藥方刊刻，做了偕大善事，反要吃苦，斷無此理。若果如此，誰肯行善？當日于公治獄，大興駟馬之門；竇氏濟人，高折五枝之桂；救蟻中狀元之選；埋蛇享宰相之樂。諸如此類，莫非因做好事而獲善報，所謂：『欲廣福田，須憑心地』九公素稱達者，何以此等善事，倒不修爲？」

以上諸言，表面上是唐敖力勸多九公；實際上則是李汝珍以善行福報廣勸大眾莫自祕藥方。然而，規勸他人廣傳藥方，自己更當以身作則，以為表率。因此，李汝珍趁撰寫小說之便，精心設計情節來羅列藥方，一以炫耀自己博學廣識；二以廣傳良藥，行善濟世。使小說讀者閱讀《鏡花緣》之際，能順便獲得一些醫方及常識，一舉雙得。第二十九回，多九公開列「保產無憂散」、「鐵扇散」、「七釐散」等，回後李汝珍的好友許祥齡（蔬菴）評曰：「諸方皆三折肱求之，公之於世，亦欲與此書並傳」；又在二十七回中眉批「人馬平安散」曰：「此方實實有效，并非紙上談兵」；清．陸以湉《冷廬雜識》卷四，載《鏡花緣》治燙火燒傷秘方具神效等（詳下文），皆是明證。

且一般醫書的趣味性較少、通俗性低，芸芸大眾實不易研讀及活用。即如藥學經典《本草綱目》，亦往往被醫家束之高閣。比李汝珍稍早，順治時期之名醫吳太沖曾感歎云：「《本草綱目》行世久矣！然醫家亦有束之不觀者，況餘人乎？」❽。因此，藉撰寫小說來普及並保存醫方，應亦是李汝珍的一番苦心。

貳　藥方分析

《鏡花緣》中，李汝珍所開列的醫方，究竟來源為何？能否對症下藥？具有神效？茲就其藥方，分外科、內科、婦科、小常識[9]及乖謬之說等，對照醫書藥典，予以分析：

㈠外科醫方

1　秋葵麻油、麻油調大黃末可治燙火燒傷

《鏡花緣》第二十六回，林之洋在厭火國被火燒傷，多九公道：

可惜老夫有個妙方，連年在外竟爲未配得……此物到處皆有，名叫「秋葵」，其葉宛如雞爪，又名「雞爪葵」。此花盛開時　用麻油半瓶，每日將鮮花用箸夾入，俟花裝滿，封口收存。遇有燙火燒傷，搽數次，無不神效。凡遇此患，如急切無藥，或用麻油調大黃末搽上也好。

案：《本草綱目》「〈集解〉時珍曰：『黃葵……葉大如蓖麻葉，深綠色，開岐丫，有五尖，如人爪形。』」故依形貌，秋葵應與黃蜀葵極類近。而黃蜀葵氣味「甘、寒、滑，無毒」，浸油後確可治湯火傷灼[10]。而《本草綱目》在「黃蜀葵」〈附方〉「湯火灼傷」條下又之所載：

> 用瓶盛麻油，以箸就樹夾取黃葵花，收入瓶內，勿犯人手。密封收之，遇有傷者，以油塗之，甚妙！《經驗方》

足見李汝珍所云秋葵蔴油治燙火燒傷的秘方，是據《本草綱目》之〈附方〉而來。

又清·陸以湉《冷廬雜識》卷四〈湯火傷方〉載：

> 《鏡花緣》說部，徵引浩博。所載單方，以之治病，輒效。表弟周蓮史太史士炳，爲予言之：「予母周太孺人，喜施方藥。在臺郡時，求者甚衆。道光癸卯（二十三年，1843）夏，有患湯火傷，遍身潰爛，醫治不效，來乞方藥。檢閱是書中，方用秋葵花浸麻油同塗，時秋葵花方盛開，依方治之，立瘉。乃採花儲油瓶中以施人，無不應手獲效。

清·道光年間，《鏡花緣》所載治湯火傷灼的外科良方，已受肯定。由此可知二事，一是連閨閣婦女也喜讀此書，且知利用其方以濟世，可見《鏡花緣》流行之廣、影響之深；二是李汝珍所載醫方，在清代已得到臨床實驗，且治癒病患，足見其所記醫方，並非信口開合。

另多九公所言「麻油調大黃末」，是否也可治湯火傷灼？據《本草綱目》卷十七，大黃之氣味「苦，寒，無毒」。〈附方〉引洪邁《夷堅志》云：「莊浪大黃生研蜜調塗之，不惟止痛，又且滅瘢。此乃金山寺神人所傳方。」可治「湯火傷灼」。故在醫書中，雖未見載有「麻油調大黃末」可治「湯火傷灼」者。但麻油「味甘，性微寒，無毒」能「止痛、消癰腫、補皮裂」（《日華子本草·麻油》）民俗療法中亦有搽抹麻油以治療燒燙傷者，故以麻油代替蜂蜜，調和大黃末，確實可治燙火灼傷。此方在民間盛行不輟已久；筆者請教多位中醫師，知臨床上「麻油調大黃末」確實可治燙火燒傷。由此可推測應是李汝珍耳聞此民間偏方，將其寫入《鏡花緣》中以炫耀博聞並保存醫方。

2　烏梅肉去贅肉核

《鏡花緣》第二十六回，李汝珍又借唐敖之口，傳述兩秘方。其一：

即如小弟幼時，忽從面上生一肉核，非瘡非疣，不痛不癢。起初小如綠豆，漸漸大如黃豆，雖不疼痛，究竟可厭。後來遇人傳一妙方，用烏梅肉去核燒存性，碾末，清水調敷，搽了數日，果然全消。

案：《本草綱目》卷二十九載「烏梅」：「氣味：酸，平濇，無毒。主治：……死肌，去青黑痣，蝕惡肉。」同卷「白梅」⓫條下之〈發明〉：「時珍曰：『烏梅、白梅所主諸病，皆取其酸收之義。……其蝕惡瘡胬肉，雖是酸收，卻有物理之妙。說出《本經》；其法載於劉涓子《鬼遺方》，用烏梅肉燒存性，研敷惡肉上，一夜立盡。』」由上可知李汝珍烏梅肉燒存性外敷，以除去贅生肉核療法的來源。

3　祁艾灸面部贅肉核

《鏡花緣》第二十六回所述偏方之二為：

又有一種肉核，俗名「猴子」，生在面上。雖不痛癢，亦甚可嫌。若用銅錢套住，以祁艾灸三次，落後永不復發。〔第二十六回〕

案：祁艾即是蘄艾，乃艾草中極品⓬《本草綱目》卷十五載「艾」：「氣味：苦，微溫，無毒。主治：灸百病」。〈集解〉：「時珍曰：『……又宗懍《荊楚歲時記》云：……其莖乾之，染麻油引火點灸炷，滋潤灸瘡，至癒不疼。』」

故李汝珍所云以祈艾灸肉核的偏方，應是根據李時珍《本草綱目》中〈集解〉之記載而來。至於為何要以銅錢中間的方孔套住肉核？其目的乃是隔離灸熱，防止肉核四周的皮肉受灼傷。

何以李汝珍在《鏡花緣》中，首先敍述以上三種小偏方？其主要用意乃在提醒讀者：人人當廣傳藥方，且莫以藥物微賤而輕忽良劑，故唐敖云：

天下奇方原多，總是日久失傳；或因方內並無貴重之藥，人皆忽略，埋沒的也就不少，那知並不值錢之藥，倒會治病。……可見用藥不在價之貴賤，若以價錢而定好醜，真是誤盡蒼生！（第二十六回）

4 童便、黃酒、蟹、鐵扇散、七釐散治跌打損傷

小偏方之後，李汝珍繼而炫耀其所知的大藥帖。第二十九回，岐舌國世子墜馬跌傷昏迷，命在旦夕。多九公以童便、黃酒、鐵扇散、七釐散救之：

多九公託通使取了半碗童便，對了半碗黃酒，把世子牙關撬開，慢慢灌入；又從懷中取出藥瓶，將藥末倒出敷在頭上破損處；隨即取出一把紙扇，一面敷藥，一面用力狠搧。衆宮人看見都鼓噪喊叫起來……

以扇猛搧垂危世子，當然引起觀者的驚駭；讀者勢必也感到錯愕，形成情節上的一次衝擊。

此時多九公不急不徐地解釋道：

「老夫所敷之藥名叫『鐵扇散』，必須用扇搧之，方能立時結疤，可免破傷後患。……敷藥時，雖用鐵扇搧他，也無妨礙，所以叫做『鐵扇散』」

而不久，「傷處果然俱已結疤」且「世子漸漸蘇醒」。通使求多九公再治世子骨斷筋折的雙腿。多九公道：

「貴處可有鮮蟹？」通使道：「此地向無此物，不知有何用處？」多久公道：「凡跌打筋骨損傷，無論輕重，先取童便半碗，以醇黃酒半碗煎熱衝服，雖昏迷欲絕，亦能復蘇。每日進二三服，傷輕的不過數日即癒。每見跌打損傷而至喪命者，皆因傷筋動骨痛入肺腑，瘀血凝結，醫治稍遲，往往無救。童便、黃酒，行瘀止痛，兼且固本，故有起死回生之妙。世人不知，良爲可惜，但須早服，遲則難治。倘骨斷筋折損傷過重，服過童便、黃酒，即取生蟹搗爛，以好燒酒衝服，其渣敷在患處，日日服之，亦能接筋續骨。其童便、黃酒，每日仍不可缺。如無生蟹，或取乾蟹燒灰，酒服亦可。此跌打損傷第一奇方。今貴處既無此物，幸老夫帶有『七釐散』，也是一樣。」即將藥瓶取出，把藥秤了七釐，用燒酒衝調，給世子服了，又取許多七釐散，也用燒酒和勻，敷在兩腿損傷處。世子服藥，略覺寧靜，漸漸睡去。

李汝珍透過多九公與通使間趣味性的對話，將如何醫治外科跌打損傷的藥方撰寫出來。然而童便、黃酒果真能「行瘀止痛，兼且固本」嗎？

案：童便即童尿也。據《本草綱目》卷五十二載：人尿「氣味：鹹，寒，無毒。……童男者尤良。主治：……療血悶、熱狂、撲損，瘀血在內，運絕」。〈附方〉中載：凡「折傷跌撲」可用「童便入少酒飲之，推陳致新，其功甚大」；又引薛巳《外科發揮》：

凡一切損傷，不問壯弱，及有無瘀血，俱宜服此。若脅脹、或作痛、或發熱、煩躁口渴，惟服此一甌，勝似他藥。他藥雖效，恐無瘀血，反致誤人。童便不動臟腑，不傷氣血，萬無一失。軍中多用此，屢試有驗。

故知多九公以童便沖調醇黃酒，以救世子的跌打損傷，劾以醫書，是正確無誤的。

又《本草綱目》卷四十五載「蟹」：「氣味：鹹，寒，有小毒。主治：……解結散血……養筋益氣……筋骨折傷者，生搗炒罯之，能續斷絕筋骨。去殼同黃搗爛，微炒，納入瘡中，筋即連也。」〈附方〉「骨節脫離」條下錄唐瑤《經驗方》：「生蟹搗爛，以熱酒傾入，連飲數盌，其渣塗之，半日內骨內谷谷有聲，即好。乾蟹燒灰，酒服，亦好。」足見李汝珍生蟹搗爛，沖服好燒酒，蟹渣敷在患處；或乾蟹燒灰，酒服的「跌打損傷第一奇方」實際上是從輾轉錄自《本草綱目·附方》所載唐瑤的《經驗方》。

至於「鐵扇散」、「七釐散」，李汝珍列出藥方：

鐵扇散

象皮（切薄片，用鐵篩微火焙黃色，以乾爲度）肆錢　龍骨（用上白者）肆錢　古石灰（須數百年者方佳）肆兩　枯白礬（將生礬入鍋熬透，以體輕方妙）肆兩　寸柏香（即松香之黑色者）肆兩　松香肆兩（與寸柏香一同鎔化，傾水中，取出晾乾）。共研極細末，收磁罐中。遇刀石破傷，或食嗓割斷，或腹破腸出，用藥即敷傷口，以扇搧之，立時收口結疤。忌臥熱處，如傷處發腫，煎黃蓮水，以翎毛蘸塗之即消。

案：此「鐵扇散」並非李汝珍家傳秘方。乃醫士盧福堯所創，清·乾隆時，山西巡撫明德得而刊佈之。藥中本用「老材香」，但此藥材不易得，故浙江把總沈大潤，試以「數百年陳石灰」代之，效果無異。布政使文綬，記其始末及治效，並刊焉。坊間亦附刊於清·王維德所撰《外科證治全生集》之後。

七釐散

麝香伍分　冰片伍分　硃砂伍錢　紅花陸錢　乳香陸錢　沒藥陸錢　兒茶壹兩　血竭肆兩

共爲細末，磁瓶收儲，黃臘封口，隨時皆可修製。五月五日午時更妙，總以虔心潔淨爲主。專治金石跌打損傷，骨斷筋折，血流不止者。乾敷傷處，血即止；不破皮者，用燒酒調敷，並用藥七釐，燒酒衝服。亦治食嗓割斷，無不神效。燒酒須用大麯者佳。

案：「七釐散」，《良方集腋》⑬有載。藥方中血竭、紅花活血去瘀；乳香、沒藥散瘀行氣；麝香、冰片竄經通絡；朱砂、兒茶寧心止血。以上諸藥研末，以黃酒沖服或調敷。專治跌打損傷，筋斷骨折之瘀血腫痛，或刀傷出血，有活血散瘀、止痛、止血之功。而所謂「七釐」，乃指服用量，乃今之二點一公克。蓋全方雖有散瘀定痛之效，但因多數藥材為香竄辛散、行氣活血之品，內服耗傷正氣，故不宜多量久服，一般每次只服七釐，故以每次用量而命名為「七釐散」。

5　五黃散治腫毒

《鏡花緣》第九十一回，李汝珍載「五黃散」之秘方：

……腫毒之藥，唯「五黃散」最妙。其方用黃連、黃柏、黃芩、雄黃、大黃，每樣五錢，共研極細末，磁瓶收儲。凡腫毒初起，用好燒酒調搽數次即消。

案：此「五黃散」未見醫書記錄。由小說人物史探幽一再強調：「這也是我家秘方，大家記了，即或自己不用，傳人濟世也是好的。」故可能真的是李汝珍家傳秘方。

據《本草綱目》載：「黃連：氣味：苦，寒，無毒」，根據〈附方〉所載，可治「癰疽腫毒」。黃芩：「氣味：苦，平，無毒。」主治：「惡瘡疽蝕火瘍」；「治熱毒骨蒸」；「主天行熱疾，疔瘡排膿」；「治乳癰發背」；又可「涼心，治肺中濕熱；瀉肺火上逆」（卷十三）。雄黃：「氣味：苦，平寒、有毒」，主治：「惡瘡疽痔死肌」、「百蟲毒」；又可「搜肝氣、瀉肝風、消涎積」；〈附方〉亦載可療「蟲毒蠱毒」「疔瘡惡毒」（卷九）。大黃：「氣味：苦，寒，無毒」。主治：「推陳致新」、「安和五臟」、「通宣一切氣」。〈附方〉又載可治：「腫毒初起」，「乳癰腫毒」（卷十七）。黃柏：「味苦，寒。主五臟腸胃中結熱，陰傷蝕瘡」（《本草經解·黃柏》）。以上五種藥材皆可解毒、療癰瘡；其中黃芩、雄黃、大黃又兼俱滋養潤和的功效。而用「好燒酒」調搽「五黃散」的目的，除了可消毒滅菌之外，又可幫助驅動藥性。故李汝珍所云「五黃散」確實是外用消腫毒的良劑。

綜觀李汝珍所開列的外科醫方，大部份都來自前人所著的醫典藥書，偶而有偏方秘劑，也中規中矩。

(二) 內科醫方

《鏡花緣》所述的內科醫方不少，茲逐一列述於下：

1 街心土、大蒜治中暑

《鏡花緣》中提及內科醫方，首先仍強調藥材以具療效為佳，毋須計較其貴賤，否則錯失良藥。第二十六回，有位水手因暑熱突然暈倒，多九公救治之，所用的妙方為：

> 多九公忙從箱中取出一撮藥末道：「你將此藥（街心土）拿去。……凡夏月受暑昏迷，用大蒜數瓣，同街心土各等分搗爛，用井水一碗和勻，澄清去渣，服之立時即蘇。此方老夫曾救多人，雖一文不值，卻是濟世仙丹。」

案：大蒜可治中暑，並無疑議。因《本草綱目》卷二十六「葫」（即大蒜）條下，引宗奭之言，載「葫」以「溫水搗爛服」，主治「中暑不醒」。但「街心土」究竟為何種「藥末」？

配方為何種藥材？李汝珍竟違反自己的寫作常例⑭，不加說明，故頗有問題。

案：宋・葉夢得《避暑錄話》卷上載：

一僕，暑月馳馬，忽仆地欲絶。同舍王相教用大蒜及道上熱土各一握，研爛，以新汲水一㼝，和取汁。抉齒灌之。少頃，即蘇。相傳徐州市門，忽有版書此方，咸以爲神仙救人云。⑮

故知葉夢得所載的「街心土」，只是街道上被熱陽晒燙的泥土而已，並非是某種特殊的「藥末」之名。今查醫書藥典中的「丹、藥、丸、散」，未見載有所謂「街心土」者。故李汝珍云「街心土」是「藥末」，應是錯誤。且街土若不潔淨，病人服之，則更有耽誤及加重病情之虞，能無慎乎？

2　人馬平安散

第二十七回，在「街心土」藥方之後，李汝珍又載了一帖「人馬平安散」：

唐敖道：「……但小弟被這暑熱薰蒸，頭上只覺昏暈，求九公把街心土見賜一服。」多九公道：「唐兄不過偶爾受些暑氣，只消嗅些『平安散』就好了。」即取出一個小瓶，唐敖接過，揭開瓶蓋，將藥末倒在手中。嗅了許多，打了幾個噴嚏，登時神清氣爽。

此神奇妙藥「人馬平安散」的配方如何？如何使用？多九公道：

此方用西牛黃肆分　冰片陸分　麝香陸分　蟾酥壹錢　火硝叁錢　滑石肆錢　煅石膏貳兩　飛大赤金箔肆拾張　共碾細末，越細越好。磁瓶收儲，不可透氣。專治夏月受暑，頭目昏暈，或不省人事，或患痧腹痛，吹入鼻中，立時起死回生。如騾馬受熱暈倒，也將此藥吹入即蘇，故又名「人馬平安散」。古方用硃砂配合，老夫恐其污衣，改用白色。

案：古方中確實有「人馬平安散」⑯。其藥材、藥量與李汝珍所載略有差異⑰；而製法、功效則無別。足見此方亦是李汝珍蒐集傳世之良方而來。而據《本草綱目》，以上諸藥材，確實都能清心化熱，治療驚癇寒熱、頭痛身熱、三焦大熱等中暑症狀。

3　治痢疾秘方

第二十七回，唐敖罹患痢疾，多九公以其祖傳秘方治癒之。此秘方為：

此方用蒼朮（米泔浸陳土炒焦）參兩，杏仁（去皮尖，去油）貳兩，羌活（炒）貳兩，川烏（去皮，麵包煨透）一兩伍錢，生大黃（炒）壹兩，熟大黃（炒）壹兩，生甘草（炒）壹兩伍錢，共爲細末。每服肆分，小兒減半，孕婦忌服。赤痢：用燈心參拾寸煎濃湯調服；白痢：生薑參片，煎濃湯調服；水瀉，米湯調服。病重的，不過五六服即癒。但燈心、生薑必須照方濃煎，才有藥效。

此藥方未見醫書記載，由小說中多九公強調是其曾祖「割股療親、減壽代母」、「赤足披髮，一步一拜，至仙山求神」所得的仙方。故可知此方可能是李氏家傳的秘方，或是李汝珍不知從何處所聞的難得藥帖⑱。茲分析其藥劑是否真的能健胃整腸保肝，治癒痢疾？

案：據《本草綱目》卷十二「蒼朮」條下〈修治〉載：「時珍曰：蒼朮性燥，故以糯米泔浸，去其油，切片焙乾用。」此藥材主治「下泄冷痢」、「霍亂吐下不止」（卷十三）。烏頭可治「暴瀉脱陽」、「久痢脾泄」；大黃能主治「下痢赤白，口急腹痛」；又能「蕩滌腸胃，推陳致新，通利水穀，調中化食，安和五臟，平胃下氣」（卷十七）。然而此藥方中多止泄之劑，恐過於燥熱，故調以羌活及杏仁以潤之。羌活乃獨活之佳者⑲，可主治「搜肝風、瀉肝氣」。卷二十九「杏仁」條下〈修治〉：「宏景曰：凡用杏仁，以湯浸去皮尖，炒黃或用麥麩炒過。」可「治腹痺不通」及「潤大腸氣秘」。再利用甘草主治「通經脈，利血氣，解百藥毒」的特性，來「養陰血、補脾胃」（卷十二）。至於「赤痢」即「血痢」，腸道多已潰瘍，故藥引用燈心草，「其質輕通，其性寒味甘淡，故能通利小腸熱氣下行從小便出」（《本草經述·燈心草》）。而白痢虛寒，故以生薑行血導胃氣溫腸壁。水痢則脾虛氣滯，米湯可「大補脾胃虧損」（《本草綱目拾遺·米》）。故此治痢疾祕方，應是對症下藥之良劑無誤。

4　治蟲積腹脹秘方

《鏡花緣》第三十回，枝蘭音自幼蟲積腹脹，唐敖以祖傳秘方治之：

小弟這個藥方，用雷丸五錢，同蒼朮二錢煮熟，將蒼朮去了，只用雷丸去皮炒乾，使君子去殼用肉五錢炒乾，共研細末，分作六服。俟小兒吃飯時，用雞蛋壹貳個，打破去殼，用藥末一服，放入碗內攪勻，照常加油鹽蔥蒜等物煎炒，給小兒吃了。那蟲只知雞蛋之香，那知卻有藥料在內！每日貳服，不過數日，蟲隨大解下來，自然痊癒。總而言之，凡小兒面黃肌瘦，肚腹膨脹，大約總因停食日久不化，變爲蟲積。雷丸、使君子最能殺蟲，故能立見其效。

此藥方未見醫書記載。案：據《本草綱目》卷三十七載「雷丸」：「氣味：苦，寒，有小毒」。主治：「殺三蟲」、「逐毒氣」、「除小兒百病」。卷十八，載「使君子」：「氣味：甘，溫，無毒」，主治：「小兒五疳」、「殺蟲」、「健脾胃」。「使君子」條下〈發明〉引「時珍曰」：

凡殺蟲藥多是苦辛，唯使君子、榧子，甘而殺蟲，亦異也。……此物味甘，氣温。既能殺蟲，又益脾胃，所以能斂虛熱而止瀉痢，爲小兒諸病要藥。

蒼朮：「氣味：苦，溫，無毒」；主治：「暖胃消穀嗜食」、「健胃安脾」（卷十二），可調和消化器官。故此藥方確也能治蟲積腹脹之病。

5　忍冬湯

《鏡花緣》第三十回，岐舌國國主因其邦水土惡劣，向來人民多患癰疽，懇求多九公惠賜良方，多九公便贈其二藥方：一是忍冬湯，二是大歸湯。忍冬湯的藥方為：

金銀藤（連枝帶葉）伍兩（如無新鮮的，或用乾金銀藤肆兩五錢，乾金銀花伍錢代之）生甘草壹兩。

將金銀藤以木鎚敲碎，用水兩大碗，同甘草放砂鍋內，煎至一大碗。加入無灰黃酒一大碗，再煎數沸，共成一大碗。去渣，分作三服，一日一夜吃盡。專治癰疽、發背、一切無名腫毒，不論發在頭頂腰腳等處，未潰即散，已潰敗毒收口，病重者不過數劑即癒，忌銅鐵器。

案：「忍冬」又名「金銀藤」。《本草綱目》卷十八「忍冬」條下的〈附方〉「忍冬酒」載：

「忍冬酒」治癰疽、發背，不論發在何處，發眉、發頤，或頭、或項，或背、或腰，或脅、或乳、或手足，皆有奇效。……其藤只用五兩，木槌槌損，不可犯鐵。大甘草節生用一兩，同入沙瓶內。以水二碗，文武火慢煎至一碗，入無灰好酒一大碗，再煎十數沸。去渣，分爲三服，一日一夜吃盡。病勢重者，一日二劑，服至大小腸通利則藥力到。沈內翰云：如無生者，只用乾者，然力終不及生者速效。〔陳自明《外科精要》〕

故李汝珍《鏡花緣》所言的「忍冬湯」，乃是轉錄於《本草綱目》的「忍冬酒」[20]。而「忍冬酒」則原載於宋·陳自明《外科精要》[21]，李汝珍只是去其外敷藥的用法而已[22]。

6　大歸湯

多九公贈送岐舌國第二帖專治腫毒的藥方為「大歸湯」：

全當歸（要整的一個，酒洗）捌錢貳分　金銀花陸錢　淨連翹伍錢　生黃参錢　蒲公英参錢　生甘草壹錢捌分（病在上部加川芎壹錢，中部加桔梗壹錢，下部加牛膝壹錢）

水對無灰黃酒各壹碗，煎至壹碗，去渣，温服。專治癰疽、發背、一切無名腫毒，初起者即消，已潰者收功。輕者五劑，重者十劑即癒。

案：此方所用的配方與《本草綱目》卷十八「金銀花」條的〈附方〉中所引專治「癰疽托裏」的藥方大同小異：

治癰疽發背，腸癰嬭癰，無名腫毒，焮痛實熱，狀類傷寒。不問老幼虛實，服之，未成者內消，已成者即潰。忍冬葉、黃　各五兩，當歸一兩，甘草八錢，爲細末，每服二錢，酒一盞半，煎一盞，隨病上下服，日再服，以渣傅之（和劑局方）㉓

李汝珍利用此藥方，再添加數味藥材，以增強療效。如：連翹，是利用其主治「癰腫惡瘡癭瘤，結熱蠱毒……排膿，治瘡癤止痛」的特性（《本草綱目》卷十六）。川芎主治「腦癰發背」又可「補五勞，壯筋骨，調眾脈」，「長肉排膿，消瘀血」，「搜肝氣，補肝血，潤肝燥」（卷十四，「芎藭」條）。桔梗療蠱毒甚驗[24]主治「養血排膿」、「利五臟腸胃」（卷十二）、牛膝主治「破癥結，排膿止痛」，可「助十二經脈，逐惡血」（卷十六）。大抵整帖「大歸湯」藥劑，既可解熱消腫、清毒排膿；又能兼顧養血調脈、潤肝利臟，確實是專治腫毒的良方。

以上六種醫方，乃李汝珍將其所知所聞的內科良方，安排適當的情節，寫入《鏡花緣》之中。此外尚有一帖「濟饑辟穀仙方」，將於下文討論之。

㈢ 婦科醫方

《鏡花緣》中有三帖婦科醫方，茲列述於下：

1 保產無憂散

第二十九回中，林之洋妻子胎動不安，多九公曾開一安胎藥方予之。後多九公又將此方轉贈岐舌國國主，做為交換音韻學的藥帖之一。此醫方名為「保產無憂散」：

全當歸壹錢伍分　川厚朴（薑汁炒）柒分　生黃芪捌分　川貝母（研）壹錢　菟絲子壹錢伍分　川羌活壹錢伍分　炙甘草伍分　川芎壹錢伍分　枳殼（麩炒）陸分　祁艾柒分　荊芥捌分　白芍（酒炒，春夏秋用，冬不用）壹錢伍分　生薑參片

案：此「保產無憂散」見載於清．陳念祖《女科要旨．保產無憂散》㉕。其強調此方有六點須注意：（甲）懷孕七個月即預服，七個月服一劑，八個月服二劑，九個月服三劑，十個月亦服三劑，均空腹時溫服。（乙）臨產時一劑，斷無難產之患。（丙）臨產及胎動不安，腰酸腹痛，並勢欲小產時，皆臨時熱服一服即安，再服全愈。（丁）臨盆艱危者，一服即生。（戊）橫生逆產，連日不下；及兒死腹中，命在須臾者，一服即愈（己）已產之後，此藥一滴不可入口，切勿誤服。此劑乃婦科重要醫方，然而李汝珍引用時卻未詳表其用法，是疏忽處。

2　治乳癰秘方

岐舌國的王妃患乳癰，多九公以「妙藥」治癒之：

多九公道：「治乳癰用蔥白一斤，搗爛取汁，以好黃酒分二次衝服。外用麥芽壹兩煎

湯，頻洗，加蝦醬少許同煎尤妙，雖鹹無妨。蓋鹹能軟堅，蝦能通乳，乳通，其腫自消，仍用舊梳時常輕輕梳之，自必痊愈」

案：此乳癰秘方未見醫書記載。《本草綱目》卷二十六：「蔥莖白，氣味辛，平，根鬚汁並無毒」。主治「通乳汁，散乳癰」；〈附方〉中引《千金方》云：「乳癰初起，蔥汁一升，頓服即散」㉖而麥芽能治「婦人產後無兒飲乳，乳房漲痛」（《藥品化義．小麥》）；及「婦人乳汁所血所化，因其善於消化，微兼破血之性，故又善回乳」（《醫學中衷參西錄．小麥》）。《本草綱目拾遺．蝦米酒》載：鮮蝦米一斤，取肉搗爛，黃酒熱服，可治無乳及乳病。而以舊梳（案：用新梳，恐其過於尖利）輕梳患部，乃具按摩之效也。故李汝珍所云秘方，確可治乳癰無誤。

3 生化湯

《鏡花緣》第九十一回，寶雲為其母求藥，麗春贈予其祖傳「生化湯」，其配方為：

全當歸捌錢　川芎參錢　益母草參錢　炙甘草壹錢　炮薑炭伍分　桃仁（研）拾粒

水對黃酒各壹碗，煎壹碗溫服。

……凡產後瘀血未淨，或覺腹痛，即服參伍劑，最能去瘀生新。每日再能飲一杯童便，可保永無存瘀之患。

案：此「生化湯」見載於明．張介賓《景岳全書》。清．張稟承《成方便讀》釋此方配藥云：「夫產後氣血大虛，固當培補。然有敗血不去，則新血亦無由而生，故見腹中疼痛等症，又不可不以去瘀為首務也。方中當歸養血，甘草補中，川芎理血中之氣，桃仁行血中之瘀，炮薑色黑入營，助歸、草以生新；佐芎桃以化舊。生化之妙，神乎其神。用童便者，可以益陰除熱，引敗血下行故道也。」且此醫方至今仍為著名的婦科產後良劑。

(四) 醫藥小常識

除以上所述內、外、婦科的重要醫方外，李汝珍還不時的在《鏡花緣》正文中，穿插一些醫藥常識，如：百花中隸於藥品濟世者不少（第四回）；六味丸中的炙丹皮用牡丹（第五回）；海參可治陰虛之症（第十三回）；多吃麻黃則汗發難止（第十八回）；葛粉治酒醉（第九十一回）；活蠍治驚風；柏葉炒成炭、米漿調服可治便血（九十五回）；誤吞銅器宜多食核桃（第一百回）……等等，劾對《本草綱目》或相關藥典，皆信而有徵，非妄言。

(五) 著重趣味卻違反醫理的情節

有時為了增加小說的趣味性、可讀性，以調整較枯澀的醫藥情節，因此在《鏡花緣》中，也出現許多不合醫理的內容，如第六十一回，紫瓊勸眾才女少飲茶，否則嗜茶過甚，百病叢生，並舉其父為例：

家父向以此（即茶）爲命，時不離口。……近日雖知其害，無如受病已深，業已成癖，稍有間斷，其病更兇。……去年……腹中忽然嘔出一物，狀如牛脾，有眼有口。以茶澆之，張口痛飲，飲至五碗，其腹乃滿。若勉強再澆，茶即從口流出，恰與家父五碗之數相合。蓋家父近年茶量更大，每次必吃五碗，若少飲一碗，心内即覺不寧。少停再飲，仍是五碗。因此身體日見其瘦，飯亦懶吃。去年偶因五碗之後，強進數碗，忽將此物吐出，近來身體方覺稍安。

案：以上情節，由晉．干寶《搜神記》之故事[27]轉化而來。此乃李汝珍為強調飲茶傷身，所運用的神怪情節。其雖俱趣味效果，但未標明傳說出自何書，又強調是書中才女的親聞親見等等，如此夾雜含糊，頗容易使神異傳說與實用醫藥混淆，造成誤導。

同理，《鏡花緣》第三十回敍述「應聲蟲」的故事，亦有此弊：

當日有人患一怪症，每逢說話，腹中也照樣說話。彼時雖有醫家識得此症名喚「應聲蟲」，及至用藥，仍無效驗。後來遇一名醫，付與《本草》一部，令病人將上面藥名按次讀去。病人每讀一藥，腹中也讀一藥。及至讀到雷丸，腹中忽然無聲；再讀別藥，仍舊有聲。於是即用雷丸與病人連進數服，蟲下而癒。可見殺蟲無過於此。

案：此故事出自陳正敏《遯齋閒覽》㉘。其做為小說趣味情節則可，但《鏡花緣》中多是中規中矩的醫藥，夾雜此種神異傳說於正式的藥方中論述，不只容易虛實相混，亦削弱了真正良劑的可信度。

尤為嚴重者：《鏡花緣》第四十六回：唐小山欲入小蓬萊島中尋父唐敖，林之洋贈給她「濟饑辟穀仙方」。此方的來源及配方為：

這個原是備荒用的。你道俺怎得知？是你父親（唐敖）傳給俺的，據說當初晉惠帝永寧二年，黃門侍郎劉景先，因年歲荒旱曾具表奏道：「臣遇太白山隱士傳授『濟饑辟穀仙方』。臣家大小七十餘口，以此爲糧，不食別物，若不如斯，臣一家甘受刑戮。」

其方：用大黑豆五斗淘淨，蒸三遍去皮；用火麻子三斗浸一宿，亦蒸三遍，令口開取仁去皮，同大豆各搗爲末，和搗做團如拳大。入甑內，從戌時蒸至子時止。寅時出甑，午時晒乾爲末。乾服之，以飽爲度，不得再吃別物。第一頓七日不饑，第二頓四十九日不饑，第三頓三百日不饑，第四頓二千四百不饑。不必再服，永不饑了。不論老少，但依法服食，不但辟穀，且令人強壯，容貌紅白，永不憔悴。口渴，研麻子湯飲之，更潤臟腑。若要重吃他物，用葵子三合爲末，煎湯冷服，解下藥如金色，任吃他物，並無所損。前知隨州郡守，教民用之有驗，序其原委，勒石於漢陽興國寺。還有一方：用黑豆五斗，淘淨，蒸三遍，晒乾，去皮爲末，火麻子三升浸去皮，晒研爲末；糯米三升；做粥；入前二樣和搗爲團；如拳大。入甑內。蒸一宿，取晒爲末；用小紅棗五斗，煮去皮核，入前末和搗如拳大。再蒸一夜，晒乾爲末。服之以飽爲度，最能辟穀。如渴，飲麻子水，能潤臟腑；或飲脂麻水亦可，但不得食一切物。當日你父親傳俺此方，俺配一料帶在船上。那知頭一次飄洋，就遭風暴，偏遇連陰大雨，耽擱多日，缺了柴米，幸虧這物才救一船性命。這是你父親的陰德，俺同你舅母至今還是感念。

案：劉景先事正史無載；此方亦不見醫書記錄。自古雖有辟穀仙方的傳說，但多荒誕無據。李汝珍介紹此無稽的「濟饑辟穀仙方」，又強調是書中超俗成仙的主角唐敖所傳，且兩度驗而有徵[29]此雖增加小說之趣味性，但同樣相對的減弱了其他藥方的可信度。

結論

綜合以上所述，李汝珍在《鏡花緣》中羅列的醫藥，計有：

外科醫方五種：

1 秋葵、麻油、大黃治燙火燒傷
2 烏梅肉去贅肉核
3 祁艾灸面部贅肉核
4 童便、黃酒、蟹、鐵扇散、七釐散治跌打損傷
5 五黃散治腫毒

內科醫方六種：

1 街心土、大蒜治中暑
2 人馬平安散
3 治痢疾秘方
4 治蟲積腹脹秘方

5 忍冬湯

6 大歸湯

婦科醫方三種：

1 保產無憂散

2 治乳癰秘方

3 生化湯

除此十四種重要醫方之外，李汝珍又在小說內容中穿插十餘種醫藥小常識。

綜觀《鏡花緣》中的所載醫藥，數量為古典小說之冠，且大都頗具實效。其內容大抵針對人們日常生活中，最常遇到的疾病，如：燙火燒傷、身面贅疣、中暑、跌打損傷、腫毒、痢疾、蟲積、婦科等疾病，加以論述；並且主要是從《本草綱目》中轉述醫方藥性。

因李汝珍在《鏡花緣》中只提病症，鮮論病因；亦不談脈象、經絡、藥性；及「君、臣、佐、使」等配藥之法；且記載醫方時，每每稱「不懂岐黃」，所用者為「祖傳秘方」；而追溯其藥方，十之八九根據《本草綱目》的〈附方〉而來。故由此可推知，李汝珍並非精於岐黃之醫者，與《野叟曝言》的作者夏敬渠，及《紅樓夢》作者曹雪芹大不相同[30]。其在

《鏡花緣》中開列藥方的主要目的，除了炫耀博聞之外，應是藉機教育民眾，廣傳良劑，使讀者閱讀小說消遣娛樂之餘，又可應付日常生活常罹患的疾病，一舉多得也。

然而，嗜茶口吐怪物、雷丸可殺「應聲蟲」、「濟饑辟穀仙方」等，雖可增添小說之趣味效果，以調和較枯澀的醫藥情節。但李汝珍未標明以上神奇傳說出自何書，且夾雜於正式的醫藥內容中論述，容易與實用醫藥相混淆，是《鏡花緣》的一項瑕疵。

註釋：

❶《宋史．蘇軾本傳》：「（哲宗元祐四年，１０８９），既至杭，大旱，饑疫並作。……多作饘粥藥劑，遣使挾醫分坊治病，活者甚眾。軾曰：『水陸之會，疫死比他處常多』，乃裒羨緡得二千，復發橐中黃金五十兩，以作病坊。」

❷蘇軾〈聖散子後敍〉云：「聖散子主疾，功效非一。去年春，杭之民病，得此藥全活者，不可勝數。所用皆中下品藥，略計每千錢即得千服，所濟已及千人。」

❸宋徽宗〈《聖濟總錄》序〉：「……萬機之餘，著書四十二章，發明《內經》之妙，曰《聖濟經》。」

❹《西遊記》六十八回，孫悟空在朱紫國為國王診病時說道：「醫門理法至微玄，大要心中有轉旋。望聞問切四般事，缺一之時不備全。第一望他神氣色，枯肥瘦起和眠。第二聞聲清與濁，聽他真語及狂言。三問病源經幾日，如何飲食怎生便。四才切脈明經絡，浮沉表裏是何般？我不望聞並問切，今生莫想得安然。」

❺詳參拙作〈由秦可卿的疾與歿論《紅樓夢》作者的寫作技巧及醫學才識〉《世界新聞傳播學院學報》第四期，１９９４、10、15，頁265—287。

❻《小說叢話》刊於《新小說》第一、二卷。清光緒二十九至三十年（１９０３—１９０４）。

又案：中醫書籍取名為《經驗方》者甚多。清《經驗方》有二：一為何紹京撰，一卷；一為沈善兼撰，二卷。《小說叢話》所指為後者。

❼詳參拙作《清代才學小說研究》丁篇〈《鏡花緣》研究〉之第貳、參章，頁341—536（東

吳大學中文研究所博士論文　1996年6月）。

❽ 見清順治吳毓昌訂本《本草綱目》之吳太沖〈序〉。又本論文所引用之《本草綱目》資料，皆錄自光緒十一年張紹棠依「吳訂本」所增定之《圖解本草綱目》。

❾ 《鏡花緣》之醫藥小常識本也可分入內、外科之中，但因其只是一些小常識或小偏方，不能與內、外、婦科的藥帖相提並論，故另立一單元討論之。

❿ 《本草綱目》卷十六「黃蜀葵」條：「主治……消癰腫，浸油，塗湯火傷。」

⓫ 「白梅」條下之〈發明〉：「（陶）宏景曰：『生梅、烏梅、白梅，功應相似。』」

⓬ 案：藥材中無祁艾，祁艾應即是蘄艾也。《本草綱目》卷十五「白艾」條下〈集解〉：「時珍曰：『……自成化以來，則以蘄州者為勝，用充方物，天下重之，謂之「蘄艾」。相傳他處艾灸酒罈不能透，蘄艾一灸，則直透徹，為異也！』」

⓭ 清初．吳中謝元慶嘗錄所見良方，名為《良方集腋》一卷。後王慶霄又增補之，改名為《良方集腋合璧》，今通行此本。

⓮ 李汝珍每提及一藥方，通常緊接著會列出藥單的詳細內容，如所用藥材、藥量、及配製方法，如何使用等等。如前文所引的「秋葵、麻油」治燙火燒傷；「鐵扇散」、「七釐散」治跌打損傷；「五黃散」治腫毒等等；下文將提及諸內科醫方，亦是如此。

⓯ 案：此方見於《本草綱目》卷二十六「葫」條〈發明〉所引之「時珍曰」。唯其原文稱：「葉石林《避暑錄》。」

⓰ 案：「人馬平安散」，《醫宗金鑑．刪補名醫方論》及《本草綱目．附方》中未見記載。茲在謝觀編纂的《中國醫學大辭典》發現「人馬平安散」的記載。（台北．中華書局，1921年．冊一、頁53）惜其未註明出處。而此辭典多收錄古代名家醫方。

⑰ 其藥劑藥量為：雄黃硼砂硝石各一兩，硃砂五錢，梅花冰片、當門子各二錢，飛金（案：即金箔）一百頁（或加牛黃）（同前註）。

⑱ 案：據謝觀編纂的《中國醫學大辭典》「痢」條下載有一藥方，與《鏡花緣》的治痢秘方藥材、藥量製法皆相同，唯藥引不同：「水瀉，濃薑湯下；赤痢，燈心淡薑湯下；白痢，濃薑湯下；赤白痢，淡薑湯下。」（冊三頁３０５７）。此藥帖未知其出處，可能自古即有此醫方，李汝珍聞之而載入小說中。亦可能是李氏在《鏡花緣》中記錄此秘方後，被醫界肯定後而收錄進醫學辭典中。

⑲ 《本草綱目》卷十三「獨活」條下〈釋名〉：「時珍曰：獨活以羌中來者為良，故有羌活。」

⑳ 李汝珍用金銀藤連枝帶葉入藥，似與「忍冬酒」之只用藤不同。但《本草綱目》卷十八「忍冬」條下〈發明〉：「時珍曰：忍冬莖葉及花功用皆同」故知無妨。

㉑ 《外科精要》三卷，宋・陳自明撰。凡六十篇，末附〈瘡瘍隱括關鍵處治法〉一篇。其書論癰疽原委，頗為完備。托裏排膿諸方，多為醫家所宗。

㉒ 所不同者，《本草綱目》之「忍冬酒」多了「用忍冬藤生取一把，以葉入砂盆研爛，入生餅子酒少許，稀調得所，塗於四圍，中留一口洩氣。」的外敷藥用法。

㉓ 「和劑局方」全名為「太平惠民和劑局方」。十卷，舊本題宋・庫部郎中提轄措置藥局陳師文等奉敕編。

㉔ 《本草綱目》卷十二「桔梗」條〈集解〉：「宏景曰：……。桔梗療蠱毒甚驗。」

㉕ 《女科要旨》四卷，清・陳念祖撰，其子元犀續成之。論調經種子、胎前產後諸病，暨攝養之法，以及雜病外科，頗多精到語。附〈論陰挺一證〉闢當時俗醫之誤，尤有心

得。此「保產無憂散」應是其記錄古方之作。

㉖《千金方》原文為：「治乳癰：蔥白搗敷之，井水絞汁一升頓服」

㉗《本草綱目》卷三十二「茗茶」條下〈發明〉：「時珍曰：『晉．干寶《搜神記》載：武官因時病後，啜茗一斛二升乃止。才減升合，便為不足。有客令更進五升，忽吐一物，狀如牛脾而有口。澆之以茗，盡一斛二升，再澆五升，即溢出矣！人遂謂之斛茗瘕』」

㉘《本草綱目》卷三十七「雷丸」條下〈發明〉：「時珍曰：按陳正敏《遯齋閒覽》云：「楊勔中年得異疾，每發語，腹中有小聲應之，久漸聲大。有道士見之曰：「此應聲蟲也」！但讀《本草》，取不應者治之。讀至雷丸，不應，遂頓服數粒而愈」」

㉙一是文中所引林之洋首次航海遇風暴，端賴此『濟饑辟穀仙方』存活；二是唐小山與陰若花入小蓬萊尋父，曠日持久，亦端賴少量的『濟饑辟穀仙方』而不饑（第四十七回）。

㉚《野叟曝言》之醫學，詳參拙作《清代才學小說研究》甲篇〈《野叟曝言》研究〉之第參章第二節，頁134—140（東吳大學中文研究所博士論文1996年6月）曹雪芹之醫才，參拙作〈由秦可卿的疾與歿論《紅樓夢》作者的寫作技巧及醫學才識〉，發表於臺北《世界新聞傳播學院學報》第四期，1994年10月出版，頁265—287。

國家圖書館出版品預行編目資料

古典文學・第十四集

／中國古典文學研究會主編. --初版. --臺北市：
臺灣學生，民84；
面； 公分.
ISBN 957-15-0822-5 (精裝)
ISBN 957-15-0823-3 (平裝)

1.中國文學 - 論文，講詞等

820.7 86000280

古典文學第十四集（全一册）

著作者：中國古典文學研究會主編
出版者：臺灣學生書局
發行人：孫善治
發行所：臺灣學生書局
臺北市和平東路一段一九八號
郵政劃撥帳號〇〇〇二四六六八號
電話：三六三四一五六
傳眞：三六三六三三四

本書局登記證字號：行政院新聞局局版北市業字第玖捌壹號

印刷所：常新印刷有限公司
地址：板橋市翠華街八巷一三號
電話：九五二四二一九

定價 精裝新臺幣四三〇元
平裝新台幣三六〇元

西元一九九七年五月初版

82009-14

ISBN 957-15-0822-5 (精裝)
ISBN 957-15-0823-3 (平裝)